# DESIGNA

Oorspronkelijke titel: *Designa*

© 2014 Librero b.v. (Nederlandstalige editie),
Postbus 72, 5330 AB Kerkdriel
WWW.LIBRERO.NL

© 2014 Wooden Books Limited
Tekst Keltische patronen © 2013 Adam Tetlow
Tekst Islamitische ontwerpen © 2007 Daud Sutton
Tekst Booglijnen © 2013 Lisa DeLong
Tekst Perspectief © 2007 Phoebe McNaughton
Tekst Symmetrie © 2006 David Wade
Tekst De gulden snede © 2006 Scott Olsen

Deze editie is gepubliceerd in overeenstemming met Alexian Limited

Blz. 350-353 uit *Ancient British Rock Art* © 2007 Chris Mansell. Blz. 354-355 uit *Mazes and Labyrinths* © 1996 John Martineau. Blz. 356-359 uit *Weaving* © 2005 Christina Martin. Blz. 369-373 uit *The Alchemist's Kitchen* © 2006 Guy Ogilvy. Blz. 388-391 uit *Li* © 2003 David Wade. Blz. 392 © 2014 Tom Perkins. Blz. 394-395 © 2014 Dmytro Kostrzycki. Blz. 396-397 uit *Ruler & Compass* © 2009 Daud Sutton. Blz. 398-401 © 2014 Adam Tetlow. Blz. 402-403 © 2014 John Martineau.

Productie Nederlandstalige editie:
Vitataal tekst & redactie, Feerwerd
Vertaling: Cornelis van Ginneken/Vitataal
Opmaak: Elixyz Desk Top Publishing, Groningen

Printed in China

ISBN: 978-90-8998-406-7

Alle rechten voorbehouden. Niets uit deze uitgave mag worden verveelvoudigd, opgeslagen in een geautomatiseerd gegevensbestand of openbaar gemaakt, in enige vorm of op enige wijze, hetzij elektronisch, mechanisch, door fotokopieën, opnamen of op enige andere manier, zonder voorafgaande schriftelijke toestemming van de uitgever.

We hebben de grootst mogelijke moeite gedaan te bewerkstelligen dat de informatie in dit boek volledig en juist is. Mochten wij, ondanks onze grote zorgvuldigheid, onopzettelijk een copyrighthouder zijn vergeten te vermelden, dan zullen wij deze omissie, wanneer de uitgever daarvan in kennis wordt gesteld, in de volgende uitgave rechtzetten.

# DESIGNA

*Technische geheimen van de traditionele visuele kunsten*

**Librero**

*Boven: analyse van Simon Trethewey van een keramiekpaneel uit de Sjeik Lutfallah-moskee in Isfahan. Het centrale medaillon is een derde van de breedte van het vierkant. Twee spiraalsystemen, groot en klein, worden rechtsboven gescheiden getoond en gecombineerd in het complete ontwerp. Volgende spread: de Hypostylezaal van de tempel van Amon-ra, Karnak, uit:* Description de l'Égypte, *Parijs (1809-1829).*

# Inhoud

|          | Woord vooraf  1 |
|----------|-----------------|
| *Deel I* | Keltische patronen  3<br>*Adam Tetlow* |
| *Deel II* | Islamitische ontwerpen  57<br>*Daud Sutton* |
| *Deel III* | Booglijnen  113<br>*Lisa DeLong* |
| *Deel IV* | Perspectief  171<br>*Phoebe McNaughton* |
| *Deel V* | Symmetrie  233<br>*David Wade* |
| *Deel VI* | De gulden snede  293<br>*Scott Olsen* |
|          | Bijlagen & register  349 |

# Woord vooraf

Dit boek is een collectie van zes verschillende delen, met extra bijlagen uit andere relevante boeken uit de serie. Iedereen die zich bezighoudt met kunst, kunstnijverheid of design zal hier iets van zijn of haar gading vinden.

We beginnen met Adam Tetlows adembenemende verhandeling over Keltische patronen, vol prachtige tekeningen, goede tips en nieuwe inzichten. Daarna onthult Daud Sutton in deel II op elegante wijze de geheime principes en constructies achter de briljante islamitische ontwerpen. In deel III onderzoekt Lisa DeLong de eeuwenoude technieken die werden gebruikt voor tal van decoraties, van formele bladmotieven tot sierlijke ornamenten. Phoebe McNaughton opent in deel IV de vreemde artistieke goocheldoos van de perspectief en andere optische illusies. In deel V gaat David Wade nader in op symmetrie, een alom verbreid maar tevens vrij ongrijpbaar verschijnsel. Tot slot presenteert professor Scott Olsen in deel VI het buitengewone fenomeen van de gulden snede; hij laat zien hoe deze werkt in de natuur en wordt gebruikt in de kunst.

De bijlagen zijn afkomstig uit *Ancient British Rock Art* van Chris Mansell, mijn eigen *Mazes and Labyrinths*, *Weaving* van Christina Martin, *The Alchemist's Kitchen* van Guy Ogilvy en *Li* van David Wade. Nieuwe bijlagen zijn aangedragen door Tom Perkins, Dmytro Kostrzycki en Adam Tetlow. Verdere verwijzingen en bronnen zijn vermeld aan het eind van het boek. Speciale dank gaat uit naar George Gibson van Bloomsbury.

Dank aan alle medewerkers en veel leesplezier.

*John Martineau*

# DEEL I

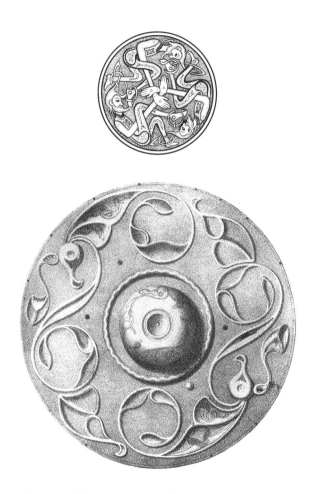

*Bronzen schildbeslag gevonden in de Theems bij Wandsworth nabij Londen. Lithografie van Orlando Jewitt in* Horae Ferales *(1863).*

# KELTISCHE PATRONEN

VISUELE RITMES VAN DE OEROUDE GEEST

*Adam Tetlow*

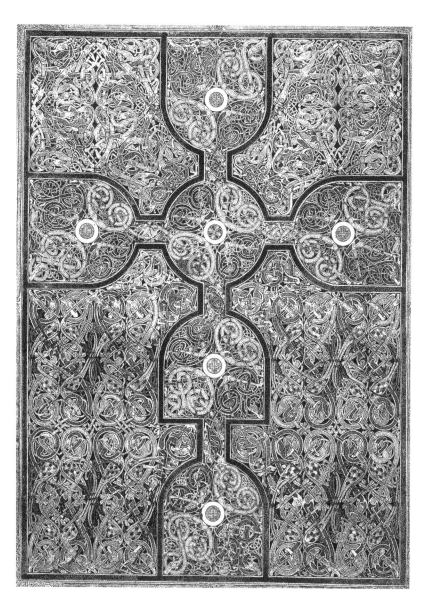

# Inleiding

Op onze reis door het bestaan heeft de lijn ons altijd goede diensten bewezen. Hij weefde en kronkelde zich door ons leven, liet ons dingen meten en in kaart brengen en inspireerde tot tal van ontdekkingen.

We creëren onze wereld met lijnen, leggen er taal mee vast, we verbinden, beschermen, omringen en selecteren ermee. Met lijnen realiseren we onze verbeelding en manifesteren we onze wil.

Oude samenlevingen waren gefascineerd door de magie en poëzie van de lijn, want in de patronen die hij beschreef, zag men het gezicht van de eeuwigheid, die kwaliteiten die we 'getallen' noemen. Getallen zijn eeuwig en onveranderlijk, ze beschrijven verandering. In de traditionele geometrie wordt de kwaliteit van het getal in de ruimte bestudeerd via koord, passer en liniaal, vanuit het idee dat een causale intelligentie de kosmos heeft doorspekt met getallen.

Als ware filosofen leefden zowel druïdische als christelijke Kelten in een voorstellingswereld waarin de natuur werd gezien als levende presentie én als één groot boek, dat was geschreven in een taal van symbolische analogie, een perfecte goddelijke taal. Deze visie op betekenis in de natuur komt nergens beter tot uitdrukking dan in het vloeiende ornament en de strenge geometrie van de Keltische kunst.

Laten we daarom de avontuurlijke reis van de lijn door de Keltische wereld volgen, van de prehistorie tot de eerste boeken. Onderweg werpen we een blik op de geest van Keltische kunstenaars, bekijken we hun technische meesterschap en beperkingen, leren we door oefening om hand, oog en hart te verbinden en vangen we een glimp op van een immanente realiteit.

# Oersymbolen
*de lange historie van het patroon*

De wezenlijke motieven van de inheemse kunst doemen reeds volledig gevormd op uit de prehistorische mist. De symbolen (*blz. 9, in zwart*) die voorkomen op de vroegste voorbeelden van menselijke artefacten waarden al rond in de pre-Keltische wereld. Marija Gimbutas volgde deze symbolen door Midden-Europa en zag dat ze universeel gelinkt waren aan de Vogel-Godin (maan, moeder, matrix, ziel, verbeelding), ons oudste godsbeeld. Vormen als netten, rasters, ruiten, knopen, S- en C-vormen, paddenstoelen, visgraten, zigzagpatronen, meanders, bekers, ringen, spiralen, kruisen, bijlen, vlinders, vierkanten en cirkels blijken in elke fase van Keltische kunst op te duiken.

Deze geometrische tekens zijn gestileerde procesmodellen, manieren om de wereld en zijn cycli in kaart te brengen (*middenonder: stenen met maancycli uit Newgrange*). Ze komen zowel voort uit het innerlijk – als symbolen, dromen en visioenen – als uit fysiologische, entoptische fenomenen (*blz. 9, in wit*), waarbij patronen worden gezien met gesloten ogen, in aanhoudend duister of in een bepaalde bewustzijnstoestand. Deze worden dan door de visuele cortex naar het netvlies gestuurd, waardoor de normale stroom van signalen wordt omgekeerd en we feitelijk de structuur van ons eigen brein zien.

# Het meten van hemel en aarde
## *de neolithische wortels van Keltische kunst*

---

De Keltische volken erfden een neolithisch netwerk van sporen, aarden wallen en staande stenen die over grote afstanden accurate geometrische structuren vormen. Megalithische locaties als Stonehenge, Avebury en Maes Howe op Orkney (*waar grote aantallen gesneden veelvlakken zijn gevonden, zie blz. 362*) drukken geometrische aspecten van de opkomst en ondergang van zon en maan uit. Op de breedtegraad van Carnac in Bretagne levert elk op een vlak getekend vierkant bijvoorbeeld de complete reeks maanopgangen op, en een 3:4-rechthoek de opgangen van de zon (*zie de Crucuno-rechthoek, onder; 3300 v.Chr.*).

De oeroude bouwers van deze sterrentempels bedreven een soort oeroude metrologie. Met een meetschaal van simpele breuken drukten ze de dimensies van hun monumenten zuiver uit in hele getallen, met als basiseenheid de Engelse voet (die zelf weer de lichaamsverhoudingen relateert aan de dimensies van de aarde).

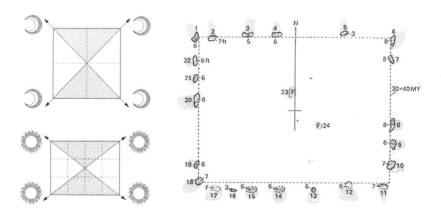

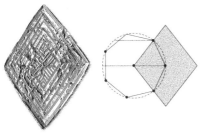 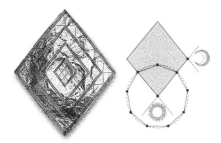

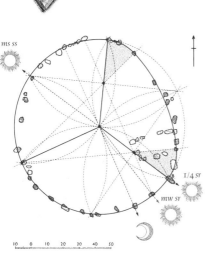

*Linksboven: gouden ruit gevonden in Clarendon Barrow bij Stonehenge, gebaseerd op een zevenvoudige veelhoek (Avebury ligt op 3/7 van de afstand tussen pool en evenaar). Rechtsboven: de 100°- en 80°-hoeken van de negenvoudige Stonehenge Bush Barrow-ruit definiëren de extreme posities van zon en maan in Stonehenge.*

*Links en onder: de Castlerigg-steencirkel in Cumbria is gebaseerd op een zesvoudige verdeling van een cirkel over de as van de midwinterzonsopgang en midzomerzonsondergang. Deze manier van afgeplatte krommen tekenen verschijnt later in spiraalwerk.*

# KELTISCHE CONSTRUCTIES
*simpele staande golven*

---

*Gal* (Oudiers) of *Gallu* (Welsh), 'wildheid', 'macht' of 'kracht', is een passende term voor de tribale groep die ontstond in de late bronstijd tijdens de Urnenveldencultuur (1300-700 v.Chr.) in Midden-Europa. Via de latere Hallstatt- (800-600 v.Chr.) en La Tène-culturen (resp. 800-600 en 400-100 v.Chr.), vernoemd naar locaties in Oostenrijk en Zwitserland, verspreidden de Kelten zich in de ijzertijd van Turkije tot Ierland.

De Kelten waren felle en dappere krijgers, minnaars, geleerden en dichters, die modern dachten: vrouwen en mannen waren gelijk, de natuur werd met eerbied behandeld en men was leergierig. Ook de Keltische kunst was geavanceerd. Men experimenteerde met vuur voor een beter begrip van metallurgie en men leerde ijzer te smelten en glas en metaal te mengen tot email. Reizende handwerkslieden brachten deze kennis naar de Britse eilanden. Vroeg-Keltische kunst is doortrokken van slangvormen, bladeren, paddenstoelen, druppels, hoorns en triskels, ontleend aan de geometrie van snijdende cirkels en bogen.

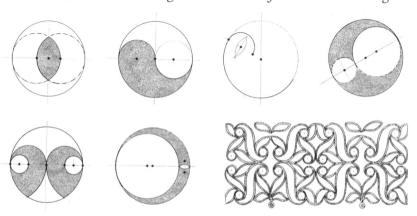

*Boven: bronzen Franse helm, 450 v.Chr., met ingesneden bladeren en spiralen.*

*Boven: een cirkel verdeeld in negen levert paddenstoelen, S-vormen en kromme hoorns op. Alle Keltische kunstmotieven zijn ontleend aan raaklijnen van cirkels en bogen.*

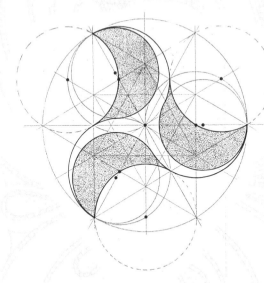

*Boven: een drievoudige verdeling van de cirkel, een 'mal' voor veel Keltisch passerwerk.*

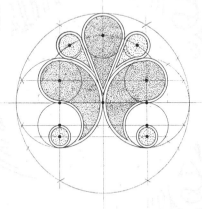

*Boven: een paisley-achtige palmet, bestaande uit regelmatige verdelingen van een cirkel die de grootte van kleinere cirkels en bogen bepalen.*

# Levende lijnen
*metallurgische miniatuurwondertjes*

Met de passer als voornaamste instrument maakten de La Tène-smeden complexe plantpatronen op een raster van onderliggende geometrie. De tekening onder toont twee herhaalde patronen en een verbindingseenheid die hetzelfde raster delen, dat is geproportioneerd door cirkels en driehoeken (*Marne, Frankrijk, 400 v.Chr.*)

Miniaturisering is fundamenteel voor veel Keltische kunst, zoals bij deze gouden schijf (*blz. 15*), die maar iets breder is dan 5 cm. Alleen door oefening is het mogelijk om op deze schaal precies te tekenen. De Keltische traditie is onovertroffen in het gebruik van gewelfde geometrie. Door honderden uren uit de vrije hand te tekenen met een passer leerde men wat er gebeurt als een straal verandert of een centrum verschuift, waarna dit begrip werd opgenomen in het spiergeheugen van de handen.

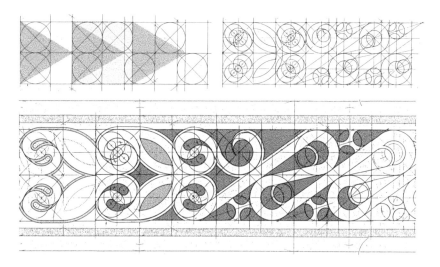

*Boven: bijna 6,5 cm grote gegraveerde gouden schijf uit Duitsland, eind 5e eeuw v.Chr.
De drievoudige triskel draait over de rand van de schijf, met acht paren radiaal geschikt:
verdeel de omtrek in zestien en neem de halve straal om de buitenste rand te proportioneren;
verdeel dan de ronde centra gelijkmatig en verbind ze door parallelle gebogen raaklijnen.*

# Totemische verbeelding
*passerkarikaturen van dierlijke voorouders*

Voor de Kelten was de natuur een wilde en levende wereld, die zich net zozeer van ons bewust is als wij van haar. Alle bergen, rivieren, bronnen, bossen, planten en dieren waren bezielde, heilige presenties met een eigen geest en karakter; goden, elfen en voorouders die verzoend of aangeroepen moesten worden. Volksverhalen en plaatsnamen herinneren daar nu nog aan. Dieren waren bodes van de goden, symbolen, voortekens van hun kwaliteiten en referentiepunten in een integraal denk- en belevingssysteem. Opvallende bomen en stenen werden aandachtscentra, kosmologische polen, plaatsen van verering en arbitrage, waar werelden samenkwamen en wetten werden vastgelegd.

Deze visie hulde zich in de door mythe gevormde Keltische beelden. Kunstenaars gaven dieren niet realistisch weer, maar stileerden ze via bogen en cirkels om de geest van hun onderwerp uit te drukken. Het overgeleverde metaalwerk (het meeste hout is vergaan) toont paarden, stieren, honden, zwijnen, uilen, zwanen, raven, arenden, bijen en een enkele centaur of sfinx, die dezelfde golvende geometrische krommen vertonen als plantornamenten (*onder, S-vormige draken, Oostenrijk, 500 v.Chr.*).

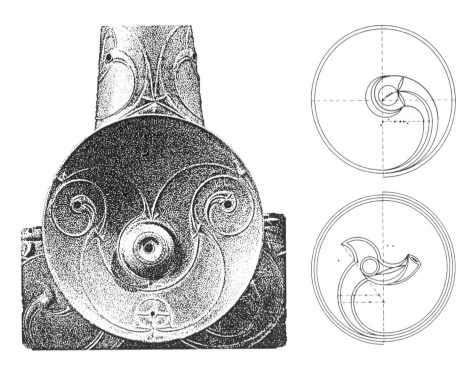

*Boven: de Petrie-kroon (detail), 100 v.Chr., een Ierse rituele kroon met vogelkopspiralen (met passer getekend, zoals rechtsboven, zie blz. 24; naar Meehan). Onder v.l.n.r.: La Tène-broche met paard en ramskoppen, Oostenrijk, midden 4e eeuw v.Chr.; bronzen zwijn, Roemenië, 1e eeuw v.Chr.; bronzen ketelstandaard gevormd als een uil, Denemarken, 3e eeuw v.Chr.*

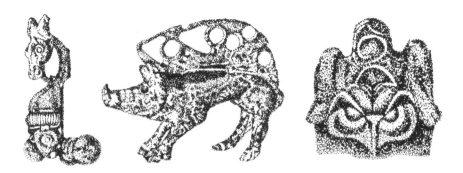

# Vroeg-Brits
*over schedes en schilden*

---

Tussen de vierde en tweede eeuw voor Christus raakte de La Tène-stijl ingeburgerd in Ierland en Brittannië, waar men er een eigen typische draai aan gaf, die wordt gekenmerkt door meerduidige plant- en dierspiraallijnen. The Triads of Ireland spreken van *'drie dingen die een timmerman maken: samenvoegen zonder vervorming; behendigheid met de passer; een nauwkeurige slag'*. Die behendigheid is te zien in het verbluffend precieze metaalwerk uit die periode.

Versierde schedes, populair onder de krijgerselites in de eerste eeuw voor Christus (*blz. 19, a, b, c, d: Iers, en e: Engels*), werden getooid met S-vormige spiralen (*b, c, d*), gedraaide enkele spiralen (*a*) en opengewerkte passerornamenten (*e*), vergelijkbaar met de bronzen spiegels van blz. 21. Een aantal van de fraaiste stukken (*zoals het Battersea-schild, onder*) is gevonden in meren. Dit waren vermoedelijk votiefplaatsen, waar resten van een houten pier een overgangsgebied suggereren waar de smekeling zijn rijke offers in het water wierp.

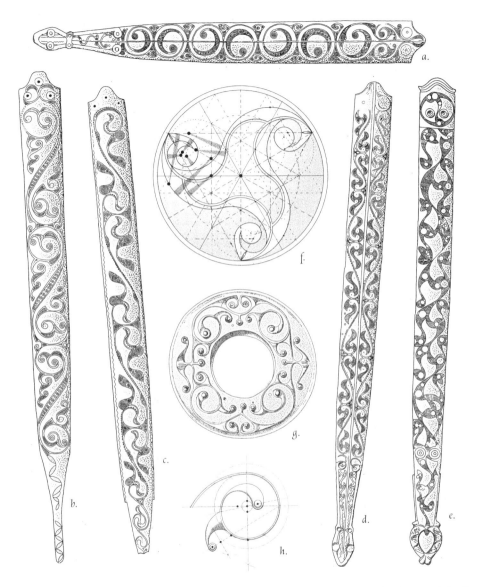

Boven: (f): schildbeslag met triskelmotief, Wales, 5e eeuw v.Chr.; het ontwerp is een uitbreiding van de 'mal' op blz. 13 (binnenste gestippelde cirkel); bloemblad- en hoornvormen blijken al gevestigde motieven. (g): viervoudig Iers schildbeslag van enkele spiralen (constructie: h); (zwaarden naar Harding).

# Gezichten van de Ander
*voorwaarts achteromkijkend*

---

De fenomenale vaardigheid van de Britse kunstenaars komt nergens beter tot uiting dan in de geometrische versiering op de achterkant van bronzen en ijzeren spiegels, waarvan de oudste stamt uit 150 v.Chr. De stijl, die waarschijnlijk werd bedacht door een enkele meester, kent een licht hellende symmetrie, vlechtarcering en La Tène-passerkrommen, die een veelheid aan menselijke en dierlijke gezichten op diverse schalen beschrijven. De kwaliteit van de versiering varieert, maar vindt haar hoogtepunt in de opperste subtiliteit van de Desborough-spiegel (*blz. 21, linksonder*).

Er zijn zo'n dertig spiegels gevonden, diverse in graven van hooggeplaatste vrouwen. Wellicht waren zij zieneressen en waren de spiegels bedoeld voor ritueel gebruik. De dierengezichten zijn mogelijk beschermgeesten en hun net niet symmetrische uiterlijk is dan een listig middel om kwade krachten te verwarren (zoals een leeggegooide doos spelden een elf van de wijs zou brengen).

*Links: spiegels gevonden in (a) Nijmegen, (b) Desborough, Northamptonshire, en (c) Holcombe, Devon. Ze zouden alle uit dezelfde werkplaats in Zuidwest-Engeland komen, net als het Balmaclellan-collier (blz. 20) uit Schotland. Ze vertonen allemaal de drielijnige vlechtarcering en kleine sikkelkrommen die uitlopen in lange peltae- of hoornvormen. Naar Harding (2007).*

# VERSCHILLENDE TONSUREN
*Bijbel in de ene hand, stuk kwarts in de andere*

In de vijfde eeuw was het Keltische christendom verbreid in Brittannië en Ierland, met een karakter dat sterk leunde op bestaande lokale tradities. Na de stichting van een klooster op het afgelegen eiland Iona in 563 leidde Sint-Columba een renaissance in kunst en wetenschap. Columba's respect voor barden – *'Als de dichtersverzen slechts verhalen zijn, dan zijn ook voedsel en kleding verhalen, dan is de hele wereld een verhaal, dan is ook de mens van stof een verhaal'* – en druïden – *'Christus is mijn druïde'* – suggereert hoe levendig de oude gebruiken nog waren.

Het Keltische christendom volgde, anders dan de roomse Kerk, de leer van Johannes in plaats van die van Petrus en was monastieker, zonder overkoepelend gezag. Mannen en vrouwen leefden en werkten samen. Net als de druïden schoren ze hun hoofd met een tonsuur aan de voorkant en maakten ze hun ogen blauw. In deze magische tijd had de christelijke boodschap inspirerende kunstwerken nodig die de oude traditie overtroffen. Om de kracht van het nieuwe geloof te bewijzen werden er nieuwe patronen ontwikkeld. Gegraveerde stenen, fraai metaalwerk en verluchte manuscripten stroomden de kloosters uit.

*Blz. 22 en 23: afbeeldingen uit* Sculptured Stones of Scotland *(Spalding Club, 1856). Linksboven en -midden: de complexe Nigg-steen met verhoogde halve bollen bedekt met knoopwerk.*

# Diverse spiraalcentra
*magische paddenstoelen zoeken*

Het avontuur van de lijn draait om drie basisvormen van de Keltisch-christelijke kunst: spiralen, sleutels en knopen. Elke daarvan zullen we op de volgende bladzijden bestuderen. De elementen worden door de monniken verwerkt in een universeel systeem van versiering, een combinatie van patronen van Lombardisch smeedijzeren knoopwerk, Grieks sleutelwerk (*zie blz. 364*), Saksische zoömorfie en lokaal spiraal-passerwerk. Deze oeroude vormen worden herzien en aangepast, waarbij veel van de oude ambachtsmethode werd behouden en het artistieke repertoire werd uitgebreid.

Met de methode hieronder kunnen exacte geometrische spiralen worden getekend. Het aantal armen bepaalt de radiale symmetrie van de spiraal en het type centrale veelhoek dat de belangrijke centra, het begin en het eind van de bogen definieert (de krommingsgraad van elke boog = 360°/aantal armen). Het kan echter praktischer zijn om de raakpunten van krommen op het oog te tekenen en eerst alleen de assen en boogcentra vast te leggen.

De clou voor het maken van een bladzijde zoals hiernaast is om te denken in termen van 'paddenstoelen', die worden gemaakt door tussen spiraalcentra vloeiende bogen of rechte lijnen te trekken.

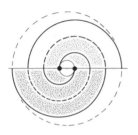 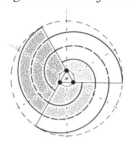 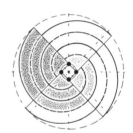

Boven: snapshot van een dynamisch systeem. Positioneer spiraalcentra op een raster van cirkels (gestippeld, boven), teken dan spiraalarmen en 'paddenstoelhoedjes' en eindig met bloembladen en driehoeken. Pas de centra zo aan dat verbindingen en knopen op één lijn komen (zie ook bijlagen, blz. 364).

# Zich herhalende medaillons
*wielen in wielen*

---

Onze lijn rolt zich nog strakker op in complexe manuscriptornamenten die bestaan uit medaillons van dicht opeengepakte spiralen (*blz. 27*). Deze werden met een passer getekend: bij vergroting zijn nog de, soms 1 mm kleine, passerpunten voor de cirkels te zien. En tapijtpagina's vertonen de typische lijn van een Japanse penseelpasser (*zie blz. 368*).

Merk op dat de medaillons op een zeshoekraster zijn geschikt. Dit is hetzelfde als op de vorige pagina (*gestippelde cirkels boven en onder, rechts, en zie blz. 363*). Door het compacte vermogen van cirkels herhalen deze spiralen zich op andere schalen; ze zijn zelfgelijkend (spiralen in spiralen), zoals quarks in een atoomkern, wat een blik werpt op het geavanceerde fractaldenken van de Kelten.

Nieuwe transformaties kunnen worden gemaakt via andere centra, of met hele medaillons vanbinnen (*zoals de spiraalranden van George Bain, onder*).

# Een paleolithische meander
*technische tips uit de ijstijd*

---

Door het patroon van een bestaande kunstuiting na te tekenen worden de lijn en logica van de structuur duidelijk. De kunstenaar die de spiralen in de armband van mammoetslagtand sneed (*blz. 29, boven en rechts*), liet het aan ons over om 20.000 jaar later de geheimen van zijn constructie te ontcijferen; met zijn geduldige hand en grote geometrische verbeelding logenstrafte hij het stereotype van de wilde holbewoner.

De spiralen zijn 45° gekanteld, zodat de hoeken op de verticale en horizontale assen vallen, waardoor ze meer dynamiek hebben dan een Griekse meander, waarvan de paden parallel aan hun grenzen lopen (*zie blz. 364*). Voor de constructie worden vierkanten gespleten in chevronparen, wordt één zijde één eenheid omhoog geschoven en worden de einden weer verbonden tot een spiraal (*blz. 29, rechtsonder*).

De cultuur van de ambachtsman is verloren gegaan, maar de patronen zijn behouden. Diagonaal gerichte, rechtlijnige spiralen zouden millennia later weer opduiken in de Keltisch-christelijke kunst.

Dubbele spiralen werden de weg naar de diepere geheimen van de Godin, zoals op de draagbare schrijn uit 5000 v.Chr. (*blz. 29, linksmidden*). Hieronder vertonen rituele keramische broden uit Çatal Hüyük (6500 v.Chr.) enkele interessante protosleutelpatronen.

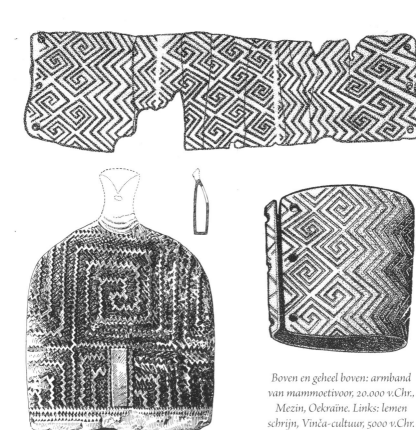

Boven en geheel boven: armband van mammoetivoor, 20.000 v.Chr., Mezin, Oekraïne. Links: lemen schrijn, Vinča-cultuur, 5000 v.Chr.

Rechts: constructiemethode voor de Mezin-armbandmeander.
1. Chevronparen of rechthoeken worden op een verticale as getekend.
2. De chevrons worden gescheiden en diagonaal één eenheid verschoven.
3. Na samenvoeging ontstaat er een verticale rij dubbele spiralen.

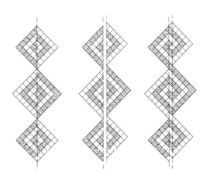

# Sleutelpatronen ontsluiten
*geheimen van vierkante spiralen*

Sleutelpatronen (zo genoemd door John Romilly Allen in 1898) zijn mogelijk geïnspireerd door koptisch spiraalwerk (de recentelijk ontdekte *Irish Bog Psalter* is gebonden met Egyptische papyrus). De Kelten brachten één belangrijke verandering aan. Door de spiralen 45° te kantelen kregen de patroonranden driehoekige ruimtes, die de monniken heel ingenieus invulden, en zo vonden ze de 'sleutel'-vorm en een nieuwe grafische stijl uit. Onze lijn is nu vergrendeld in een vorm.

De clou voor het tekenen van sleutels is het raster. De Kelten gebruikten een raster van diagonale lijnen om hun ruimtes te vullen met vierkante ruiten (*zie blz. 360*), waarbij de padlijnen langs de randen van de ruiten werden getekend en later aan elke zijde met ¼ eenheid werden verdikt. Sleutelpatronen worden ingekaderd door randen die door de diagonalen van de ruiten worden getrokken.

Hieronder en hiernaast zien we dat de basis van Keltische sleutels vierkante spiralen zijn van S- en C-vormen. Die worden geteld aan de hand van het aantal rastereenheden dat de lijn aflegt vóór een hoek van 90°. Zo is de telling voor de S linksonder (*en blz. 31, linksboven*) 1-2-3-7-3-2-1 (*meer over sleutels tellen op blz. 364*).

In elkaar grijpende S-vormen. Verdikt met ¼ eenheid aan weerszijden van de lijn.

C-vormen met een centrale spijl vormen het pad. Onopgevulde driehoekige randen.

C- en S-vormen in één paneel gecombineerd.

C-vormen rug-aan-rug worden 90° gedraaid voor een fylfot-ontwerp.

# Zaagtanden en pijlpunten
*gespiegelde randen stapelen*

Sleutelpatronen zijn te vereenvoudigen tot een ruimtevullend algoritme dat één regel volgt: de lijn beweegt langs een pad van diagonalen en draait ± 45° als hij op zichzelf stuit en 90° bij een kadergrens.

De patronenfamilie op deze bladzijde gebruikt de sleutelvorm die de driehoekige randruimte op de vorige bladzijde invulde. Die wordt nu ontwikkeld als een eenheid op zich. Deze eenheden worden gekenmerkt door hun 'voet'- en kleine driehoekige 'zaagtand'-vormen.

Patronen van deze soort kunnen worden uitgedrukt als één driehoekige eenheid, afgewisseld met een verticale reflectie van zichzelf en verzameld in stroken, kaders en panelen (*onder en blz. 33*). Meer variaties zijn mogelijk door eenheden te spiegelen (*blz. 33, f en g*) om 'pijlpunten' te maken, of de richting van een patroon in een paneel te wijzigen (*blz. 33, h*). Sommige van deze bouwstenen zijn zo simpel dat ze ooit werden geleerd als kalligrafische formules, waardoor complexe patronen konden worden ontwikkeld via eenheden die uit slechts zes pennenstreken bestonden.

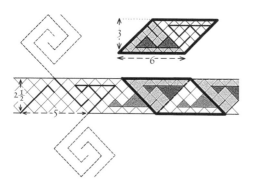

a. De kleinste sleuteleenheid (2½ × 5) is geschikt voor stroken van elke lengte: voor verstek, in ringen (zie blz. 31) of als vierkant paneel (rechts).

b. Door tot 3 eenheden te verhogen wordt de 'voet' langer en worden de kleine driehoeken gelijk van formaat. Stroken kunnen niet eindigen zonder verstek.

c. Een hoogte van 3½ eenheden is het kleinste sleutelpatroon dat kan eindigen in één enkele reeks en ook het kleinst mogelijke paneel (verdubbeld tot vierkant, rechts).

d. Een sleutel van 4 eenheden hoog. Expansie creëert de aparte vouw in de lijn, de gesplitste 'voet' en 3 driehoekjes. Rechts de vierkante eenheid.

e. Samengevoegde stroken van 2½ × 5-eenheden.

f. en g. Gestapelde stroken kunnen worden gespiegeld voor 'pijlpunt'-vormen

h. Bovenkant 90° gedraaid voor onderkant.

# Vouwoplossingen
*verstek en waaiervormen*

---

Sommige families van sleutelpatronen kunnen worden ontwikkeld door aangrenzende eenheden uit elkaar te schuiven (*blz. 35, boven*), voor het maken van een rechthoekige ruimte met diagonaal tegengestelde openingen die op diverse manieren kunnen worden verbonden.

De ruimte kan worden behandeld als een klein paneel met een ander patroon, maar het is het eenvoudigst om de openingen te verbinden met een streep, waardoor het Z-vormige verstekpatroon ontstaat. De streep volgt het pad van rasterknooppunten (*blz. 35, a*). Andere variaties zijn mogelijk met eenheden van ander formaat; zo is in (*d*) de streep getrokken over twee vierkanten voor een hoek van 108°.

Paden kunnen ook een gekromd effect krijgen door de hoeken van de diagonaal bij te snijden (*c*), of ze kunnen een lijn volgen die de diagonaal van het patroon laat ogen alsof hij plooibaar is als een waaier (*f*).

Onder ziet u twee varianten waar het pad door de driehoeken loopt in plaats van door de rechthoeken, zoals op blz. 35. In wezen is het centrale deel van de patronen op blz. 35 ontdaan van rand-'voeten' en -driehoeken. Het patroon rechtsonder neemt minder ruimte in door als lijneinde een punt te gebruiken in plaats van een 'voet'.

a. Een 2½ × 5-sleutel wordt verticaal uit elkaar gehaald voor rechthoekige tussenruimtes. Met horizontale strepen kunnen dan driehoeken worden gevormd (boven).

b. Ruimtes worden gevuld met verticale strepen; let op het vreemde interval waarmee dit paneel moet eindigen.

c. Booglijnen kunnen de verticale strepen verzachten. Teken ze met vrije hand of passer.

Diagonalen in drie vierkanten maken een hoek van iets meer dan 108° (binnenhoek van een vijfhoek).

d. Rosemarkie-steen: de strepen zijn getrokken van de diagonalen van een dubbel vierkant.

Boven: maak snel de hoek van een vijfhoek met slechts drie vierkanten.

e. Uitbreiding Rosemarkie-patroon, met strepen volgens de diagonaal van een 3:2-rechthoek; de 'voet' is met 1 eenheid gegroeid.

f. Rechthoekige ruimtes worden gevuld met een gevouwen pad; zo krijgt dit patroon zijn 'gesegmenteerde' centrum en geplooide kwaliteit.

# DRAAISLEUTELS
*en ringen om ze aan te hangen*

---

Sleutelpatronen zijn ongelooflijk veelzijdige ruimtevullers. Een onderliggend ruitenraster kan zo worden veranderd dat elke sleuteleenheid op tal van vormen kan worden toegepast.

Sleutelpatronen op ringvormige rasters ogen wellicht meer Afrikaans dan Keltisch, maar ze zijn in veel verluchte evangelies te vinden, vaak in bogen rond kerkelijke tabellen.

Voor een ringvormige sleutel wordt een raster gemaakt met een aantal bogen dat een meervoud is van de eenheden van de sleutel (*zie blz. 361*), anders sluiten de eenheden niet aan (dit is niet zo'n probleem bij halve cirkels omdat je dan een gat kunt vullen met een eindstuk). Sleuteleenheden kunnen concentrisch (*linksonder en blz. 37*) of radiaal (*rechtsonder*) worden toegepast. Dit raster van gebogen ruiten is een slimme manier om cirkelpatronen te ontwerpen en kan voor veel toepassingen worden gebruikt.

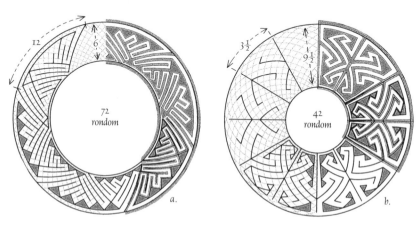

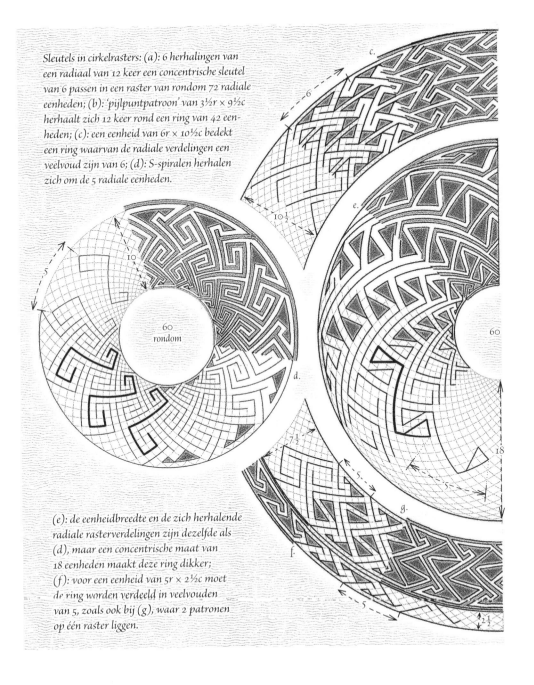

Sleutels in cirkelrasters: (a): 6 herhalingen van een radiaal van 12 keer een concentrische sleutel van 6 passen in een raster van rondom 72 radiale eenheden; (b): 'pijlpuntpatroon' van 3½r × 9½c herhaalt zich 12 keer rond een ring van 42 eenheden; (c): een eenheid van 6r × 10½c bedekt een ring waarvan de radiale verdelingen een veelvoud zijn van 6; (d): S-spiralen herhalen zich om de 5 radiale eenheden.

(e): de eenheidbreedte en de zich herhalende radiale rasterverdelingen zijn dezelfde als (d), maar een concentrische maat van 18 eenheden maakt deze ring dikker; (f): voor een eenheid van 5r × 2½c moet de ring worden verdeeld in veelvouden van 5, zoals ook bij (g), waar 2 patronen op één raster liggen.

# Een gevlochten lijn
*een kwestie van weven*

We gaan nu kijken naar een ander soort patroon, waarbij het pad een nieuw en nuttig vermogen vertoont: hij gaat over zichzelf heen en onder zichzelf door. Onze lijn gaat nu over in knoopwerk.

Knopen worden gelegd op een raster van drie lagen: een primair en secundair puntraster en een tertiair raster van diagonale lijnen (*blz. 39, a*). Het knopenpad loopt via de diagonalen rond de punten (*b*); de knopen worden met de vrije hand getekende krommen op deze tertiaire lijn (*c*). Knopen kunnen 'open' zijn, waarbij het pad de hoek verlaat (*j, k*), of 'gesloten' (*c-i*), en uit een of meer lussen bestaan. Het minimum voor een gesloten knoop is 2 × 2 eenheden, voor een open knoop 1½ × 2 (alle knopen met halve eenheden zijn open, andere gesloten).

Als het knopenpad is getekend, wordt er afwisselend onderdoor en overheen geweven. De dikte van het pad verandert het formaat van de knoop in zijn kader en als hij eenmaal is vastgelegd, kan hij worden gearceerd en gevuld. Een gespleten pad verdeelt een verdikt pad langs de oorspronkelijke centrumlijn voor hij weer wordt samengeweven.

Door een knoop op te splitsen kunt u het aantal stroken tellen. Omdat elke strook een halve rastereenheid nodig heeft, is dit een handige manier om het onderliggende raster te herkennen.

# Wortels van knopen
*een net van sieraden rijgen*

---

Hoewel knopen complex kunnen ogen, zijn het gewoon varianten van elkaar, gemaakt met breuklijnen op het drievoudige raster. Op blz. 39 werden knopen getekend met slechts één grens: de buitenrand. Nu plaatsen we 'stops' op het subraster om uiterlijk en lijn van de knoop te veranderen. Stops op het secundaire raster beïnvloeden de interne vorm, die op het primaire raster creëren openingen op de buitenrand (*onder*).

Als de knoop $n + ½$ eenheden op één as heeft, zal het primaire raster aan één rand zitten en het secundaire aan de tegenoverliggende. Knopen van dit type kunnen interne stops hebben op het primaire en secundaire raster. Met oefening kunt u de schikking van de stops herkennen aan de vorm van de gaten rond het knopenpad (*onder en blz. 41, gearceerd*). Blz. 41 toont rasters van $2 × n$ (*buiten*) en $1½ × n$ (*binnen*) eenheden, met asymmetrische, radiale of bilaterale symmetrieën. Voor open knopen, met $n + ½$ eenheden op één rand, loopt het pad weg bij aangrenzende hoeken, maar als beide randen $n + ½$ eenheden hebben, gebeurt dat bij tegenoverliggende hoeken.

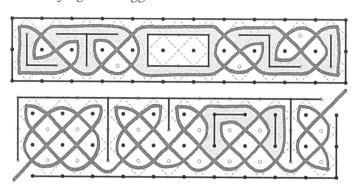

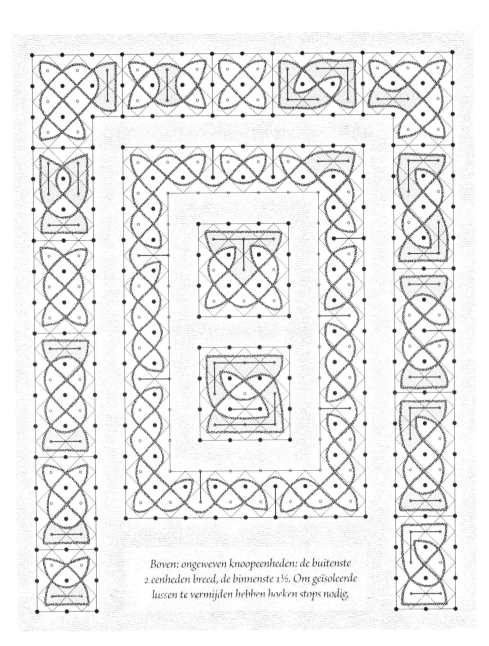

Boven: ongeweven knoopeenheden: de buitenste 2 eenheden breed, de binnenste 1½. Om geïsoleerde lussen te vermijden hebben hoeken stops nodig.

# Variaties op een thema
*en eindeloze mogelijkheden*

---

Doordat ze eindeloze variaties kunnen genereren uit een enkel zaadje zijn de Keltische grafische systemen verwant aan de verbeelding zelf.

Alle getoonde patronen zijn gebaseerd op één asymmetrische basiseenheid (*onder, middenboven*). De symmetrie van een knoop beïnvloedt het aantal manieren waarop hij kan worden geschikt: asymmetrische knopen hebben meer mogelijkheden dan symmetrische bilaterale, terwijl radiaal symmetrische knopen er erg weinig hebben. Transformaties kunnen worden opgestapeld, door elkaar geweven of op verschillend gevormde rasters worden gelegd (*blz. 42*) voor talloze soorten knoopranden en -panelen, die verder veranderd kunnen worden door het pad te splijten of verdikken (*zie blz. 39*) en door delen te arceren.

Knopen kunnen worden verlengd door ze aan één kant uit te breiden met een halve eenheid, of aan beide kanten door twee stroken toe te voegen (*onder*). Voor elke halve rastereenheid is er één strook.

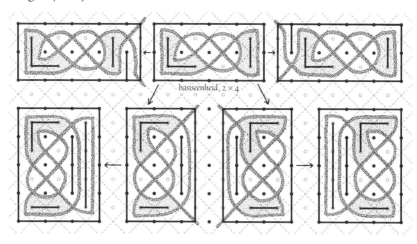

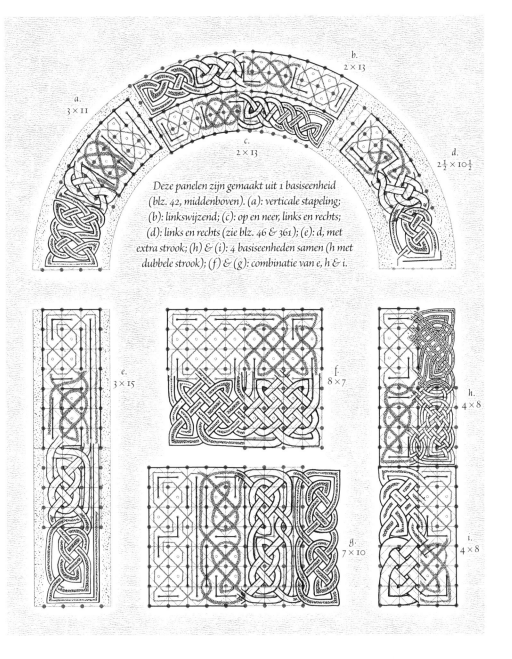

# Knopen van wortels
*vierkanten snijden*

---

Vierkante eenheden zijn zowel praktisch als harmonieus. Omdat ze makkelijk te manipuleren zijn, zijn ze geschikt als basiseenheden in panelen of randen, of als 'opvulling' tussen twee stroken.

De knopen op blz. 45 belichamen de relatie tussen de zijde en de diagonaal van het vierkant, $1:\sqrt{2}$. $\sqrt{2}$ is (net als $\pi$ of $\phi$) een irrationaal getal dat niet kan worden gedefinieerd als het quotiënt van twee gehele getallen. Om zulke knopen te maken gebruikt u stops langs de diagonalen om vier driehoeken te creëren. Zie hoe dezelfde basisvormen die we op blz. 41 zagen nu in deze driehoeken zijn geperst, die dan als eenheden op zich kunnen worden gebruikt. Naarmate de rasterdimensies toenemen, bouwen extra stroken de knoop op.

De patronen hieronder hebben geen diagonale stops; hun paden draaien rond door de eenheid. Soms zijn de rasterdimensies niet gelijk en wordt één rand aangepast om in het vierkant te passen (*onder, geheel rechts, een 5 × 6-raster getekend om in een vierkant te passen*).

# Geweven labyrinten
*regenboogslangen tekenen*

---

Net als sleutels werkt knoopwerk ook prachtig in ringen en cirkels. Ook nu moet de omtrek worden verdeeld in een veelvoud van het formaat van de knoopeenheid (dus voor een eenheid van drie ruimtes breed moet de cirkel worden verdeeld in een veelvoud van drie). Veelhoeken in de cirkels kunnen dienen om de breedte van ringen te proportioneren. De rechtlijnige begindiagrammen ogen misschien wat log, maar het pad wordt snel soepeler als de booglijnen en weefpatronen worden weergegeven.

Voor een subraster kan er een willekeurig aantal eenheden radiaal worden geschikt. Een oneven aantal eenheidherhalingen geeft één continu pad en een even aantal levert twee paden op.

Aanvullende verbonden knoopringen kunnen binnen of buiten de originele ringen worden geplaatst (*blz. 47, rechtsboven*). Hierbij hoeven de rasterverdelingen niet dezelfde te zijn, maar het aantal paden dat elke ring verlaat (en deze verbindt) moet wel altijd gelijk zijn.

# Bezielde wezens
*wanneer een eend geen eend is*

---

Johannes Scotus Eriugena († na 877), die door W.B. Yeats 'de zingende meester van de ziel' werd genoemd, was de voornaamste geleerde van de Keltische Kerk. Hij was geschoold in de zeven Vrije Kunsten, meende dat ware filosofie en ware religie hetzelfde waren en dat de realiteit reflexief was (dat onze innerlijke staat onze buitenwereld vormgeeft). Hij geloofde in reïncarnatie en zag de natuur symbolisch als theofanie, dus als openbaring van de kwaliteiten van het goddelijke.

Gezien de liefde en het verantwoordelijkheidsgevoel van de Kelten voor de natuur verbaast het niet dat ze hun patroonsystemen ook gebruikten om versierde diervormen, of 'zoömorfen', te tekenen.

Deze versiermethode is ontleend aan de knoopwerktechniek. Een eenheid wordt ontwikkeld via een knoopachtige schets, waarna koppen en ledematen worden toegevoegd en het pad wordt verdikt en geweven (*onder*). Eenheden kunnen worden geschikt op een raster.

De complexiteit en harmonie van deze patronen getuigen van een groot artistiek vermogen. Zoömorfe technieken waren het eindstadium van een lange leertijd en tonen hoe belangrijk visuele improvisatie was voor de levendigheid van deze patronen.

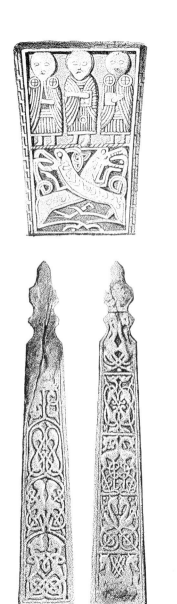

Boven: de Hilton Cadboll-steen. Let op de gelijkenis tussen de draaiende spiralen met vogels en het zwaard boven aan blz. 19. Links: de Thornill-steen, met dieren van uitsluitend knoopwerk, met bovenop een ongewone pinakel (uit Spalding).

# Vervlochten natuur
*lijn wordt leven*

---

De dierlijke versiering in de verluchte evangelies is weergegeven in extreme miniaturen. De getekende bogen zijn gelaagd en geweven voor een complex interactieveld dat alleen kan worden ontcijferd door het na te tekenen. Er worden vaak drie geïmproviseerde lagen van lijnen gebruikt voor een complexe versiering van simpele knopen (*onder*). De onderliggende 'schetsen' kunnen erg complex worden (*cirkeltjes, blz. 51*).

In dit sublieme vervlechten van de rijken der natuur en het getal zien we de betekenis van de Keltische kunst: we leven in een onderling afhankelijke wereld, een ecologie van zielen, geregeerd door de kwaliteiten van het getal. De lijn is verweven geraakt met het leven zelf.

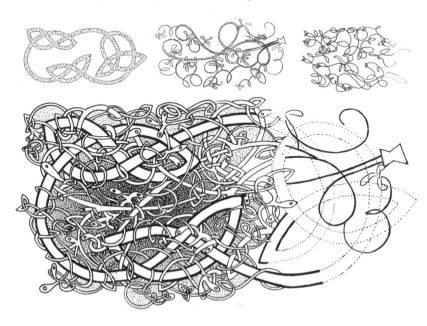

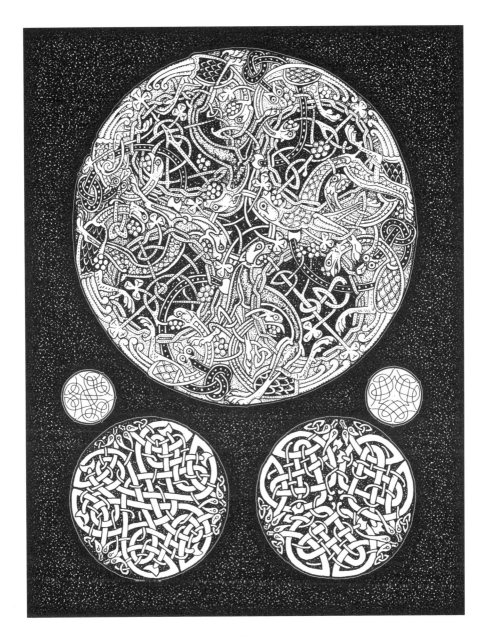

# Verborgen orde
*manuscripten verluchten*

---

Keltische manuscripten vertonen vaak opvallende rechtlijnige vormen. De Kelten lieten hun verhoudingen 'groeien' vanuit een ontwikkeld vierkant met uitsluitend gebruik van liniaal en passer (*onder*). Uit analyse blijkt dat tapijtpagina's vaak zijn opgebouwd via dezelfde fundamentele irrationale getallen als die we eerder zagen: √2, ϕ, √3 en π, maar ook 3:4:5-driehoeken (*zoals in steencirkels, blz. 10*).

Op vroege tapijtpagina's, zoals die in het *Book of Durrow*, zijn deze verhoudingen goed te zien; hun helderheid en logica getuigen van een groot geometrisch inzicht. Sommige vormen zijn ontwikkeld uit simpele vierkant- en zeshoekconstructies (*blz. 53, boven*), waarbij de kaderrechthoeken ontstaan vanuit punten die inherent zijn aan de onderliggende rasters. Gaandeweg gebruikte men steeds complexere schema's om de interactie te onderzoeken van deze presenties van het oneindige (*blz. 53, onder*).

Ook rekenkundige proportie en muzikale harmonie werden gebruikt om dergelijke pagina's te schikken (*zie blz. 368*). Robert Stevick ontdekte dat Keltische literatuur op vergelijkbare wijze werd opgezet, met geometrische middelen voor regelafbrekingen, zoals in de epische gedichten 'Elene' en 'The Phoenix'. De Kelten deden dat niet als eersten; ook Plato gebruikte geometrie voor de structuur van zijn dialogen.

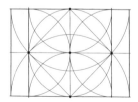 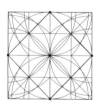 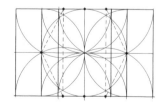

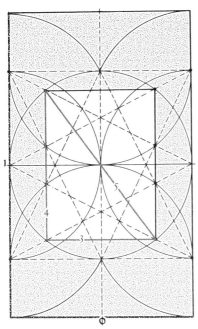
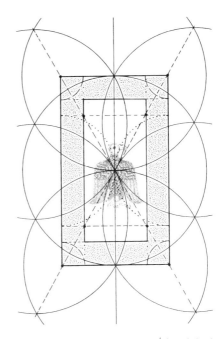

Book of Durrow, folio 1v, buitenste 'gouden' rechthoek 1:φ; binnen 3 × 4, diagonaal 5.

Book of Durrow f. 24v, 2:(2-√2)-rechthoek; adelaarshart in centrum van figuur.

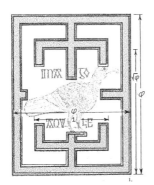
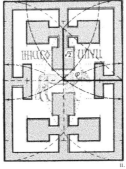

Boven: panelen uit de Effenbach-evangelies. Latere boeken hebben erg complexe geometrie. (i) f. 126v, φ-verhoudingen; (ii) f. 115v, √2 tegenover φ-driehoek; (iii) f. 75v, a:b, c:d, e:f = 1:√2.

# Een veelheid aan vormen
*metafysische raadsmannen en lineair erfgoed*

Na een korte bloei werd het Keltische christendom onderdrukt door de Kerk van Rome. In 664 werden de druïdetonsuur en het idee van Sint-Johannes als grondlegger beide verboden op de Synode van Whitby, maar het mystieke inzicht van de druïden had het christendom al voorgoed veranderd. De Merovingische koningen, de katharen en de School van Chartres (wieg van de gotische stijl en geometrische structuur van de grote kathedralen met hun hoge gewelven die doen denken aan de heilige bossen van de druïden) waren allemaal doordrenkt van Ionisch gedachtegoed.

Hier eindigt de historie van de lijn. We hebben zijn pad gevolgd van een in zichzelf gekeerd punt naar de wereld en patronen van de Kelten. Hij heeft vele vormen aangenomen, maar is altijd zichzelf gebleven.

De Keltische visie van een bewuste natuur en liefde voor geometrie hebben veel invloed gehad op dichters en kunstenaars. We zien er zelfs resonanties van in het wetenschappelijk denken. Fysici onthullen dat we op kwantumniveau zijn geweven uit paradoxale deeltjes en dat onze atomen werden gesmeed in het hart van de sterren, of met de woorden van Eriugena: 'Al wat er is, is licht.'

*Links: gegraveerde houtpanelen met de legende van Sigurd (12e eeuw), staafkerk Hylestad, Noorwegen. Boven: houtgravure van vervlochten herten (eind 12e eeuw), staafkerk Urnes, Noorwegen.*

*Boven: gotisch labyrint uit Chartres en doolhof gemaakt door het schoenmakersgilde in Shrewsbury, beide herinnerend aan Keltische sleutelpatronen.*

*Rechts: staafkerk in Hedel, Noorwegen (1160). Zoömorfe houtgravure; krullende draken verweven met dieren en knoopwerk boven het noordelijke portaal.*

# DEEL II

# Islamitische ontwerpen

## Geniaal in geometrie

## Daud Sutton

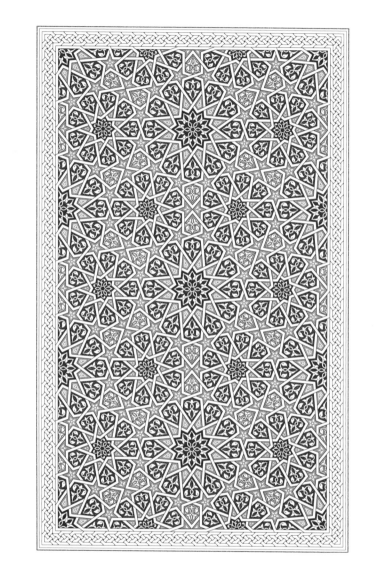

# Inleiding

Het is de rol van sacrale kunst om het spirituele leven van een gemeenschap te ondersteunen, om mensen op een bepaalde manier naar de wereld en de subtiele realiteiten daarachter te laten kijken. En het is de taak van de traditionele handwerksman om deze geest zo goed mogelijk uit te drukken in materie. Alle grote tempels, kerken en moskeeën van de wereld getuigen van een dergelijke inspanning.

In de lange historie van de islamitische ambachtelijke traditities werd een veelheid van stijlen voor een grote variëteit aan media ontwikkeld, maar allemaal hebben ze gemeenschappelijke kenmerken die ze meteen herkenbaar maken. Het is wellicht geen verrassing dat een kunstvorm die de relatie onderzoekt tussen eenheid en veelheid tegelijkertijd eenvormig en divers is, waarbij harmonie centraal staat.

De visuele structuur van islamitische ontwerpen spitst zich toe op twee deelgebieden: kalligrafie in Arabisch schrift en abstracte ornamentiek in een gevarieerde maar opmerkelijk geïntegreerde visuele taal. Deze kunst van ornamentiek draait om twee polen: het geometrische patroon – de harmonische en symmetrische onderverdeling van het vlak – vol complex vervlochten ontwerpen die spreken van oneindigheid en het alomtegenwoordige centrum; en de geïdealiseerde plantvorm of arabesk: spiralende ranken, bladeren, knoppen en bloemen die een organisch leven en ritme belichamen. In dit deel ligt de focus vooral op de geometrische patronen en hun structuur en betekenis.

# BEGINNEN BIJ HET BEGIN
## *ontvouwen vanuit eenheid*

---

Neem een punt op een dimensieloze positie in de ruimte. Door uittrekking van dit punt definiëren we een lijn (*linksonder*). Door de lengte van de lijn rond het eerste punt te draaien ontstaat er een cirkel, het eerste en simpelste geometrische vlak. Trek een tweede cirkel, gecentreerd op de omtrek van de eerste en lopend door het centrum daarvan. Ga door met cirkels maken op elk nieuw snijpunt tot u zes identieke cirkels hebt rond die ene centrale cirkel – de ideale weergave van de zes scheppingsdagen uit de Koran. Deze prachtig simpele constructie kan eindeloos worden herhaald (*blz. 63*) en vormt de basis van een betegeling van regelmatige zeshoeken die het vlak perfect vult.

De middelpunten van de zijden van een regelmatige zeshoek worden verbonden tot een dubbele driehoek (*blz. 63, rechtsboven*), in de islamitische wereld 'Zegel van Salomo' geheten: de ring waarmee hij de djinn gebood, zou dit teken hebben gehad. Door de omtrek van deze zespuntige ster in elke zeshoek te herhalen ontstaat er een patroon van sterren en zeshoeken.

De laatste fase toont het patroon zoals dat te vinden is in de Ibn Tulun-moskee in Caïro (879 n.Chr.). De lijnen worden weergegeven als vervlochten stroken, die kruislings over en onder elkaar lopen, en de resterende ruimtes zijn gevuld met arabeskmotieven.

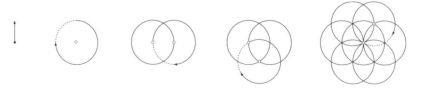

# GEËXTRAPOLEERDE ZESSEN
*nog wat basismateriaal*

---

In de islamitische wereld zijn vele diverse technieken van geometrische constructie gebruikt, met hulpmiddelen als geodriehoeken, sjablonen en rasters naast het basisgereedschap van passer en liniaal. In de illustraties in dit boek wordt meer de structuur van de patronen benadrukt dan hun constructiemethode. Als er constructies worden vermeld, gaan ze uit van een filosofische methode die louter steunt op passer en liniaal.

Simpele patronen lenen zich voor vele toepassingen en met de constructies op blz. 65 worden twee varianten op het ster-en-zeshoek-patroon van blz. 63 ontwikkeld. De snijpunten in de patroonpaden blijven op de middelpunten van de zeshoekzijden van het subraster liggen, terwijl de sterren respectievelijk groter en kleiner worden. Dezelfde gelijkzijdige drievoudige zeshoeken verschijnen in beide toepassingen, maar toch ogen de twee patronen opvallend anders.

Hieronder een voorbeeld van simpele patronen die worden geëxtrapoleerd tot complexe. Begin met het ster-en-zeshoekontwerp, snijd vier punten van sommige sterren om ruiten te vormen (*midden*) en verwijder alle kleine zeshoeken voor een patroon dat als een reeks individuele vormen én als een aantal grote overlappende zeshoeken (*blz. 65*) oogt.

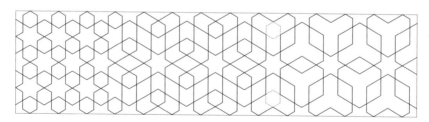

Begin met zes cirkels rond één, plaats er nog zes langs de buitenste snijpunten.

Verbind gemarkeerde punten. De zeshoekige herhaalvorm (gearceerd) omvat de eerste cirkel.

Op deze substructuur kan het ster-en-zeshoekpatroon worden getekend.

De snijpunten van de substructuur vormen een deel van een alternatief patroon (onder herhaald).

Voeg lijnen toe door de gemarkeerde punten te verbinden voor een kleine proportionerende cirkel.

De hoekpunten vormen een deel van het tweede alternatieve patroon (onder herhaald).

# Subraster transformeren
*en het oneindige kadreren*

De constructie op de vorige bladzijde definieert ook een semiregelmatige betegeling van gelijkzijdige driehoeken, vierkanten en regelmatige zeshoeken (*blz. 67, linksboven*). Merk op dat dit ontwerp, indien herhaald (*rechtsboven*), zelf steunt op de regelmatige betegeling van zeshoeken (*stippellijn*).

Laat de driehoeken in het patroon groter worden en druk de witte zeshoeken samen. De vierkanten vervormen dan vanzelf mee. Als de driehoeken dezelfde gelijkzijdige drievoudige zeshoeken zijn geworden als op de vorige bladzijde, ontstaat er een fraai patroon van overlappende regelmatige twaalfhoeken (*linksmidden*). Als deze expansie en contractie worden voortgezet tot de driehoeken regelmatige zeshoeken vormen, ontstaat er een tweede regelmatig patroon (*rechtsmidden*).

Conceptueel kan een zich herhalend patroon eindeloos doorgaan, maar in praktische toepassingen worden islamitische patronen meestal gekaderd als rechthoekige delen. De hoeken van deze delen zijn normaal gelokaliseerd bij het centrum van de bouwstenen, vaak sterren (*onderste rij*). Als een patroon op die manier wordt gekadreerd, blijft de geometrische elegantie behouden en wordt tegelijk gesuggereerd dat het eindeloos, als het ware buiten de kaders, herhaald kan worden – de perfecte visualisatie van het idee van oneindigheid, zonder de pretentie om zo'n raadselachtig concept visueel te kunnen vangen.

Ook deze kadrering heeft meestal een enkel centraal deel, zodat het aantal delen in de rechthoek oneven is – een numerieke kwaliteit die de Goddelijke Eenheid zou oproepen en aanspreken.

# GEVEN EN NEMEN
## *de Adem van de Barmhartige*

---

Begin met een cirkel op een horizontale lijn en trek bogen die zijn gecentreerd op de snijpunten en erdoorheen lopen en zo een verticale lijn definiëren *(linksonder)*. Herhaal dit op de nieuwe snijpunten om de diagonalen te definiëren waarop vier cirkels, identiek aan de eerste, kunnen worden getekend. Voeg nog vier cirkels toe voor een reeks van acht rondom één. Net als het patroon op blz. 62 kan deze matrix eindeloos worden voortgezet voor een betegeling met, deze keer, vierkanten *(blz. 69)*.

Door een horizontaal vierkant te combineren met een diagonaal ontstaat er een achtpuntige ster *(blz. 69, rechtsboven)*. Net als de dubbele driehoek wordt ook deze vorm 'Zegel (*khātam* in het Arabisch) van Salomo' genoemd. Het is het beginpunt van een grote familie van patronen *(zie blz. 86)* en een herhaling in elk vierkant levert het fundamentele patroon van sterren en kruisen hiernaast op.

Dit patroon kan ook worden gezien als een betegeling van kleinere diagonale vierkanten, waarvan de ene helft expandeert en de andere samentrekt. Hierdoor wordt er ook wel naar verwezen als de 'Adem van de Barmhartige', de basis van de schepping, die de mogelijkheden van de vier elementen (vuur, lucht, water en aarde) bevrijdt.

 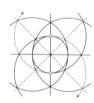  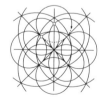

# ACHTVOUDIGE ROZETTEN
*en wat constructieprincipes*

---

Een wijdverbreid figuur in islamitische geometrische patronen is de opvallende geometrische rozet. Rozetpatronen kunnen ook worden gezien als een netwerk van stermotieven door de perceptie om te draaien en de bladen voor te stellen als negatieve ruimte. Hier zien we achtvoudige rozetten, weergegeven in een stijl die is gebaseerd op houtpanelen.

Er worden twee constructiemethodes getoond. Hieronder een simpele, gebaseerd op een vierkant raster. De achthoek wordt gedefinieerd door diagonalen en een cirkel en dan verdeeld in de geometrische rozet met bladen ter grootte van een vierde van de breedte van de hele vierkante herhaling. Op blz. 71 een andere, die de punten van de vijfpuntige sterren vormt, waarvan zich twee helften aan elke zijde van het vierkant bevinden, terwijl ze alle op dezelfde cirkel liggen. Hierdoor zijn de vier korte zijden van de zeshoekige bladen identiek in lengte, een geometrische subtiliteit die vooral gebruikelijk is in houtwerk.

De andere patronen op blz. 71 laten zien hoe de in de simpele rozet gegenereerde vormen herschikt kunnen worden, waarbij al doende nieuwe vormen ontstaan. Zowel vierkanten als zorgvuldig geproportioneerde rechthoeken kunnen als herhaaleenheid worden gebruikt.

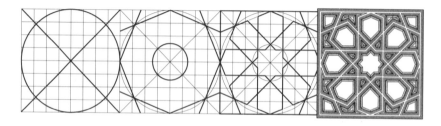

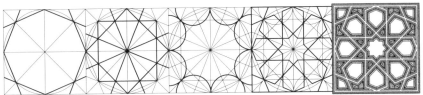

Cirkel en diagonalen in een in vieren gedeeld vierkant definiëren een achthoek.

1/16 radiaalverdelingen ontstaan door een achthoek van twee vierkanten toe te voegen.

Trek deze bogen, met als centrum het snijpunt van de vierkanten en radiaallijnen.

Deze bogen kruisen de radialen en definiëren de bladen en centrale ster.

Een simpele herhaaleenheid, zoals ze op een simpel houtpaneel te vinden zou zijn.

Een variant in een rechthoek, met de verhouding 1:√2.

1/16 slag gedraaid en in een groter vierkant.

Curieuze variatie met gebruik van de bladen en kleine achthoeken.

Grote compositie met harmonieuze interactie van kleine achthoeken en achtvoudige rozetten.

Centrale verticale sectie van het patroon links als herhaaleenheid (hier zijn er twee afgebeeld).

# KALLIGRAFIE
## *het geproportioneerde alfabet*

'Koran' betekent letterlijk 'voordracht', omdat het heilige boek aanvankelijk uit het hoofd werd geleerd. Omdat het al snel nodig was om het in geschreven vorm vast te leggen, werd het tot dan rudimentaire Arabische schrift de focus voor generaties van schrijvers die zochten naar de geschiktste schrijfwijzen voor het geschrift.

Het eerste schrift dat werd gebruikt (circa negende eeuw voor Christus) heet 'Koefisch', naar de stad Koefa in Irak. Het is vooral horizontaal in beweging, en de dwingende aanwezigheid straalt verhevenheid en strengheid uit (*onder*). Veel sierschriften werden ontleend aan het Koefisch (*zie blz. 379*) en bleven langer in gebruik dan het schrift zelf.

De bekendste Arabische kalligrafiestijlen van nu zijn cursieve schriften. Hun verfijnde vorm komt voort uit het briljante systeem van proportionering dat werd ontwikkeld door Ibn Muqla († 940 n.Chr.). Voor die tijd werden ze vrij weinig gebruikt. Hier schragen de uitgangspunten van de geometrie ook de kalligrafische vorm: elke letter is zorgvuldig geproportioneerd in relatie tot de cirkel, zijn diameter en het punt, of *nuqta*, aangegeven als een geruite punt met de rietpen. De eerste en meest fundamentele letter is de *alif*, een elegante verticale streek in de cirkel. Er zijn verschillende systemen voor het proportioneren van de alif, via zes, zeven of acht verticaal geordende *nuqāt*.

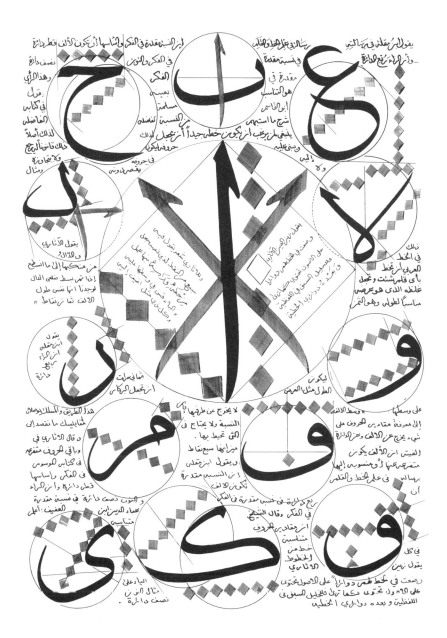

# Arabesk
*de paradijstuinen*

---

Arabeskontwerpen, *islimi* in het Perzisch, zijn het complement van geometrische patronen. Ze beogen niet het plantenrijk naturalistisch te imiteren, maar visueel de essentie van ritme en groei te distilleren, als herinnering aan de Tuinen van het Paradijs. De diverse arabeskstijlen (*blz. 75*) vormen een van de vrij duidelijke verschillen tussen regio's en tijdperken van islamitisch ontwerp.

Spiralen zijn universele oersymbolen, verwant aan het leven en zijn cycli. Ze belichamen het wervelende proces van expansie en contractie van de schepping en vinden hun toepassing in islamitisch ontwerp als de basis voor veel arabeskmotieven. Ontwerpen zoals hieronder kronkelen vaak achter Koranteksten, op friezen en titelpagina's van verluchte boeken. Dergelijke ranken lopen vaak door achter de letters, terwijl blaadjes en bloemen de open ruimtes vullen.

De spiraal wordt wereldwijd geassocieerd met de zon en zijn jaarcyclus. De zon wordt herboren tijdens de winterzonnewende, komt steeds hoger aan de hemel te staan, wentelt voorbij de balanspunten van de equinox tot het hoogtepunt van de zomerwende, en keert dan terug naar zijn midwinterondergang.

*Een 9e-eeuws arabeskontwerp in marmerreliëf, uit de grote moskee van Kairouan, Tunesië.*

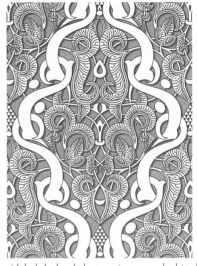

*Een zich herhalend arabeskontwerp in gegraveerde pleisterkalk uit het Alhambra, in typisch Andalusische stijl.*

*Ottomaanse arabesk op Iznik tegels in donkerblauw, turkoois, groen en rood.*

*Zeer geometrisch arabeskontwerp uit Caïro, gebaseerd op het patroon van blz. 96.*

# ZES UIT ÉÉN
*half dozijn van de ander*

---

Begin met het basispatroon van sterren en zeshoeken (*linksonder*) en kantel elke ster ééntwaalfde slag (*middenonder*). Verleng de lijnen van de hoeken van deze sterren, zodat er kleine driehoekjes ontstaan die een basispatroon van twaalfvoudige sterren creëren (*rechtsonder*).

Op blz. 77 staat de wording van een patroon dat is gebaseerd op de halfregelmatige betegeling met regelmatige twaalfhoeken, zeshoeken en vierkanten. Sterren zijn geplaatst in de vormen van het subraster, met een kruising van 60° op het middelpunt van elke zijde. Net als onder is de twaalfpuntige ster gemaakt van twee overlappende zesvoudige sterren. De sterpunten in islamitische patronen raken elkaar vaak om twee kruisende lijnstukken te vormen, waardoor over en onder elkaar vlechten eenvoudig te realiseren is. Geometrische patronen heten in het Perzisch dan ook *girih*, 'knopen', wat doet denken aan weven. Een patroon met gevlochten bandmotieven heeft geen spiegelsymmetrie meer; bij reflecteren veranderen alle 'overs' in 'onders' en vice versa.

Alle spirituele tradities ter wereld stellen dat wat we zien van de wereld berust op een onzichtbare, subtiele en betekenisvolle orde. Zo zijn het subraster en de impliciete cirkels van patronen als hiernaast verhuld in het ontwerp en voor het blote oog verborgen, maar door de aankleding heen kunnen ze wel worden waargenomen.

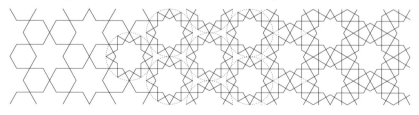

# DRIE KEER VIER
*en vier keer drie*

---

Het getal twaalf kent vele associaties in de islam. Twaalf is het eerste overvloedige getal: de som van de factoren is groter dan het getal zelf, 1+2+3+4+6=16. Deze factoren komen ook alle voor in hexagonale dan wel vierkante herhaalsystemen, zodat twaalfvoudige motieven erg handig zijn bij het maken van patronen.

Met de diagrammen hiernaast onderzoeken we de familie van patronen van blz. 77. Het basispatroon van twaalfvoudige sterren ontvouwt zich vanuit de halfregelmatige betegeling van regelmatige twaalf- en driehoeken (*blz. 79, boven*). Het laatste patroon kan ook worden gezien als overlappende zeshoeken en door elkaar geweven zigzags.

Door de twaalfhoeken zij aan zij te schikken op een vierkante herhaling ontstaat het tweede subraster op blz. 79. Het sterpatroon ziet eruit als overlappende achthoeken met door elkaar gevlochten paden.

Neem de schikking van vier driehoeken rond een vierkant over van het tweede subraster en verdeel de twaalfhoeken in een driehoekige herhaling om het derde subraster op blz. 79 te creëren. De ruimtes links vormen dezelfde driehoekige zeshoeken als op blz. 65 (*onder, vierde vorm*).

Dit derde subraster kan worden geëxtrapoleerd tot een vierde, geschikt in een vierkante herhaling. Door de relevante sterren toe te voegen ontstaat er een complex patroon. Let op de twaalfhoekige paden rond de twaalfpuntige sterren in zowel het derde als het vierde patroon.

# Nog meer twaalven
*en wat rozetconstructies*

---

Het genereren van patronen door de interactie van vierkante en zeshoekige herhaalstructuren met twaalfvoudige motieven blijft niet beperkt tot de voorgaande voorbeelden. Zo ziet u hiernaast een patroon van een paneel uit de christelijke wijk in Damascus en een variatie erop van Paul Marchant. De onderliggende structuur is hieronder te zien: groepen van drie vierkanten die een twaalfpuntige ster vormen rond een vierkant (*links*) en rechthoekig (*rechts*) raster. De stippellijnen geven die delen aan die zijn gebruikt in de illustraties. Aandachtige lezers zullen zien dat de hoeken van de vierkanten (*blz. 81, zwart gemarkeerd*) lijnen definiëren die de overige punten aangeven die nodig zijn om het hele patroon te ontwikkelen (*witte punten*). Deze lijnen lopen door om de proportie van de centrale sterren in de rozetten te geven.

Dezelfde rozetproporties zijn onafhankelijk van het patroon te verkrijgen, zoals met de andere twee rozetconstructies hiernaast. Alle drie constructies starten met een dubbele zeshoek in een regelmatige achthoek met toegevoegde radiaallijnen. Zwarte stippen markeren sleutelpunten in de beginstructuur, grijze benodigde intermediaire punten, en witte de punten die de eindproporties van de ster opleveren.

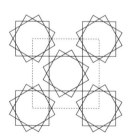
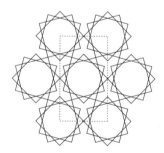

*Bronpatroon uit Damascus, met vierkante herhaling.
Rechts de driehoekige herhaalvariant.*

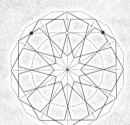

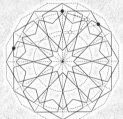

*De rozet van hierboven, geproportioneerd via de buitenstructuur.*

*Een rozet waarbij de vier korte zijden van de bladen gelijk zijn.*

*Smalle bladen met een extra toegevoegde harmonieuze ster.*

*De rozetten van boven, plus een vierde variant, in een vierkant herhaalkader uit het Alhambra.*

# DRIEVOUDIGE HERSCHIKKINGEN
*veelvouden van de matrix*

Tot dusverre herhalen de meeste patronen zich op een regelmatige zeshoek of een vierkant raster. Een meer systematische blik op het zeshoekige raster staat hieronder. Door de centra van de zeshoeken te verbinden ontstaat er een regelmatige betegeling van gelijkzijdige driehoeken: deze twee rasters zijn elkaars 'duaal' of evenknie.

De kleinst mogelijke sectie voor een zeshoekig herhaalpatroon is een van de lichtgrijze of witte driehoeken hiernaast. Deze driehoeken hebben zijden in de verhouding 1:√3:2 (√3 is ongeveer 1,732). Door een van deze driehoeken te draaien, te spiegelen of te verschuiven kan een heel patroon worden gegenereerd. Bij sommige traditionele methodes wordt een mal geconstrueerd van zo'n driehoek en worden deze drie symmetriebewegingen toegepast om het patroon te completeren.

De punten waar drie zeshoekige herhalingen elkaar raken, hebben vormen met draaisymmetrie in meervouden van drie, en de punten waar zes driehoekige herhalingen elkaar raken, hebben vormen met draaisymmetrie in veelvouden van zes (*blz. 83, linksboven*). Deze veelvouden herschikken zich tot verschillende getallen aan deze sleutelpunten. Elke illustratie hiernaast toont hetzelfde deel van een patroon in relatie tot het subraster.

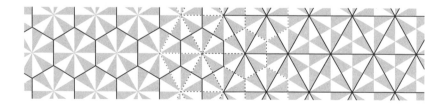

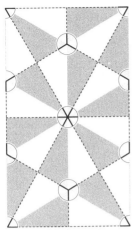

*Een rechthoekige sectie van 1:√3 van één zeshoek en vier kwartzeshoeken, of twee driehoeken en vier halve driehoeken.*

*Een Seltsjoek-ontwerp met breed bandwerk. Op de sleutelpunten liggen drieën en zessen (driehoeken en zespuntige sterren).*

*Twaalfvoudige rozetten in drievoudige gelijkzijdige zeshoeken. Alle bladvormen in de rozetten en ertussen zijn identiek.*

*Een Maghrebi, of westers, patroon, gebaseerd op het halfregelmatige raster boven aan blz. 77, met twaalf en zes op de sleutelpunten.*

*Een complex mammeluks ontwerp, drie keer drie is negen aan de drievoudige sleutelpunten, met zes aan de andere.*

*Een patroon dat vijftien (vijf keer drie) combineert met twaalf (twee keer zes). Voor negen en twaalf, zie blz. 60.*

# Viervoudige herschikkingen
## *viervouden en vierhoeken*

---

Door de centra van vierkanten in een regelmatige betegeling te verbinden ontstaat er een andere vierkante betegeling: het vierkante raster is zijn duaal. De kleinst mogelijke sectie voor een heel vierkant herhaalpatroon is een van de lichtgrijze of witte driehoeken hiernaast. Deze driehoeken hebben zijden in de verhouding 1:1:√2 (√2 is ongeveer 1,414). Net als met het zeshoekige systeem kunt u via draaien, spiegelen en verschuiven van deze minimale sectie een heel patroon genereren.

Twee minimumdriehoeken, lange zijde tegen lange zijde, vormen een vierkant en met zoveel vierkanten om uit te kiezen is het soms lastig om de twee duaalrasters en de minimale sectiedriehoeken te onderscheiden in een vierkant herhaalpatroon. Bovendien kan het formaat van de onderdelen van een patroon aanzienlijk variëren ten opzichte van de herhaling.

In vierkante herhaalpatronen hebben de punten waar vier vierkanten elkaar raken vormen met draaisymmetrie in veelvouden van vier, maar omdat er twee duaalrasters zijn, kunnen diverse meervouden worden gecombineerd (*blz. 85, linksboven*). Hiernaast een aantal manieren waarop deze meervouden zich herschikken; elke illustratie toont hetzelfde deel van het patroon ten opzichte van het subraster.

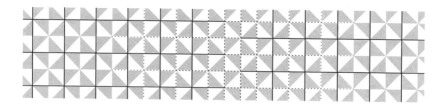

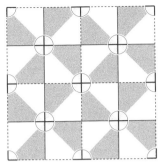

*Duale vierkantrasters, gestippelde en doorgetrokken lijn, viervoudige sleutelpunten.*

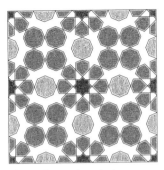

*Acht (vier keer twee) en vier, in een patroon dat verwant is aan dat van blz. 71.*

*Dit elegante patroon combineert acht en vier, aan de sleutelpunten, met zes.*

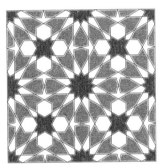

*Twaalf en vier in de vierkante herhaalversie van een fundamenteel patroon.*

*Twaalf en acht; de bladen hebben dezelfde vorm als op blz. 83, rechtsboven.*

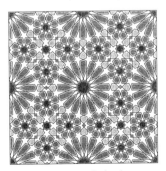

*Zestien en vier aan de sleutelpunten, met achten ertussen.*

# Delen van acht
*Barbarijse briljantie*

In de loop der eeuwen experimenteerden ambachtslieden in de Maghreb, het westen van de islamitische wereld, met een opmerkelijke vormentaal gebaseerd op de vierkante herhaling en de mogelijkheden van de achtvoudige *khātam*. De Adem van de Barmhartige wordt hieronder ontvouwd vanuit de halfregelmatige betegeling van achthoeken en vierkanten. Door achtvlakkige sterren te tekenen, via verbinding van elke derde hoek in elke *khātam*, ontstaat er een simpel patroon uit deze reeks vormen.

Op blz. 87 een voorbeeld van hoe simpele geometrische relaties op elkaar voortborduren vanaf een vierkant beginraster en zo een hele reeks verschillende vierkante herhaalpatronen genereren. De vormen die ontstaan uit het genereren van deze patronen, staan verzameld op het middenpaneel. Samen met vele andere verwante vormen worden ze in Marokko nog altijd aangebracht op felgekleurde cementtegels, voor een uitgebreide puzzelreeks met ontelbare oplossingen. Met name de dubbelvierkante zeshoek, derde van onder in de linkerkolom van het middenpaneel, de *ṣaft*, heeft een fundamentele rol in de vorming van complexere *zillīj*-patronen zoals die op blz. 88.

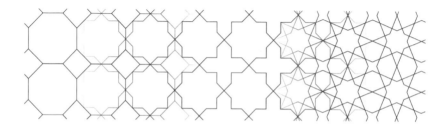

# ZILLĪJ-ONTWERP
*achtvoudige extravaganties*

---

Het mozaïekwerk van de Maghreb heet *zillīj*. Traditioneel beperkte het glazuurpalet voor dit werk zich tot een paar kleuren: zwart, wit, donkergroen, turkoois, blauw en okergeel. Nu worden ook andere kleuren gebruikt. Met *zillīj* kunnen grote composities worden gemaakt via een modulaire techniek die *khātam* afwisselt met *ṣaft*, wat een kader van in te vullen secties oplevert (*blz. 89, zwarte stukken*). In deze secties worden ringen van kleur geschikt om ontwerpen te creëren die zowel op een afstand goed overkomen – als het geometrische detail niet meer te zien is – als van dichtbij, als de individuele vormen zichtbaar zijn. Zie hoe dezelfde vorm in het ontwerp in diverse schakeringen voorkomt.

De rozetten hiernaast hebben 24 en 16 bladeren, waarvoor de constructie van delen nodig is die samenwerken met de achtvoudige geometrie. Hoewel ze asymmetrisch zijn, ogen deze delen comfortabel in hun context, wellicht vanwege hun geometrische noodzaak.

*Zillīj* kan op papier worden opgebouwd via een simpel vierkant raster (*onder*), waarbij de vormen bij benadering worden geschetst vóór het echte werk wordt geassembleerd met correct gesneden tegeldelen. Bij deze methode wordt de √2-verhouding van de diagonaal van het vierkant naar zijn zijde verplaatst, zoals terug te vinden in de correcte vormen, met de breuken ³⁄₂ (1,5) en ⁷⁄₅ (1,4).

# ZELFGELIJKENIS
*hetzelfde op verschillende schalen*

---

Zelfgelijkenis treedt op als dezelfde vormen en patronen op verschillende schalen voorkomen in een ontwerp. Oneindigheid wordt op deze manier meer opgeroepen via de eindeloze herverschijning van gelijksoortige structuren dan door de onbegrensde continuering van een zich herhalend patroon. Dit is nu wellicht vooral bekend als de eigenschap van wiskundige objecten die 'fractals' heten, maar het is ook al lang in gebruik in sommige vormen van islamitisch ontwerp.

Het paneel hiernaast is gebaseerd op *zillīj* uit het Alcázar in Sevilla. Een complex web van wit vlechtbandenwerk bevat *zillīj*-vormen in blauw, groen, oker en zwart. Opmerkelijk genoeg vormen deze vormen grote versies van zichzelf, omlijnd door zwart. Dit ontwerp bevat nog een derde niveau van impliciete zelfgelijkenis: het witte vlechtbandenwerk is exact zo geproportioneerd dat het lijkt te berusten op nog kleinere *zillīj*-deeltjes *(blz. 91, onder)*.

Zelfgelijkende ontwerpen als deze beperken zich niet tot achtvoudige *zillīj*; de familie van vormen die zijn ontleend aan de tienvoudige geometrie *(blz. 94-97)* zijn ook geschikt voor dit soort composities. Zelfgelijkenis komt ook voor in arabeskontwerpen, met bladvormen die bestaan uit onderling verbonden kleine blaadjes en ranken *(onder)*.

# Boogpatronen
*de balans van lijn en kromme*

---

Niet bij alle islamitische ontwerpen wordt de cirkelvorm verborgen in de impliciete constructie. Geometrische ontwerpen waarin expliciet bogen en rechte lijnen worden gecombineerd, komen al vanaf het begin van de kunst voor. Ze zijn meestal toegepast bij materialen die zich vrij makkelijk lenen voor gebogen vormen, zoals illustraties in boeken, in metaalwerk en gegraveerde steen. Patronen met bogen komen veel milder over en lijken zich soms te mengen met de arabeskontwerpen die ze bevatten. Het patroon hieronder is van een gegraveerde stenen tralie uit de grote Ommajaden-moskee in Damascus (715 n.Chr.). Rechte banden vormen de halfregelmatige betegeling van regelmatige zeshoeken en gelijkzijdige driehoeken. Hiermee zijn delen van cirkels verweven die zijn gecentreerd op de hoekpunten van de driehoeken, die ze op twee derde van hun zijde doorsnijden.

Het ontwerp op blz. 93 is gebaseerd op een patroon dat professor Keith Critchlow kreeg. De arabeskmotieven in de ruimtes zijn in de stijl van de Ilkhanidische verluchting van de Koran. Deze twee patronen zijn een uitstekend voorbeeld van de manier waarop de gebruikte subrasters in vroege patronen vrij duidelijk waren, terwijl ze later veel meer werden verborgen.

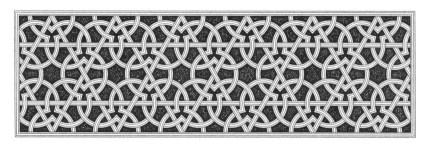

# Tienvoudige betegeling
*een familie van vormen*

---

Anders dan driehoeken, vierkanten en zeshoeken kunnen regelmatige vijfhoeken niet zo worden geschikt dat ze een plat vlak opvullen zonder tussenruimte. Maar het was een kwestie van tijd tot handwerkslieden zich op deze uitdaging stortten en ingenieuze manieren ontdekten om ontwerpen te creëren via vijf- en tienvoudige symmetrieën.

Het diagram hieronder toont een patroon dat zich ontvouwt uit een subraster van zich herhalende regelmatige tienhoeken, die zij aan zij zijn geplaatst, met curieuze vlindervormige zeshoeken ertussen. Er worden sterren getrokken vanaf het midden van de tienhoekzijden. De lijnen van de sterren lopen door in de ruimtes tussen de tienhoeken om het patroon te completeren. Dit patroon heet in het Perzisch *Umm al-Girih*, de moeder der patronen (knopen), en de vormcomponenten zijn de eerste generatie van een hele familie van vormen (*zie blz. 376*).

De constructies hiernaast zijn gebaseerd op een Iraanse methode. Radiaallijnen die elke achttien graden markeren (*gestippeld*) worden doorsneden door extra lijnen (*doorlopend*) om geproportioneerde cirkels te krijgen. Deze cirkels doorsnijden de radiaallijnen in een delicaat web dat de hoekpunten van het uiteindelijke patroon oplevert.

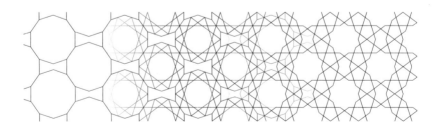

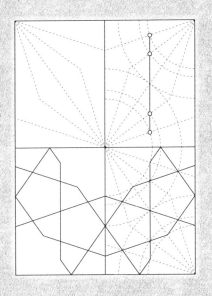

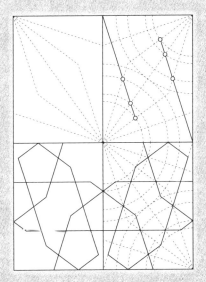

# Pentagrammaton
*een tweede tienvoudige familie*

---

Vervang elke regelmatige vijfhoek in de *Umm al-Girih*, inclusief de twee overlappende vijfhoeken van de grote tienpuntige ster, door vijfpuntige sterren om een basispatroon van een tweede tienvoudige vormenreeks te genereren. Net als bij de *Umm al-Girih* vormen de componenten van dit patroon de eerste generatie van een hele familie van vormen, waarvan er enkele hiernaast staan. Beide tienvoudige vormenreeksen kunnen worden gebruikt voor een eindeloze variëteit aan patronen. Zo dragen de houten raamluiken van de grote Ottomaanse moskeeën van Istanbul een veelvoud van tienvoudige ontwerpen, soms schijnbaar zonder herhaling. Op blz. 97 staan twee ontwerpen uit de Sokullu Pasa-moskee, met een voorbeeld van het symbolisme dat soms is verborgen in het aantal delen van het patroon.

Vijf- en tienvoudige geometrie zijn doortrokken van de elegante gulden snede, de verhouding die ontstaat als een lijn zo wordt opgedeeld dat het kortere deel zich tot het langere deel verhoudt zoals het langere tot de hele lijn (ongeveer 1:1,618). In het patroon hieronder vormt elke afstand tussen hoeken of snijpunten op een lijn een gulden snede met de volgende kleinste of grootste afstand.

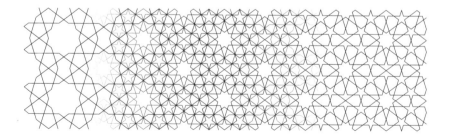

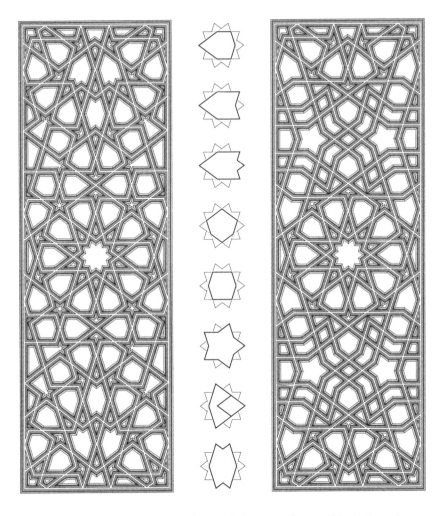

*Alle Arabische letters hebben numerieke waarden. Dit abjad-systeem werd oorspronkelijk gebruikt voor het noteren van getallen voordat de Indiase cijfers werden ingevoerd. Nu wordt het gebruikt om zijn symbolische waarde. Het patroon rechts bestaat uit 165 delen, het abjad-totaal voor La ilaha illa Allah ('Er is geen andere godheid dan Allah'), de wezenlijke uitdrukking van Goddelijke Eenheid in de islam. Een verwant voorbeeld staat op blz. 58: de 99 delen corresponderen met het traditionele aantal goddelijke namen.*

# DECIMALE CONNECTIES
*tussen de twee families*

---

De tienvoudige basispatronen op de vorige bladzijden kunnen ook worden gegenereerd via een subraster van regelmatige tienhoeken, vijfhoeken en door vijfhoeken gedefinieerde zeshoeken (*linksonder*). Door vijfhoeken en vijfpuntige sterren in dit raster te plaatsen ontstaan de twee patronen rechtsonder.

De schikking van de twee patronen suggereert de mogelijkheid om de hoeken te variëren die ontstaan waar paden kruisen bij de middelpunten van de zijden van het subraster. De *Umm al-Girih* heeft hoeken van 108° op deze vaste punten, terwijl het andere tienvoudige basispatroon hoeken van 36° heeft. Bij 90° ontstaat een floraal ontwerp (*blz. 99, linksboven*) en bij 72° een patroon dat beide tienvoudige families combineert (*blz. 99, rechtsboven*). Met een hoek van 54° graden ontstaan elegante bladervormen en een kleine centrale ster van dezelfde vorm als die in het eerste voorbeeld (*blz. 99, linksonder*).

Het laatste voorbeeld hiernaast kopieert de tweede variant (*stippellijn*), vervangt de rozetten door die van blz. 97 en laat zien hoe harmonieus de onderlinge relaties tussen de patronen in deze tienvoudige vormentaal kunnen zijn.

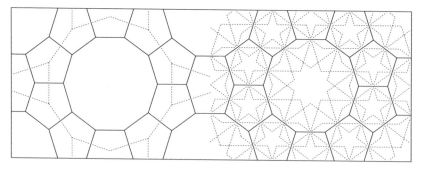

# Perfecte veertien
## *het getal van de profeet*

---

Deze patronen zijn gebaseerd op veertienvoudige rozetten, waarvan de bladen op dezelfde manier in de centrale ster passen als die op blz. 97 in hun centrale tienvoudige ster. De inherente proporties van het heptagram en de veertienpuntige ster zijn echter complexer dan de unieke gulden snede in het pentagram en de tienpuntige ster en daarom lastiger synchroon te combineren. De patronen in deze veertienvoudige familie zijn dus moeilijker te realiseren en daarom veel zeldzamer. Hieronder staan twee basispatronen. Het complexere patroon op blz. 101 is een weergave van een houtpaneel uit het mausoleum van de mammelukse sultan Qa'it Bey († 1496) in Caïro.

Op de islamitische kalender begint de maand op de avond van de nieuwe maan, zodat de veertiende van de maand de nacht van de vollemaan is, als de maan het zonlicht volledig weerkaatst naar de aarde (de maan kan ook vol zijn op de dertiende of vijftiende). Daarom wordt de profeet Mohammed, 'de spiegel van Goddelijk Licht in de schepping', geassocieerd met zowel de vollemaan als het getal veertien.

# Bijzondere stervormen
## *werken met oneven getallen*

Op een paar opvallende uitzonderingen na, zoals vijf en zeven in tien- en veertienvoudige patronen, of meervouden van drie, zijn oneven getallen, en vooral priemgetallen, lastig om patronen mee te creëren.

Om patronen met oneven getallen te maken wordt het oneven motief vaak aan de rand van een vierkant of rechthoek geplaatst, de ene helft aan de ene kant en de andere helft aan de andere. Dit deel kan dan aan alle zijden worden gespiegeld. Een voorbeeld van deze techniek ziet u hieronder: zevenhoekige sterren vormen een elegant dansend patroon.

Op blz. 103 staat een complexer ontwerp met negen- en elfpuntige sterren, gebaseerd op een patroon van Jay Bonner. Het subraster voor dit patroon heeft elf- en negenhoeken (*blz. 103, linksonder*). Het kan worden opgevat als reflectie van rechthoekige delen (*gestippeld, midden*) of als een verlengde zeshoekige herhaling die de centra van zes elfhoeken verbindt (*gearceerd, midden*). Een vergelijkbare verlengde herhaling kan op de centra van zes negenhoeken worden geplaatst. Twee negende van een volledige draai, 80°, plus drie elfde van een volledige draai, circa 98,2°, komt erg dicht bij 180°. Hierdoor is een ruitvormige schikking van twee elfhoeken en twee negenhoeken mogelijk (*gearceerd, rechts*), waarbij de negen- en elfvoudige symmetrieën, om te passen, bijna onzichtbaar zijn vervormd.

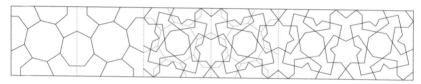

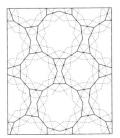 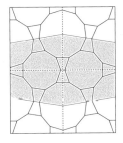 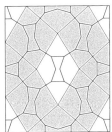

# Dingen laten passen
*vervormen tot eenheid*

---

De vervormtechniek van de vorige bladzijde blijft niet beperkt tot het werken met oneven getallen, maar wordt ook toegepast bij patronen waarin men veel verschillende getallen zo accuraat en fraai mogelijk wil integreren. Op blz. 105 staan twee voorbeelden van dergelijke patronen en hun subrasters. Een simpeler combinatie van twaalf-, acht- en (bijna) vijfvoudige geometrie ziet u hieronder.

In deze patronen wordt geprobeerd een veelheid aan getallen op te nemen in een harmonieuze eenheid, en het verband met harmonie is meer dan louter visuele analogie. Deze constructies berusten op het feit dat de som van bepaalde breuken erg dicht bij een andere breuk komt maar daar net niet gelijk aan is. Op dezelfde manier is de allereerste uitdaging die de student harmonieleer tegenkomt bij het vormen van een toonladder de kleine discrepantie tussen veelvouden en machten van de boventoonfrequentiebreuken van $\frac{1}{2}$, $\frac{1}{3}$, $\frac{1}{4}$, $\frac{1}{5}$, enzovoort. Zes zuivere hele tonen $(\frac{8}{9})^6$ (circa 0,493) komen bijvoorbeeld net te kort voor een octaaf, $\frac{1}{2}$. De vliegervormen in het patroon hieronder, die de ruimte tussen de sterren vullen en die, waar ze overlappen, kleine vierhoeken definiëren, zijn een voorbeeld van een veelgebruikt middel in zowel patronen waarin getallen worden gecombineerd als patronen met één hoofdsymmetrie.

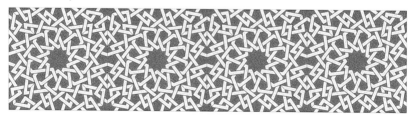

Regelmatige acht- en zeshoeken vormen een raamwerk waarin (aangepaste) vijf- en zevenhoeken passen met vierkantjes in de hoeken, waardoor 4, 5, 6, 7 en 8 worden gecombineerd in één patroon. De belangrijke breukbenaderingen in deze constructie zijn $1/5 + 1/6 + 1/8 \approx 1/2$ (driehoek die de centra van de 5-, 6- en 8-hoek verbindt) en $1/5 + 1/6 + 1/7 \approx 1/2$ (driehoek die de centra van de 5-, 6- en 7-hoek verbindt).

Regelmatige twaalf- en tienhoeken combineren met (aangepaste) negenhoeken tot een rozetontwerp, met gebruik van 9, 10 en 12. De belangrijke breukbenadering in deze constructie is $2/9 + 3/20 + 3/24 \approx 1/2$.

# Koepelgeometrie
*de derde dimensie*

---

De islamitische architectuur staat bekend om haar koepelstructuren. Veel architecten van deze koepels vonden versiering niet nodig en lieten hun techniek en de elegante vorm voor zichzelf spreken. Maar soms werden ze versierd met geometrische patronen. Voorbeelden zijn de monumenten van mammeluks Egypte en Safawidisch Iran. De koepel hiernaast is van het mausoleum van sultan Qa'it Bey in Caïro. De basismethode bij geometrische versiering van koepels is om de delen te herhalen als de partjes van een sinaasappel. Sterren en onderling verbonden delen worden in deze parten geplaatst en zo vervormd dat ze passen in de versmalling richting bovenkant (*blz. 107, linksboven*). Veel van zulke koepels eindigen aan de top met blad- en vliegervormen die, van boven gezien, een rozet vormen (*blz. 107, rechtsboven*).

De echte bolvormige equivalenten van de (half)regelmatige betegelingen zijn de verdelingen van een bol die voortkomen uit de platonische en archimedische lichamen. Er is geen bekende aanwijzing dat handwerkslieden in de islamitische wereld deze unieke bolvormige betegelingen hebben gebruikt. Het voorbeeld hieronder laat een bolvormig patroon zien dat is gegenereerd via een kubus en een regelmatig achtvlak, gebaseerd op werk van Craig Kaplan.

# Muqarnas
*hemelse cascades*

---

Om een vierkante of rechthoekige structuur te overspannen met een koepel is een overbruggingsmiddel nodig en mettertijd ontstond hiervoor in de islamitische architectuur een opvallende oplossing, de *muqarnas*. *Muqarnas* zijn geplaatst op gestapelde horizontale lagen, verbonden door vlakke en gebogen oppervlakken die hun neergaande lijn uitdrukken, als weergave van het idee van spiritueel licht dat uit de Hemel neerdaalt, om als doorzichtige materie op aarde te condenseren. Ze worden ook gebruikt in nissen, zoals in de *mihrāb* in de moskeewand die naar Mekka wijst.

*Muqarnas* kunnen dienen om de krachten in uitgehouwen steen te verdelen of een zuiver ornamentele functie hebben, zoals in de betegelde bouwsels van de baksteenarchitectuur van Iran of de hout- en pleisterkalktechnieken van de Maghreb.

Het ontwerp van *muqarnas* varieert per regio en tijdperk. In de Maghreb bleek een modulair systeem op basis van achtvoudige geometrie perfect op zijn plaats (*onder*). In de oostelijke islamitische wereld liggen *muqarnas* in concentrische lagen rond een centraal punt, waarbij sommige ontwerpen verschillende sterren hebben op elke laag, andere gebogen stalactietvormen vertonen (*blz. 109*) en weer andere een driehoekige, prisma-achtige verbinding tussen lagen kennen.

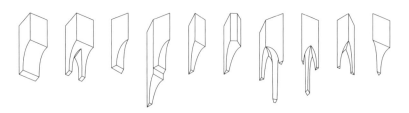

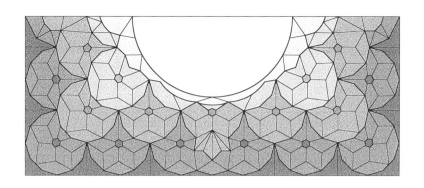

# Slotbeschouwingen
*en verdere mogelijkheden*

---

De traditionele islamitische ornamentiek is uiterst functioneel, maar de functie is niet utilitair. Door iets van de oerschoonheid van de maagdelijke natuur te herstellen en de toeschouwer van onderdompeling in het aardse mee te voeren naar serene contemplatie, probeert men de spirituele verliezen van beschaving te compenseren. Islamitisch ontwerp kan worden gezien als een soort visuele muziek, waarvan de herhaling en het ritme van de motieven een innerlijk gevoel van balans geven en als visueel verlengstuk fungeren bij het aanroepen van het Goddelijke.

De eenvoud en ogenschijnlijke noodzaak waarmee islamitische geometrische patronen zich ontvouwen, verdoezelen de achterliggende inspanning. De vaklieden zullen ze als reeds bestaande mogelijkheden hebben beschouwd, die hun uit de Bron werden geschonken. Veel van hen zullen zich ook bewust zijn geweest van de *abjad*-gelijkheid tussen de woorden 'punt' (*nuqta*) en 'geometer' (*muhandis*), en ernaar hebben gestreefd deze transcendente relatie door te laten schijnen in hun werk.

Het ontwerp hiernaast is gebaseerd op een variatie op een thema van Paul Marchant en combineert vormen van de twee onderling verwante tienvoudige families. Een passende hint ter afsluiting is dat speuren naar nieuwe islamitische patronen nog steeds mogelijk is.

# DEEL III

Boven: Iznik-schaal met een schikking van bladspiralen met drievoudige symmetrie op de buitenrand en zevenvoudige symmetrie in het centrale medaillon. Een voorbeeld van de rumi-stijl van bladversiering, met druppelvormige bladen bestaande uit kleinere blaadjes, waarvan de plaatsing wordt vastgelegd door een kader van in elkaar passende zes- en driehoeken.

# BOOGLIJNEN

## BLOEMEN, BLADMOTIEVEN & KRULLEN IN DE FORMELE DECORATIEVE KUNSTEN

*Lisa DeLong*

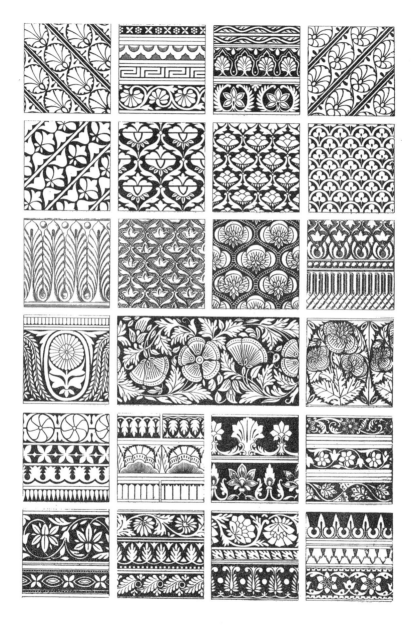

# Inleiding

De neiging om heilige zaken en gewone voorwerpen te versieren en te verfraaien is universeel. Wereldwijd duiden oeroude mythes op de symboliek en ornamentele betekenis van de natuur. Levensbomen, bladerkronen, rijk gedecoreerde mantels en zelfs paleizen en tempels weerspiegelen haar vruchtbare vormen. De toepassing van symbolische versiering verleent een object zowel esthetische als metafysische waarde. Ons instinct voor decoratie is oeroud.

De natuur is complex. Ze is elegant en sereen, turbulent en wild. Haar vormen kunnen fraai, bevallig, wreed, woest of delicaat zijn, maar ze dienen altijd een doel. Owen Jones, auteur van *The Grammar of Ornament*, die de Indiase ornamenten hiernaast tekende, schreef over de natuur: 'Zie hoe gevarieerd de vormen en hoe ongevarieerd de principes zijn.' Deze principes van wording, groei, symmetrie en orde heersen ook in de kromlijnige versiering in de kunst van elke cultuur.

Principes belemmeren de creativiteit niet, maar inspireren juist tot diverse en vindingrijke weergaven van zaden, ranken, bladeren, bloemen en vruchten. Een ontwerper die werkt met herhaling, afwisseling, golving, betegeling, spiralen en symmetrie ziet al snel de rijke variëteit die deze simpele generatieve processen mogelijk maken. De ontwerpen hiernaast belichamen deze principes in hun eigen paradijselijke microkosmos en bieden een glimp op de rijke levendigheid van kromlijnige decoratie. Ik hoop dat de lezers hun eigen inspiratiebronnen ontdekken in de weergaven van de natuur en de ontwerpprincipes die hier zijn verzameld.

# Vroege booglijnen
*oeroude patronen*

---

Het ornament geeft een kosmologische dimensie aan onze aardse wereld. Wat eerst oppervlakkige decoraties lijken, kunnen feitelijk weergaven zijn van transformationele principes en diepe structurele inzichten. Ananda Coomaraswamy schrijft: 'De menselijke waarde van een artefact wordt bepaald door het samenvallen van zijn schoonheid en nut.'

De vroegste overgeleverde lemen potten (*zoals op blz. 119*) belichamen deze creatieve drang om deel te nemen aan een transfiguratie van het gewone. Vormeloze klei werd door een pottenbakker op een wiel spiraalvormig omhooggewerkt tot een pot. De betekenis van geschilderde spiralen, lussen en kronkels is verloren gegaan, maar het moderne oog ziet wel grote schoonheid in de energie- en stroomlijnen.

Het menselijk verlangen om te decoreren kent geen grenzen. Traditionele zeevarende culturen als de Maori's tatoeëerden vaak hun hele lichaam, inclusief hun gezicht, met dezelfde kronkelpatronen als waarmee ze hun peddels en kano's versierden (*zie onder*).

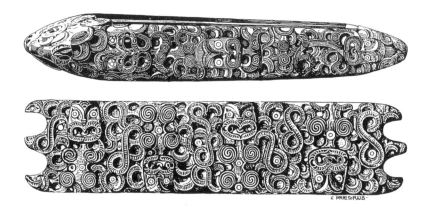

*Provincie Jiangxi, China, 8000 v.Chr.*

*Yangshao-cultuur, China, 4000 v.Chr.*

*Majiayao-cultuur, China, 3000 v.Chr.*

*Machiayao-cultuur, China, 3500 v.Chr.*

*Tripolje-cultuur, Roemenië, 4000 v.Chr.*

# Epigrammen en dialectiek
## *ideeën in beweging*

---

De visuele rijkdom en complexiteit van biomorfe versieringen verhullen vaak de onderliggende ontwerpprincipes. Onder de bladeren en bloemen ligt vaak een kernmatrix van simpele vormen.

Een beginpunt • is de microkosmische levenskiem, die macrokosmisch wordt uitgedrukt als een cirkel ○. Het punt rekt uit om een lijn te creëren ⟶, draaiing geeft een cirkel C, de cirkel wordt een druppel ◌, de druppel vervormt tot een vorm die zowel te vinden is in positieve als in negatieve ruimtes van veel kromlijnige ontwerpen ℘, en cirkels overlappen tot (bloem)blaadjes ๐.

Scheiding, samenkomst en hereniging doen zich voor als lijnen ontspringen aan een oorsprong, zich vertakken, floreren en terugkeren. Met name C- en S-vormige krommen zijn nuttige elementen voor een compositiestructuur (*blz. 121*). De proporties kunnen worden opgerekt en samengeperst, uit de hand worden getekend of geometrisch worden geordend. Hieronder voorbeelden van krommen in vierkante en zeshoekige cirkelrasters.

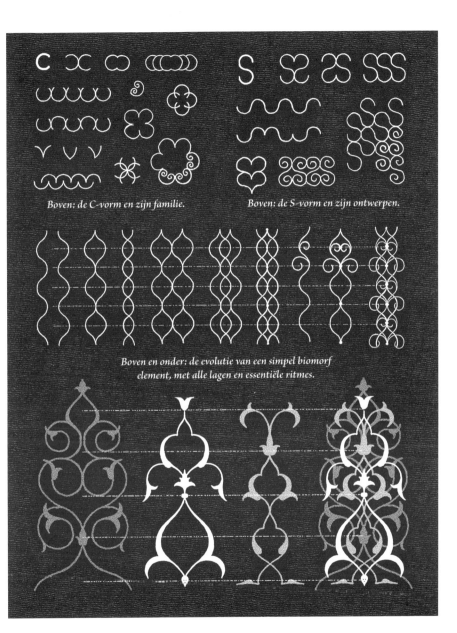

# Structuur en beweging
*lijn en kromme*

---

Geometrische rasters zijn erg nuttig voor ontwerpers. Ze leveren een lineair traliewerk waaraan booglijnen kunnen vasthechten en ontspringen, een gestructureerd tegenwicht voor de kromlijnige beweging, groei en vruchtbare ontwikkeling. Patronen met rechte randen en scherpe hoeken kunnen evolueren tot golven en rimpelingen, terwijl het verzachten van randen en hoeken kristallen kan transfigureren in bloemen en staccato ritmes transponeert naar melodieuze composities.

Geometrische ontwerpen vertonen sterke visuele herhalingen, van schaakbordrasters tot simpel metselwerk en basisweefpatronen. Maar vele hebben een doodse kwaliteit; pas als de rechte rasterlijnen tot leven komen, zoals de rimpeling op een meer, beginnen ze te pulseren en te veranderen in de levende vormen van biomorfe ontwerpen.

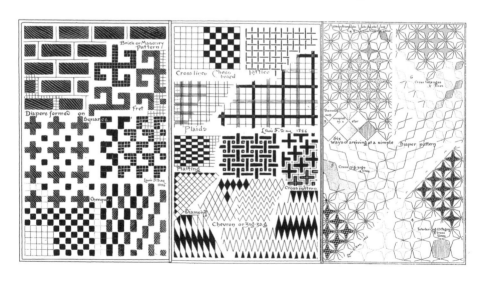

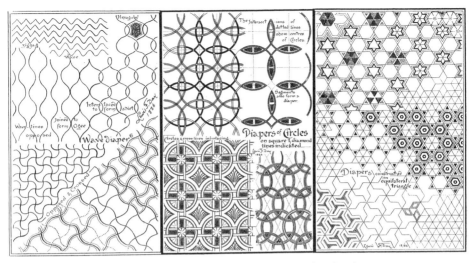

Blz. 122 en 123: deze 'blokpatronen', speelse verkenningen van geometrische en kromlijnige patronen van Lewis F. Day (1898), bieden een kleine blik op de ontwerpmogelijkheden op het vlak. Zie hoe kromlijnige ontwerpen ontstaan uit rechtlijnige rasters. Deze voorbeelden zijn gebaseerd op de drie simpele regelmatige betegelingen: vierkanten, driehoeken en zeshoeken. Er doen zich echter snel nieuwe en intrigerende mogelijkheden voor als halfregelmatige structuren worden ingezet, zoals achthoekige, rechthoekige of ruitvormige rasters.

# Yin en yang

*oppositie en complementariteit*

---

Gebogen vormen belichamen het principe van 'geven en nemen': als de ene rand nadert, trekt de andere zich terug. Deze relatie wordt fraai geïllustreerd in het yin-yangmotief dat de onderlinge afhankelijkheid van opposities uitdrukt: vrouwelijk en mannelijk, zwart en wit, actief en passief, duidelijk en mysterieus. Elk principe is incompleet zonder zijn partner; elk is terug te vinden in de kern van de partner.

In elk ontwerp worden positieve en negatieve ruimte verbonden als delen van een geheel die elkaar definiëren. Een ontwerp is vaak pas succesvol als de 'negatieve' achtergrondruimte, die er *niet* is, net zo fraai is als de positieve voorgrondruimte, die er *wel* is.

De enkele druppelvorm duikt in tal van ontwerpen op, als een paisleymotief (*zie blz. 166-167*), een enkel blad of een bloemknop, als de open ruimtes in gotisch traceerwerk (*blz. 125, onder*) of als vergulde bladeren in een rumi-motief in een verluchte Turkse Koran.

Het negentiende-eeuwse Azeri-sieraad hieronder kent een speelse combinatie van spiralen en druppels.

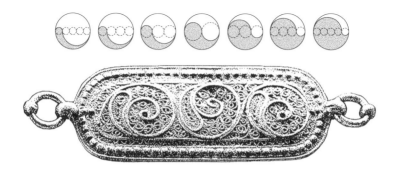

*Boven: een rumi-motief lijkt op de paisley- of yin-yangvorm; hier met fractalinvulling.*

*Boven: ontwerpen met exact complementaire vormen, waar de witte elementen dezelfde vorm hebben als de zwarte. Onder en rechts: een belangrijk element in gotisch traceerwerk is de bevallige yin-yangvorm. Deze speelse Duitse composities illustreren hoe flexibel een systeem kan worden dat is gebaseerd op deze vormen.*

# Elementen
*actie, reactie en interactie*

---

Natuurkrachten duiken overal op in de decoratieve kunsten – waterspiralen, scheuten die zich door de aarde opwerken, bloesems die bladeren openen voor de zon. Biomorfe decoratie reflecteert de woestheid, cyclische ritmes en transformerende kracht van de natuur.

De vrijheid van beweging in gewelfde versieringen is een interpretatie van de orde van de natuur en haar elementaire principes en symmetrieën. Veel culturen ontwikkelen ontwerpen die pogen deze vaak abstracte en vloeiende concepten uit te drukken.

Japanse kunst die de natuur reflecteert, levert ontwerpen die de vloeiende interacties van elementen in de tijd weergeven: rimpels in nat zand, kolken in een stroom, door wind verweerde rotsen, stromen gesmolten lava, breukpatronen, wolkenformaties en kruisende takken.

*Blz. 126 en 127: in deze klassieke Japanse textielontwerpen (naar Jeanne Allen) combineren en versmelten elementaire vormen als drijvende bloesems in een stroom, verbrijzelend metaal, stralende vlammen, bewegende wolken, waterkolken en uit de aarde rijzende bamboe. Elk ontwerp is een kunstwerk dat, in de woorden van Thomas van Aquino, 'de natuur imiteert in haar werking'.*

# ZADEN EN OORSPRONG
*het mysterie van het leven*

---

Het leven begint met een zaadje dat opzwelt, ontspruit en gaat groeien, een proces dat wordt weerspiegeld in biomorfe versiering. De ontwerper creëert eerst een beginpunt waaruit alle stengels en takken ontspringen. Die dienen dan als aanzet voor verdere ranken, takken, bladeren en bloemen. Elk deel van de compositie is uiteindelijk herleidbaar tot één bron, wat zorgt voor een consistente groeirichting.

De kunstenaar kan dit beginpunt een zaadje laten zijn of een wortelstelsel. In veel gevallen wordt het mysterie van de oorsprong echter verborgen voor de directe blik, achter een wolkensluier, knoop of medaillon, of verstopt in een vaas (*zie ook Indiase stof, Iznik-schaal en Perzische wandbetegeling, blz. 129*). Elke wijziging van groeirichting zou de continuïteit en logica van het ontwerp verstoren. In de zeldzame gevallen dat dit nodig is, verhult de ontwerper deze buigpunten door een bloem, ring, knoop of ander symbool dat een nieuwe beginknoop suggereert.

De vorm waarin een compositie groeit, moet met gevoel worden behandeld, waarbij de kunstenaar evenwichtige, ruimtevullende bladvormen gebruikt (*zoals op het Mughal-deksel hieronder*).

# OVERAL SPIRALEN
*ranken en skeletten*

---

Pure spiralen zijn ornamenten op zich, maar ze kunnen ook de basis vormen van structuren waaruit bladeren groeien en bloemen bloeien. Ontwerpers gebruiken schuif-, draai- en spiegelsymmetrieën om randen of andere versieringen (*onder*) te creëren.

Een lineaire reeks spiralen kan een skelet vormen waaruit later bladeren en bloemen ontspruiten. Daarbij moeten de spiralen wel soepel en consistent uit elkaar ontspringen. Als er bloem- en bladelementen worden toegevoegd, bedenk dan hoe ze reageren op de spiraalstructuur. Tegelspiralen leveren levendige composities op, terwijl radiale schikkingen de basis kunnen zijn van complexe rozetten. Door het soort spiraal te wijzigen kunnen ontwerpen nogal van aanblik veranderen. Voorbeelden van diverse soorten wiskundige spiralen staan in de bijlage (*zie blz. 384*).

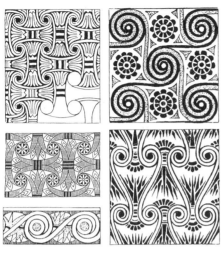

*Links: Egyptische spiralen, 2000 v.Chr., met lotusmotieven (naar Glazier). Boven: stenen spiraalversiering, laat-Italiaanse renaissance. Onder: laat-Romeinse koperlegering met emaillen champlevé-vaas, Midden-Frankrijk 250-300 n.Chr.; Keltisch spiraalontwerp uit het 7e-eeuwse Book of Durrow; modern, handbedrukt Indiaas textiel; vaasdetail uit Yuan-dynastie (1300-1350 n.Chr.), China.*

# IJzerwerk
## *decoratief en beschermend*

IJzerwerk biedt een buitengewoon helder voorbeeld van hoe simpele gebogen elementen kunnen worden gecombineerd tot complexe, versierde objecten. Een vluchtige blik op de voorbeelden hieronder en hiernaast laat zien dat C- en S-vormen, in combinatie met spiralen en rechte lijnen, het voornaamste visuele vocabulaire vormen.

De Hettieten, van rond 2000 v.Chr., waren het eerste volk dat ijzer smolt en zuiverde, maar pas in de zeventiende eeuw kwamen in Frankrijk en Spanje vorm en functie bij elkaar en ontstond er een hele familie van ijzerversieringen. Er werden clusters C- en S-vormige spiralen samengesmeed om de hek- en traliewerken zowel stevig als mooi te maken. Om balans tussen kracht en verfijning te krijgen waren deze bogen noch te strak noch te luchtig; de openingen waren niet zo groot dat ze geen veiligheid boden en ook niet zo smal dat ze het zicht blokkeerden.

De middeleeuwse scharnieren van de enorme houten kathedraaldeuren zijn nog zo'n voorbeeld van ijzergebruik (*zie scharnier uit de Notre-Dame, blz. 133, linksonder*). De fijne details vertonen vaak bomen, als verwijzing naar de Boom des Levens of der Wijsheid, als metafoor voor de kerk als paradijstuin.

Boven: fraai smeedijzeren hekwerk uit de 19e-eeuwse catalogus van de Franse firma Denonvilliers. Let op de diverse motieven: spiralen, C- en S-vormen en harten. Linksonder: middeleeuws scharnier uit de Notre-Dame in Parijs. Blz. 132 en rechtsonder: Frans smeedijzerwerk, hekken, traliewerk, steunen en tuinlunetten, met allemaal dezelfde simpele elementen.

# Leren van bladeren
*structuur en stilering*

Een blad is iets wonderlijks; het zet licht om in voedingsstoffen. Elk blad is in wezen een kopie van de andere bladen aan een plant, maar is ook uniek, en de nervatuur suggereert vaak een microkosmische versie van het geheel waarvan het deel uitmaakt.

Bladeren zijn er in vele vormen en formaten, maar het primaire onderscheid is dat tussen enkelvoudige bladeren (zoals gepunt, ovaal of hartvormig) en samengestelde (zoals gevingerd of geveerd). Er zijn ook verschillen in randen (zoals stekelig, getand of gelobd) en er zijn diverse nervatuurpatronen. Om de gevarieerde vormen van de natuur te leren zien, te bestuderen en dan te stileren moet een ontwerper gevoelig zijn voor lijnen, krommen en vormen, en universele kwaliteiten en individuele grillen onderscheiden.

In de klassieke wereld werd het berenklauwblad veel gebruikt, aan de hand waarvan een analyse van stileringsprincipes in bladversiering mogelijk is. Stilering kan veel vormen aannemen; alle herhalingen hieronder en hiernaast behouden de essentiële aard van de berenklauw.

Stilering is een cruciaal onderdeel van succesvol biomorf design. Tal van motieven in dit deel zijn gebaseerd op het principe dat de essentie van groeivorm en -energie behouden blijft, maar dat details worden afgeplat, gedestilleerd en georganiseerd tot een ideale vorm.

*Blz. 134 en 135: het berenklauwblad, al sinds klassieke tijden een belangrijk motief, laat zien hoe de natuur kan worden gestileerd. De typische principes en energie van de vorm zijn verwerkt in een doorlopende rand (blz. 134, twee voorbeelden van één ontwerp), een 2e-eeuws Romeins-Korinthisch kapiteel (boven), andere varianten (boven) en een William Morris-patroon (onder).*

# Arabesken
*een tuin om elke hoek*

---

'Arabesk' is de naam die men gaf aan de door elkaar geweven bladontwerpen uit de islamitische kunst die tijdens de renaissance in Europa doordrongen. C-lijnen, S-vormen, spiralen en golvingen vormen samen een vloeiende, speelse versiering op elk oppervlak. In deze voorbeelden uit 1856 van Owen Jones contrasteren en structureren regelmaat en ritme de overvloed aan groei. Let op alle herhaling, afwisseling, spiralen, spiegeling, draaiing, verschuiving en het koppelen van complementaire tegenpolen.

# Van boven en opzij
## *uit verschillende hoeken naar planten kijken*

---

Bij biomorfe versiering worden planten en plantelementen meestal van bovenaf (*onder*) of van opzij (*blz. 139, linksboven*) getoond in plaats van in perspectief, zoals in andere kunsten.

De simpelste vorm van zijaanzicht doet zich voor bij palmetten ((bloem)bladen die ontspringen uit een beginpunt), vaak in Griekse ornamenten te zien. Bij kelkornamenten wordt een andere vorm van zijaanzicht gebruikt (*zie bijlage, blz. 381*). Rozetten zijn bovenaanzichten van bloemen met blaadjes die stervormig uit een centrum lopen.

In sommige gevallen kan met succes een mengvorm worden gebruikt, met de plant in zijaanzicht en de bloem van bovenaf getoond. Bloemen worden vaak gestileerd om de eeuwige essentie van dé bloem te tonen, in plaats van een individuele bloem.

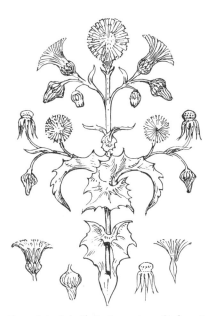

Boven: botanische illustraties moeten veel informatie tonen, dus geven ze de plant meestal plat weer, in boven- en zijaanzicht. Rechtsboven: kwart van een victoriaans zijaanzicht. Linksonder: islimi-bloemen in zijaanzicht. Rechtsonder: zijaanzicht Griekse vaas. Blz. 138: bloemen in bovenaanzicht.

# Gecentreerde composities
## *gezien vanuit de bij*

In de meeste bloempatronen komen wel medaillons en rozetten voor. Van een roosvenster in een kathedraal tot de knopen van een kinderhemd, overal ziet u deze motieven terugkomen. Composities van deze vorm zijn radiaal symmetrisch en combineren vaak draai- en spiegelsymmetrie *(zoals in de gegraveerde sluitstenen hieronder)*. Sommige vertonen gewoon een bloem, terwijl andere een complex geheel zijn van spiralen, welvingen, palmetten en kelkornamenten *(blz. 141)*.

Veel ontwerpen blijken verrassend simpel als hun basiseenheid eenmaal is geïdentificeerd, al moet de maker er altijd voor zorgen dat alle delen samenkomen in een fraai geheel. Experimenteer met overtrekpapier en draai en spiegel een in één achtste van een cirkel getekend ontwerp. Zie hoe ranken en bladeren in zijaanzichtmotieven, als ze worden geschikt in een rozet, samen de illusie kunnen creëren van een blaadje voor blaadje ontluikende bloesem.

# Geometrische planning
*voorgrond en achtergrond*

---

Als versieringen in een bepaalde ruimte moeten passen, is de indeling van de ruimte belangrijker dan de begrenzing ervan. Daarom is het vaak handig om bij de voorbereiding van de versiering van een gebied een proportioneel systeem te gebruiken waarin accenten en de schikking van voorname vormen zijn vastgelegd. Kleinere vormen kunnen intuïtief worden ingevuld met allerlei krulversieringen, maar vaak zal een ontwerper hier de onderliggende structuur voor gebruiken (*onder*).

Er moet een passende balans zijn tussen voor- en achtergrond, zodat de leegheid van de negatieve ruimtes minstens zo'n belangrijke rol kan spelen als de positieve ruimtes. Ontwerpen worden al dan niet grondiger uitgewerkt, afhankelijk van factoren als het medium, het beoogde gebruik van het voorwerp, de kijkafstand, de schaal en de stijl.

*Boven: hetzelfde driehoekige ontwerp in diverse niveaus van bewerking.*

*Boven: Iznik-ontwerp op een Ottomaans tableau (1560), geordend door een reeks zesvoudige sterren. Islamitische vaklieden waren bijzonder vaardig in het structureren van hun ontwerpen en streefden altijd naar een balans tussen orde en vrijheid.*

# Extravagante ornamenten
*het kind en het badwater*

---

In de zeventiende eeuw kwam een overdreven vorm van versiering in de mode in Europa. Deze nieuwe barokstijl werd gedreven door een verlangen naar doorwrochte en grandioze overvloed, gekenmerkt door steeds extravagantere, bloemrijkere en flamboyantere vormen; dit culmineerde in de cartoonachtige achttiende-eeuwse Franse rococostijl. Versieringen werden groter en asymmetrischer en kronkelden weelderiger. Enorme hoornen des overvloeds, schelpen, nimfen, krullen en heidense en oosterse fantasieën streden met ouderwetse bloempatronen om de ruimte in huizen, tuinen (*blz. 145, boven*), op meubilair (*blz. 115*) en andere voorwerpen, van lijsten en badkuipen tot schoenen en fonteinen. Door deze obsessie met fantasieën en grilligheden verdween het zaadprincipe (*blz. 128*) naar de achtergrond.

Naarmate volksrevoluties zich over Europa verbreidden, kwijnden de barok en rococo geleidelijk weg en maakten plaats voor een streng classicisme. Nu leven we in een wereld die wordt gedomineerd door onversierde rechthoeken, vierkanten en rechte lijnen, al zijn verguldsels nog steeds een signaal van rijkdom en decadentie.

Boven: 18e-eeuws rococo-ornament, gebaseerd op de booglijnen van schelpen en perkamentrollen. Onder: elizabethaans bandmotief met balans tussen positieve en negatieve ruimte. Beide stijlen kennen bladelementen, maar gehoorzamen niet aan het traditionele 'zaadprincipe' (blz. 128).

# TEGELS
## *schuiven en draaien*

Een tegeleenheid hoeft niet heel complex te zijn om een interessant patroon op te leveren. Bij sommige tegels kan een eenvoudige verschuiving voldoende zijn om een verfijnd ontwerp te maken.

Zo kan alleen het draaien van een tegel al verrassend complexe ontwerpen genereren. Bij tegels die bedoeld zijn voor draaiing is vaak zorgvuldig rekening gehouden met de diagonale beweging, omdat bij elke draai van 90° een nieuwe hoek is betrokken. Op blz. 147 zijn sommige motieven aan de randen en hoeken gehalveerd of gevierendeeld, omdat ze over de grens van de tegel lopen. Als ermee wordt getegeld, worden deze motieven weer heel. De 'missende' delen zijn zo ontworpen dat ze compleet worden door draaien, spiegelen of schuiven.

Bij een 'daalpatroon' is het ontwerp zo gemaakt dat de basiseenheid zich herhaalt als die naar beneden wordt geschoven met, meestal, de helft van haar hoogte. Zulke herhalingen worden vooral gebruikt bij behang, omdat de horizontale naden kunnen worden geneutraliseerd (en dus verborgen) als de verticale strepen naast elkaar komen. Bij beide tekeningen hieronder levert draaiing een continu ontwerp op, maar daling is alleen mogelijk met de rechtertekening. Ziet u waarom?

*Deze oude tegels uit Turkije en Engeland tonen de verbluffende ontwerpcomplexiteit die kan ontstaan door een eenheid te draaien of verplaatsen.*

# Blokdrukherhalingen
*buiten het kader denken*

---

Productiemethodes beïnvloeden vaak het ontwerp. Bij druk worden soms handgesneden houten blokken van andere vormen (zoals ruiten en zeshoeken) gebruikt, maar ontwerpen worden meestal efficiënt opgezet in rechthoeken. Dan zijn ze eenvoudiger op cilinders te plaatsen en is een simpele schikking van randen en hoeken mogelijk als de inkt uiteindelijk op textiel of papier wordt geperst.

Om ontwerpen te creëren die organisch over zulke kunstmatige grenzen vloeien, kan een ontwerper een rechthoek herconfigureren, de hoeken weghalen en ze herverdelen om een vorm te maken die het vlak betegelt en hetzelfde oppervlak heeft als de originele rechthoek. Zo kan een kunstenaar nieuwe mogelijkheden ontdekken (*onder*).

Een 'omkering' is een ontwerp dat wordt gespiegeld om een breder patroon te maken. In veel omkeerontwerpen zijn details langs de centrale as opzettelijk asymmetrisch om visuele spanning te creëren.

Deze vier 19e-eeuwse ontwerpen van William Morris zijn meesterlijk in compositie en kleur. Boven: een dalende herhaling. Onder: omkeerontwerp met onderliggende links-rechtssymmetrie, verhuld door asymmetrie in het bladdetail. Rechtsboven: spiraalranken en bloemen vormen een ontwerp zonder duidelijke structuur. Rechtsonder: afwisselende takken bewegen in en uit de basisrechthoek.

# COMPOSITIETECHNIEKEN
*binnen de kaders*

---

Met blokdruk kan de ontwerper grootschalig plannen en ook aanvullende technieken gebruiken bij de creatie van een patroon.

Bij het opzetten van een ontwerp wordt het op te vullen vlak vaak verdeeld in een raster en worden bepaalde ruimtes geselecteerd die nadruk moeten krijgen. Met deze strategie kunnen open ruimtes of grote motieven worden gepland, maar ook kleureffecten worden verdeeld, wat vooral nuttig is als men ongewenste lineaire effecten wil vermijden.

Hier staan enkele handige negentiende-eeuwse trucs. Hieronder wordt een 6 × 6-raster gebruikt om losse bladen te organiseren. Omdat er in elke rij of kolom maar één vakje is geselecteerd, wordt de indruk van lineariteit vermeden. In de bovenste diagrammen op blz. 151 regelt een soortgelijk raster de plaatsing van grote motieven en open ruimtes.

Het is onmogelijk om hier de effecten van kleur te demonstreren, maar bedenk dat kleuren tegenpolen en vrienden hebben. Twee kleuren met dezelfde grijswaarde naast elkaar kunnen het oog verwarren. Met alleen gebruik van kleur kan een herhaalde eenheid ook een patroon op zich vormen (*blz. 151, rechtsonder*).

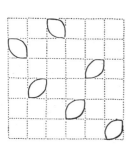
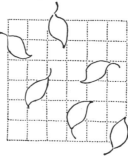

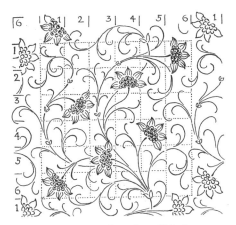

*De bloemen op dit vierkante blok zijn verdeeld via een 6 × 6-raster. De bloemen zijn in zes verschillende richtingen gekanteld.*

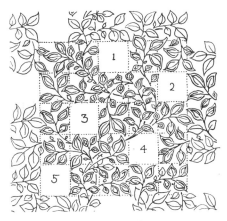

*In deze bladercompositie werden van tevoren vakken in het 5 × 5-blok gekozen om een evenwichtige reeks ruimtes in het ontwerp te creëren.*

*Door de ruiten als repen in een lang zigzagpatroon te combineren ontstaan er interessante nieuwe mogelijkheden.*

*Kleur geeft extra variatie en complexiteit aan een ontwerp. Nieuwe subtiele lijnen en strepen kunnen al dan niet met opzet verschijnen.*

# Een patroon testen
*het ontwerp verfijnen*

---

Het is cruciaal om de basiseenheid van elk nieuw herhaalpatroon te testen, zodat er geen onverwachte effecten ontstaan bij het drukken. Bij het daalpatroon hieronder bijvoorbeeld blijven bij het samenvoegen van elke hoek of rand de positieve en negatieve gebieden in balans en alle motieven compleet. Om zeker te zijn van het uiteindelijke effect is het raadzaam om het ontwerp diverse keren te herhalen. Hierdoor kunnen onbedoelde strepen of lijnen zichtbaar worden of kan men motieven versterken die aan visuele kracht inboeten in een herhaald patroon.

Op blz. 153 ziet u hoe een ontwerp buiten de grenzen van het drukblok kan doorlopen. Motieven die aan de ene kant uit het kader barsten, kunnen aan de andere kant weer naar binnen sluipen.

*De herhaaleenheid wordt hier bepaald door de maten van de drukrol. Het patroon is ontworpen met een dalende herhaling en de ontwerpschets loopt over de grenzen van de cilinderrechthoek om beter te kunnen zien hoe het ontwerp oogt bij herhaling. Details worden toegevoegd wanneer de lijnen en motieven vastliggen. In dit voorbeeld werden de bloemen symmetrisch geschikt voor een visueel ritme, maar verbonden via schuine ranken die asymmetrisch door de open ruimtes slingeren.*

# Een hoek omslaan
*alles samenvoegen*

---

Er zijn diverse manieren om een hoek om te slaan. In het middeleeuwse verluchte Franse manuscript hieronder is een bladerrank organisch aangepast om rond een hoek te bewegen. Het toont hoe een van bladelementen voorzien skelet van booglijnen ook zonder herhaling en spiegeling kan worden opgebouwd. Deze benadering werkt goed in een uniek handgeschilderd ontwerp, maar is minder geschikt voor blokdruk.

Bij het maken van een systeem van eenheden die verschoven, gedraaid of gespiegeld kunnen worden, moet de hoek zorgvuldig worden afgewogen. Voor een verstekhoek van 45° moet het margeontwerp mogelijk worden vergroot of opgerekt, of moet er zelfs iets geheel nieuws worden bedacht. Soms kan de ontwerper de hoek gewoon 'scheiden' om dat te vermijden.

Met gebruik van verlengstukken en omkeringen (*blz. 155, rechtsonder*) kan een vierkant basismotief, door het langer of breder te maken, worden aangepast aan tal van doelen. In het voorbeeld vormen vijf unieke eenheden de centrale compositie. Deze standaardeenheden zijn gedraaid en gespiegeld om de veel grotere compositie te creëren.

Linksboven: hoekdetail van de Koran van sultan Baibars (1304); het hoekdeel is ontleend aan de rand van de marge-eenheden. Rechtsboven: een marge als doorlopend deel van het centrale ontwerp.

Boven: strategieën om een omzoomde textielcompositie te plannen, met omkeringen en verlengstukken. Met deze flexibele aanpak kunnen ontwerpen zo groot of zo klein worden gemaakt als nodig is.

# Geconstrueerde booglijnen
### *maaswerk, voluten en lijstwerk*

---

Architecten verzachten hun structuren vaak met rondingen in de vorm van gebogen vensters, deuropeningen en andere kenmerken. Die worden met de passer getekend vanuit meerdere centra (*onder: drie- en vierbladige vensters, bogen, ellipsen en ovalen*). Zo is het door subtiele verschuiving van het centrum mogelijk om met passer en liniaal een Ionische voluut te tekenen (*blz. 157, linksboven*). Houten of plastic Burmesterlinialen (*blz. 157, rechtsboven*) zijn handige sjablonen om een deel van een vereiste booglijn tussen twee punten te vinden.

Lijstwerk in pleisterkalk, hout of steen is een decoratief element dat ervaren wordt als een rechte lijn van licht en schaduw, maar in profiel een onverwachte complexiteit kan onthullen (*blz. 157, onder*).

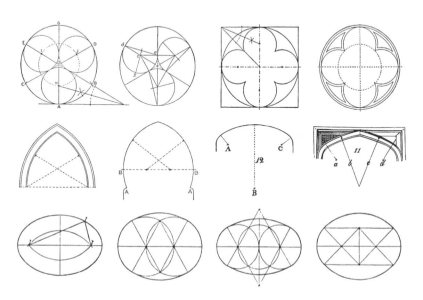

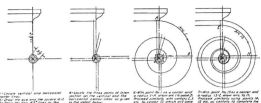

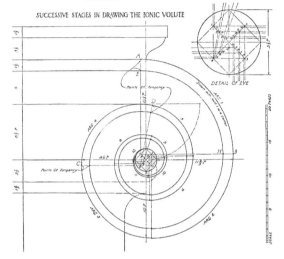

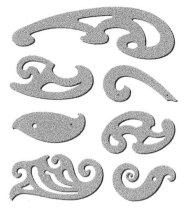

Links: de Ionic Volute van Wooster Bard Field (1920). Boven: Burmester-linialen zijn handig voor het tekenen van booglijnen. Onder: lijstwerk verzacht hoeken.

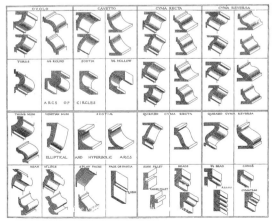

# Bogen en koepels
*loofbossen van steen*

---

Biomorfe versieringen blijven niet beperkt tot het vlak. Op dezelfde manier als waarop vloeiende takken lijken te verrijzen uit de beperkingen van tweedimensionale rasters, wekken gewelven en koepels de saaie kubussen en rechte lijnen van driedimensionale architectuur tot leven.

Bomen zijn de grootste planten en hun krachtige vorm is duidelijk aanwezig in zuilen, bogen en waaiergewelven *(blz. 159, rechtsboven)*. Bladerachtig maaswerk suggereert het spel van takken en kleurrijke roosvensters stralen als bloemen in een donker woud. Een hoge boog wekt de indruk van een bladerdak, waarvan de machtige takken een gewelf vormen.

Koepels, hét symbool van hemelse perfectie, bestaan uit booglijnen die draaien om een centrale as en suggereren ontluikende knoppen, scheuten of borsten, barstensvol levensbelofte. Ze kunnen puntig, halfbol, gesegmenteerd of uivormig zijn en vaak zijn ze vanbinnen en vanbuiten bedekt met kosmologische versieringen.

*Linksboven: bogen van in elkaar grijpende cirkels en booglijnen. Rechtsboven: dit waaiergewelf van een Engelse kathedraal doet denken aan de takken van een woud. Onder: gedecoreerde bogen van een paleis in Tajore, India. Blz. 158: mammelukse puntkoepels in Caïro.*

# De kunst van het boek
*het verluchten van de wereld*

---

Versiering is lang gebruikt als begeleiding van een heilige tekst, zoals de Bijbel of Koran. Dit arbeidsintensieve en tijdrovende proces vraagt grote vaardigheid. Vaak past de decoratie bij het geschreven woord. Zo reflecteren goud en felle pigmenten het fysieke licht als passend complement bij de spirituele verlichting van het gewijde geschrift. Soms krijgt dit de vorm van een geïllustreerde scène die is beschreven in de tekst; in andere gevallen is de connectie abstracter.

Bladeren en bloemen werden verreweg het meest gebruikt als versiering. Ze kronkelen door de marges, aan het begin van een hoofdstuk of vers, of over een heel titelblad in een weelderige paradijstuin vol gouden ranken, bladeren en bloesems.

De boekdecoratie kende een opleving tijdens de negentiende-eeuwse Britse Arts & Crafts-beweging (*zie onder*), met een vaak vergelijkbare symbolische samenhang tussen tekst en versiering.

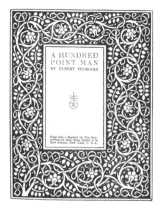

*Links: detail van een verluchte tapijtpagina in een 11e-eeuwse Perzische koran. In de fraaie achtvoudige rozet vullen dubbel wentelende takken perfect de beschikbare ruimte. Buiten het medaillon wordt de spiraal gecomplementeerd door wervelende wolken.*

*Onder: detail van een verluchte bladzijde uit het 7e-eeuwse Lindisfarne-evangelie, een prachtige staalkaart van Keltisch-christelijke kunst. De Griekse letters chi en rho zijn versierd met complexe spiralen; een ware symfonie van wervelingen.*

# Pen en penseel
*kalligrafie en versieringen*

---

De schrijf- of penseelkunst is wellicht de meest voorkomende vorm van kromlijnige expressie. Ze ontstaat uit de ritmes van het lichaam en onthult een interne geestestoestand in booglijnen, lussen en krullen. Het is mogelijk dat 'het handschrift, als manifestatie van degene die schrijft, op een of andere manier iets van het temperament, de persoonlijkheid of het karakter van de schrijver weergeeft' (Camillo Baldi, 1621).

Een heldere en vloeiende lijn kan worden verfijnd door zorgvuldige studie van de kalligrafie. Dit vraagt zowel precisie als spontaniteit, zowel het volgen van voorschriften als het breken van regels, zowel directheid als omzichtigheid *(zie de krullen van Ann Hechle, blz. 163)*. Of men nu een rietpen, kroontjespen of penseel gebruikt, zoals voor de Noorse *rosemaling*-decoratie hieronder (let op het zaadprincipe, de bloem in voor- en zijaanzicht en de druppelvormige penseelstreken), de lijnkwaliteit in een kalligrafische compositie kan grote schoonheid vertonen.

# Gemarmerd papier
## *dynamisch vloeiend*

---

Gemarmerd papier laat gebogen patronen van eb en vloed zien die normaal, in vloeibare vorm, te vluchtig zijn om nader te observeren. De subtiele chaos als eenmalig monotype vastgelegd op papier (of soms zijde) is een door kunstenaars opgeroepen microkosmische echo van de getijden en stromen, wervelwinden en tsunami's. Deiningen, draaikolken, groeven, krullen en turbulenties worden gevangen alsof ze bevroren zijn in de tijd. Anders dan bij de meeste andere ornamentiek is er bij marmering geen verschil tussen positieve en negatieve ruimte.

Bij marmering laat men fijngemalen kleuroliepigmenten of inkten drijven op het oppervlak van water of een stroperige oplossing. Diverse additieven voorkomen dat de kleuren en oplossingen zich mengen. De kunstenaar manipuleert het ontwerp via adem, penselen, veren of speciale kammen en drukt dan een enkel vel papier of zijde snel tegen het oppervlak voor een unieke afdruk van de compositie.

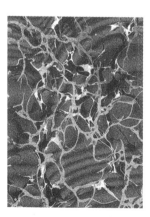

# PAISLEY
*zwanger van mogelijkheden*

---

De paisleyvorm is vernoemd naar de Schotse plaats waar in de negentiende eeuw de bedrukte sjaals werden gemaakt die waren geïnspireerd op textiel uit Kasjmir. Deze *boteh* is zeer flexibel en kan kort en plomp zijn, lang en uitgerekt, of alles ertussenin. Hij wordt wisselend gezien als weergave van een mango, een nieuwe scheut van een dadelpalm, een kikkervisje, een dennenboom of de menselijke vorm. Net als de yin-yangvorm zit de *boteh* vol paradoxen. Hij is zowel waterig als vlamachtig, tegelijkertijd één blad en de archetypische levensboom, een lichaam in foetushouding, vol leven en potentie, en de oneindige overvloed van het paradijs weerspiegeld in één waterdruppel.

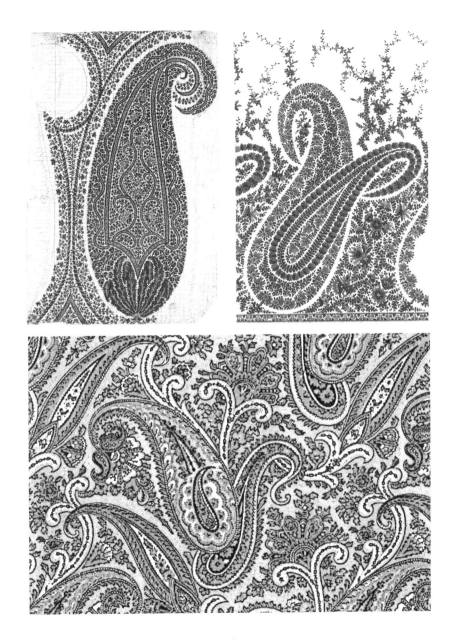

# DE LEVENSBOOM
## *en paradijstuinen*

---

In vrijwel elke cultuur wordt wel in enige vorm een kosmische boom vereerd. Hij verschijnt wisselend als olijf-, granaatappel-, dadel-, vijgen-, amandel- of moerbeiboom, als den, eik, taxus, mais of bamboe.

De essentie van deze archetypische boom zit impliciet in biomorfe decoraties als visueel patroon én als mythologische matrix: de wortels trekken voeding uit het duister van de aarde, de stam strekt zich opwaarts tegen de zwaartekracht in en de takken wentelen zich door de lucht om bladeren, bloemen en vruchten te dragen.

De menselijke creativiteit wordt continu geïnspireerd en gestuurd door de natuur. Echo's van haar orde en enorme variatie zijn duidelijk aanwezig in de ornamentiek en geliefd bij de hele mensheid.

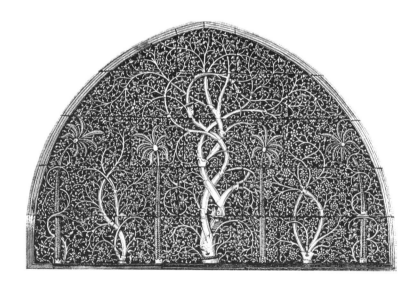

*Linksboven: gouden eikenbladkroon, Macedonië (350 v.Chr.). Rechtsboven: gouden mirtenkrans, Griekenland (150 v.Chr.). Boven: geschilderde Sarawak-wereldboom, Borneo. Blz. 168: stenen scherm, Ahmedabad, India. Linksonder: biomorfe houtgravure, Maleisië. Rechtsonder: gegraveerde houten deuren, Thailand.*

# DEEL IV

*Het onmogelijke schaakbord van Sandro del Preté. Hoe we er ook naar kijken, ons brein zal blijven worstelen om alle paradoxen te verzoenen.*

# PERSPECTIEF
## EN ANDERE OPTISCHE
# ILLUSIES

*Phoebe McNaughton*

*Het lijkt erop, maar toch is dit geen normaal bijschrift. Het zet u op het verkeerde been, want u vindt hier geen details over de afbeelding. Probeer het hiernaast maar.*

# Inleiding

U houdt een boek vast. Of misschien kijkt u naar een scherm. Wellicht leest iemand dit aan u voor. Misschien hebt u het uit uw hoofd geleerd. Mogelijk zit u in een tuin. In alle gevallen ervaart u een wereld met het woord 'nu' erin, dat voor u is geconstrueerd door complexe systemen die vooral worden gevoed door uw zintuigen. Van dingen die u niet waarneemt, bent u zich amper bewust. Nieuwe zintuigen ontwikkelen of ze vertellen dat ze zichzelf moeten voelen is dan ook niet eenvoudig.

Maar er bestaan over de hele wereld monniken, vleermuizen en gewone mensen die toegang hebben tot zintuigen waar andere mensen, slakken en gatenplanten nauwelijks van kunnen dromen. In dit deel worden het gezichtsvermogen, de zichtbare wereld en de vele manieren om deze weer te geven gebruikt als allegorie voor al onze zintuigen, al laten we allerlei schematische voorstellingen, landkaarten, diagrammen en andere afbeeldingstechnieken wegens ruimtegebrek achterwege.

Waarom we onze manier van kijken in twijfel willen trekken? Nou, kijk maar eens naar William Hogarths staalkaart van fouten hiernaast. Eerst lijkt alles oké, maar dan, bij nader inzien, duikt de ene na de andere onmogelijkheid op. Regels zijn gebroken, we zitten in een vreemde wereld, zijn misleid door een meestermisleider.

U hebt echter geen sjamanistische rituelen of monotone meditatie nodig om meer inzicht te krijgen in enkele van de hardnekkige en onzichtbare neigingen van uw geest en de manier waarop deze de wereld voor ons construeert.

Welkom in de wereld van perspectief en optische illusies.

# De diepte-illusie
*een korte geschiedenis van gezichtspunten*

---

Perspectief creëert de illusie van diepte op een plat vlak en de geschiedenis ervan is hier grof samengevat in drie fundamentele stadia.

Eerst toont een Egyptische muurschildering uit het graf van Siptah (1200 v.Chr., *onder*) een tafel in opstand (vooraanzicht), met Anubis erachter, die zijn handen voor de mummie houdt. Voor- en zijaanzichten (*rechte*) en, later, oblique (hellende) projecties vormen de ruggengraat van de figuratieve kunst van de oudheid tot de renaissance.

De tweede afbeelding (*blz. 177, boven*) van Bettini (1642) toont een camera obscura met meerdere openingen die beelden omgekeerd op een wand in een verduisterde kamer projecteert. De gravure is zelf geconstrueerd in eenpuntsperspectief, met een revolutionair verdwijnpunt.

Tot slot een modern stereogram (*blz. 177, onder*). Tuur door de bladzijde, vermeng de witte stippen en er verschijnt een 3D-figuur.

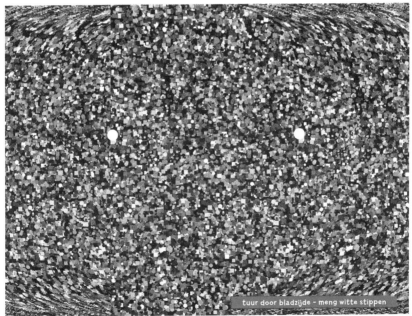
tuur door bladzijde - meng witte stippen

# ORTHOGRAFISCHE PROJECTIES
*boven-, voor- en zijaanzichten*

---

Zowel de holbewoner als de architect heeft voor de nuttige weergave van een voorwerp of scène de keuze uit drie simpele mogelijkheden: het boven-, zij- of vooraanzicht. Dat deze drie oeroude gezichtspunten, indien correct gecombineerd, een voorwerp volledig definiëren, werd pas voor het eerst begrepen in de renaissance (door Uccello en Dürer). Later, in achttiende-eeuws Frankrijk, ontwikkelde Gaspard Monge de zogenaamde projectieve meetkunde, waarbij het voorwerp in een doos wordt geplaatst en op de zijden wordt beschenen (door een oneindig verre lichtbron). Dit leidde tot twee systemen: de achterwaartse eerstehoekprojectie (*linksonder*) en de voorwaartse derdehoekprojectie (*rechtsonder*), die ingang vond in de VS.

De meeste rotstekeningen zijn simpele zijaanzichten van dieren en jagers. Vroege landkaarten zijn ruwe plattegronden. Andrea Pozzo's zorgvuldige gebruik (*blz. 179, boven*) van voor- en zijaanzicht levert echter een accurate perspectieftekening op (1693), en in de afbeelding van het machineblok uit Rees' *Cyclopedia* uit 1820 daaronder worden alle projecties getoond, zodat een fabrikant de maten direct kan ontlenen aan de tekening.

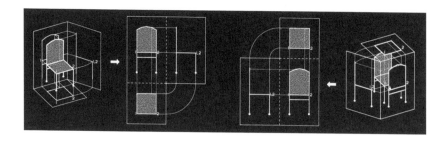

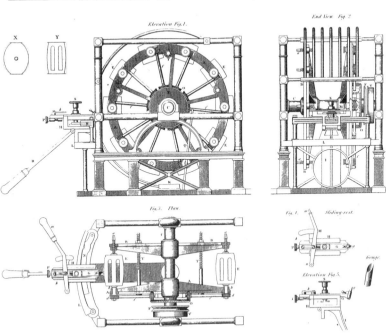

179

# Oblique projecties
*licht zijdelingse blikken*

Met de komst van hellende (oblique) projecties in het oude China, India, Griekenland en Egypte ontstonden er allerlei artistieke mogelijkheden die onbekend waren in de primitieve, loodrechte orthografische projecties van vroege grot-, pot- en tempelafbeeldingen. Een object werd niet louter meer door één, oneindig ver (en dus goddelijk) gezichtspunt gezien, maar er kwamen extra goddelijke gezichtspunten bij. Aan het zijaanzicht van een stoel werd het voor- of bovenaanzicht, of beide, toegevoegd, alsof het licht er in een hoek van 45° op viel en er een schaduw aan zij- of onderkant, of beide, werd geworpen.

Op blz. 181 zijn diverse methodes en voorbeelden van oblique projectie te zien (*naar Dubery en Willats*). Door verkorting wordt de illusie van diepte nog sterker (*onder*). Fascinerend genoeg waren deze manieren van projectie, door het streven naar een 'echte' wetenschappelijke perspectief, in het Westen vrijwel vergeten, tot ze werden herontdekt door Cézanne, Bonnard en andere 'moderne' schilders.

In Azië bleven oblique projecties in diverse traditionele schilderstijlen meer dan 2500 jaar in gebruik.

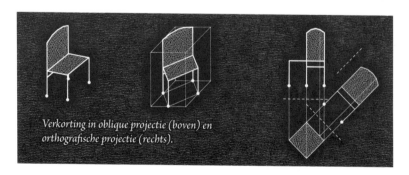

*Verkorting in oblique projectie (boven) en orthografische projectie (rechts).*

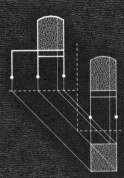 

*Horizontale oblique projectie – voorbeeld uit Thebe, Egypte (ca. 1200 v.Chr.).*

 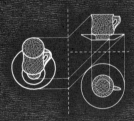

*Verticale oblique projectie – voorbeeld uit Guler, Punjab (ca. 1760).*

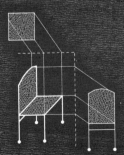 

*Oblique projectie – voorbeeld van een Duitse houtsnede (ca. 1410).*

# Het isometrische systeem
*de complete hexagonale projectie*

Een speciaal geval van oblique projectie is het isometrische systeem, dat boven-, voor- en zijaanzicht combineert in een simpel zeshoekig raster, elk gescheiden door een hoek van 60°, wat een opmerkelijk authentiek beeld oplevert. Het werd halverwege de achttiende eeuw ontwikkeld door Sir William Farish om de complexe industriële tekeningen begrijpelijker te maken. Isometrische projecties kunnen oneindig worden verlengd op elk oppervlak en langs alle drie assen van de tekening kunnen accurate maten worden afgelezen. Op Louis Bretex' beroemde isometrische kaart van Parijs uit de jaren 1730 (*blz. 183, onder*) strekt de stad zich kilometers uit in elke richting, en zijn daken, deuren en ramen en zelfs individuele bomen zichtbaar, telbaar en meetbaar. Het makkelijk leesbare isometrische systeem wordt onder andere nog gebruikt voor autohandleidingen en technische tijdschriften.

Hieronder (*rechts*) is de verwante axonometrische projectie afgebeeld, met haar zuivere bovenaanzicht. Ze werd vooral populair onder twintigste-eeuwse ontwerpers.

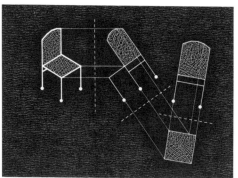
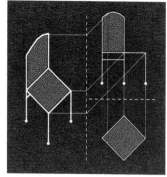

Links: R.B. Brook-Greaves tekening in isometrische projectie van de Londense St Paul's Cathedral (1928).

Boven: de speciale isometrische oblique gezichtshoek waarin alle zijden dezelfde verkorting vertonen.

Onder: fragment van Louis Bretex' enorme isometrische kaart van Parijs (begonnen in 1734).

Blz. 182: isometrische en axonometrische systemen.

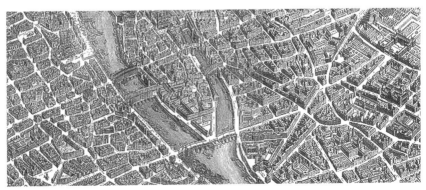

# Eenpuntsperspectief
*het punt aan de horizon*

---

Als u voor een laan met bomen staat, lijken de voorwerpen kleiner te worden naarmate ze zich verder van u af bevinden en samen te komen op een verdwijnpunt aan de horizon (*blz. 185, boven*). Een systeem van wetenschappelijke perspectief op basis van deze waarneming verscheen voor het eerst rond 1405 toen Brunelleschi zijn fameuze tekening van de achthoekige doopkapel naast de Dom van Florence maakte en zag hoe de diagonale verdwijnpunten zijn afbeelding inkaderden (*onder*).

In 1436 beschreef Alberti in *Della Pittura* de fundamentele principes van de perspectief: het vaste observatiepunt, het centrale verdwijnpunt (vpc) en een beeldvlak met nog twee vlakken in een hoek van 45° die convergeren naar linkse en rechtse verdwijnpunten (vpl en vpr), in het ideale geval op dezelfde afstand van het centrale verdwijnpunt als die van de toeschouwer tot de afbeelding (voor maximaal effect moet de toeschouwer op deze speciale plaats staan). Als de kijkhoek bij eenpuntsperspectief te breed is, doen zich vervormingen voor (*blz. 185, onder*) en daarom is hij meestal niet groter dan 60°.

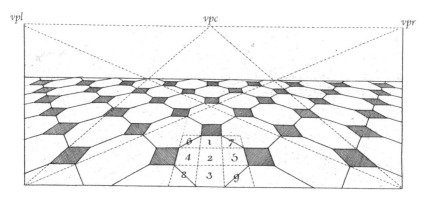

uit La Perspective Pratique, Parijs (1642)

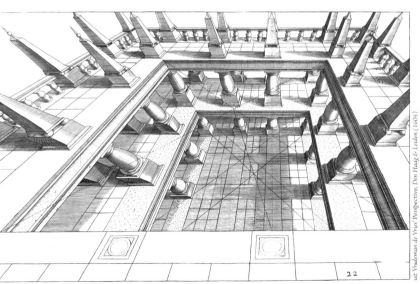

uit Vredeman de Vries' Perspective, Den Haag & Leiden (1604)

# Twee tot vijf punten
*verdwijnen in alle richtingen*

---

Het gebruik van verdwijnpunten werd in de eeuwen na hun ontdekking uitgebreid om ruimte op tal van nieuwe manieren weer te geven.

Kunstenaars gebruiken vaak twee horizontaal gescheiden verdwijnpunten (*onder*). Dat is ideaal voor objecten of voorstellingen vanuit een hoek. Verticalen kunnen in plaats van parallel ook convergerend naar een punt worden weergegeven door toevoeging van een derde verdwijnpunt (*blz. 187, boven*), een veelgebruikte projectie in strips.

Voor een nog omvattender, zij het vervormde blik op de wereld kunt u vier of zelfs vijf verdwijnpunten proberen, met gebruik van gekromde ruimte (*blz. 187, onder*).

*tweepuntsperspectief*

De fascinerende uitbreiding van de primaire geometrie van de perspectief in twee-, drie-, vier- en vijfpuntssystemen. Van het zijwaarts gerichte tweepunts- en het hoogte gevende driepuntssysteem tot de vloeiende kromme verticalen van de wolkenkrabbers bij vier punten en de fisheye-blik bij vijf heeft elke methode een eigen karakter, plaats en functie, en met wat oefening zijn ze allemaal eenvoudig te construeren.

*driepuntsperspectief*

*vierpuntsperspectief*     *vijfpuntsperspectief*

# Tekenmachines
*kneepjes van het vak*

---

We zijn nu zo gewend om gewoon een camera te pakken en op een knopje te drukken dat we soms vergeten hoe lastig het voor schilders was (en nog steeds is) om de scène voor zich vast te leggen.

Niet lang na de uitvinding van de perspectief verschenen er allerlei slimme systemen om de waargenomen realiteit nog beter te imiteren. Begin zestiende eeuw kwamen er in heel Europa diverse methoden en middelen in omloop, zoals hier geïllustreerd door Dürer in zijn *Underweysung der Messung*. De schetsen die zo werden gemaakt, via een raster of op glas, werden dan overgebracht op canvas.

Later die eeuw werd een ander middel populair: de camera obscura. Deze had een lens, een klein gaatje of een spiegel om de wereld vaag te projecteren op een doek in een donkere ruimte. Hij werd in de zeventiende eeuw alom gebruikt door schilders als Vermeer en was vooral geschikt voor onderwerpen met veel contrast.

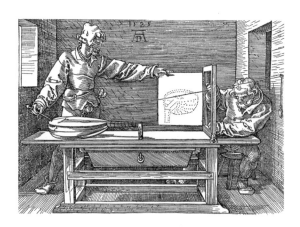

Vier afbeeldingen uit Dürers Underweysung (1525, 1538).

Blz. 188: zorgvuldig de punten intekenen om het beeld van een luit correct te verkorten.

Links: schilderen op glas vanuit een vaste oogpositie.

Onder: een tekenaar gebruikt een raster om een verkort naakt te tekenen.

Geheel onder: gebruik van Jacob de Keysers uitvinding om de perspectief van een ver gezichtspunt te creëren.

# Een aantal basisregels
*diagonalen en hellende vlakken*

---

Hier geven we u enkele inleidende perspectiefoefeningen. Begin (*blz. 191, middenboven*) met het vierkant midden in het beeld. Het wordt volledig gedefinieerd vanaf de voorste lijn, want de achterste hoeken zijn de snijpunten van diagonaal gestippelde lijnen vanuit de voorste hoeken naar de centrale en zijwaartse verdwijnpunten. Het volgende vierkant daarachter kan op dezelfde manier worden gepositioneerd enz.

Het perspectiefcentrum van een object wordt verkregen door de diagonalen te tekenen en te kijken waar ze kruisen (*blz. 191, linksboven*). Het is nuttig voor het correct plaatsen van deuren, ramen, dakbogen, riemen en neuzen in schilderijen en tekeningen.

Hellende vlakken hebben verdwijnpunten die exact boven of onder normale horizonverdwijnpunten liggen (*blz. 191, midden*).

Cirkels in simpele perspectief zijn altijd perfecte ellipsen (*blz. 191, onder*). Onthoud dat een cirkel in een vierkant past, hij de diagonalen ervan net boven ⅔ snijdt en het vierkant raakt op punten die worden gegeven door het perspectiefcentrum – en dat dit ook geldt voor de ellips. Hieronder een nuttige tip voor het gebruik van boven- en vooraanzicht in perspectief.

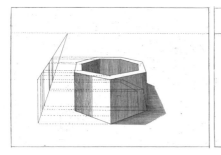
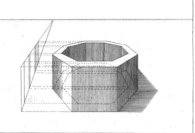

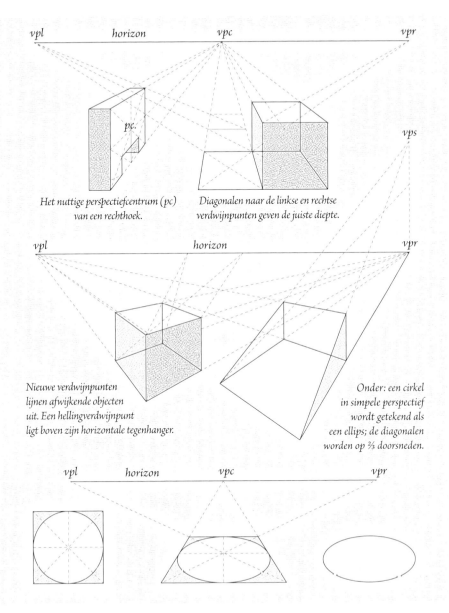

# Perspectiefillusies
*als gelijke dingen uit balans lijken*

De illusie die wordt gecreëerd door perspectief is zo overtuigend dat ze allerlei vreemde effecten oproept. Als u één hand op armlengte voor u houdt en de andere op een halve armlengte, lijken ze even groot. Dat komt doordat uw hersenen wéten dat ze even groot zijn. Zoiets, maar dan omgekeerd, gebeurt ook bij Roger Shepards tafel (*blz. 193, linksboven*): beide tafelbladen zijn exact dezelfde rechthoek, maar onze hersenen vervormen ze op basis van perspectiefaanwijzingen in de afbeelding.

Visgraatpatronen verbuigen perfect parallelle lijnen (*blz. 193, rechtsboven*). Zichtbare verdwijnpunten buigen de ruimte om ze heen, waardoor er allerlei schijnbare ongelijkheden ontstaan tussen meetbaar identieke elementen (*onder en blz. 193*).

Traditionele volken die niet gewend zijn aan perspectief in kunst of stadsgezichten hebben opvallend minder last van deze illusies, wat suggereert dat vooral ons brein deze hypotheses creëert.

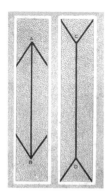 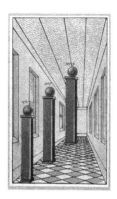 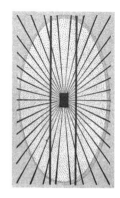

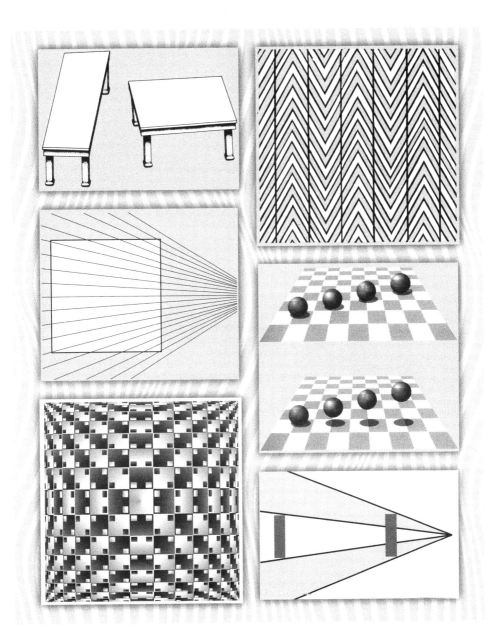

# Schaduwen
## *en het ontbreken van licht*

---

Passende schaduwen zijn simpel te tekenen in perspectief en versterken het gevoel van realisme. Probeer het maar eens bij trappen en andere schijnbaar complexe zaken en u zult het snel onder de knie hebben.

Een gebruikelijke manier om schaduw aan te brengen is via orthografische projectie (*blz. 178-179*). Neem bijvoorbeeld de voorkant van een huis waar zonlicht schuin op de gevel valt, waardoor er schaduw valt achter zuilen, vensters en richels. De grenslijnen van de schaduw vallen in een hoek van 45° vanaf het bovenaanzicht (en de zijkant) naar (en over) het vooraanzicht, waardoor de juiste schaduwen getekend kunnen worden (makkelijker dan het klinkt!).

Bij wetenschappelijke perspectief is het belangrijk om te bepalen of de lichtbron dichtbij of ver weg is, en of hij zich voor, naast of achter de kijker bevindt. De vier basissituaties staan hiernaast en er is mogelijk wat studie voor nodig om ze goed te doorgronden. Meerdere lichtbronnen veroorzaken uiteraard meerdere schaduwen, die op dezelfde manier tot stand komen.

In zekere zin is alles wat we zien, of ooit schilderen of tekenen, een soort schaduw van dat ding. Het is nooit dat ding zelf.

 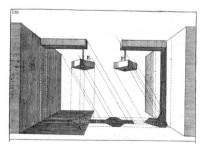

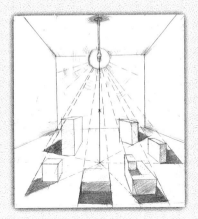 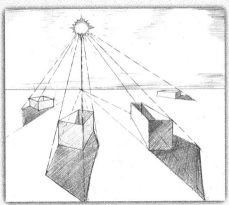

Links: gloeilampschaduw. Een nabij lichtpunt werpt schaduwen die verlopen langs lijnen vanuit de lichtbron zelf en vanuit het punt op de grond direct onder het licht.
Rechts: zon vóór kijker. Het verdwijnpunt voor schaduwen ligt op de horizon pal onder de zon. Gebruik lijnen van de zon tot de hoeken van de objecten om te bepalen waar de schaduwen eindigen.

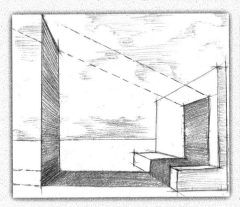 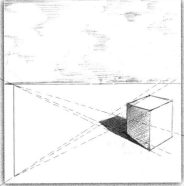

Links: zon aan zijkant. Met licht parallel aan het beeldvlak gebruikt u horizontale en verticale verlengingen, samen met parallel hellende stralen om de diverse schaduwen te maken.
Rechts: zon achter kijker. Bepaal een verdwijnpunt voor schaduwen op de horizon direct tegenover de zon, en een schaduwgrenspunt daar direct onder.

# Reflecties
*door de spiegel*

---

Spiegels zijn fascinerend. Waarom keren ze u bijvoorbeeld om van links naar rechts, maar niet van boven naar beneden? Ze hinten naar een andere wereld, als tegenwicht van deze. Eschers fraaie studie (1950) van de kabbeling in een vijver (*onder*) hint naar drie werelden: de wereld van de bomen, de wereld van oppervlak en reflectie en de wereld van de vissen eronder. Waarom spreken we van 'reflecteren' over iets? Is de geest ook een soort oppervlak? Zijn waarnemingen een soort reflecties?

Het antwoord op de vraag hierboven is dat spiegels helemaal niet omkeren: uw rechterkant wordt rechts getoond en uw linkerkant links, uw bovenkant boven en uw voeten aan de onderkant.

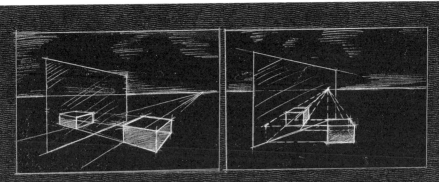

Boven: een rechthoekig object parallel aan een spiegel is simpel te tekenen in reflectie (links), net als hetzelfde object op 45° van de spiegel (rechts). Voor andere hoeken moeten de verdwijnpunten zorgvuldig worden bepaald. Onder: reflecties in water (Dan Goodfellow).

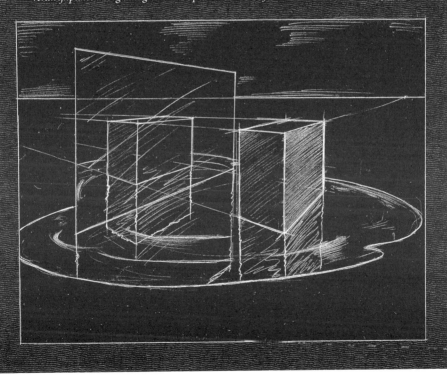

# Illusies en projecties
*natuur actief op grotere schaal*

---

In opmerkelijke, bijna magische omstandigheden doen zich in de natuur ook soms schaduwen en reflecties voor. Mysterieuze en verleidelijke reflecties als luchtspiegelingen bezoeken al van oudsher de dorstige woestijnvorser en ook een heet wegdek kan zich op een droge dag en vanuit een lage hoek voordoen als een spiegel, met bedrieglijke poelen die perfect de lucht en bruggen reflecteren. Gescheiden luchtlagen functioneren niet alleen als luchtspiegel in woestijnen, maar reflecteren soms ook een stad in de lucht (*zie Parijs, blz. 199, linksboven*) of onthullen een verborgen oorlogsvloot aan de vijand (*blz. 199, onder*).

Wie onder speciale omstandigheden bij zonsondergang op een heuveltop staat, kan een enorme schaduw werpen op de wolken (*onder en blz. 199, rechtsboven*). Een verwant effect is de 'aura' die kan verschijnen rond het hoofd van iemands schaduw in het maanlicht op een mistige of vochtige avond (*blz. 199, linksmidden*).

# LICHT EN VORM
*tintillusies van de driedimensionale soort*

---

We krijgen niet alleen informatie over objecten door de schaduwen die ze werpen (*onder*), maar ook door subtiele schakeringen op hun oppervlak. Elk materiaal, of het nu glas, hout, metaal of plastic is, heeft zijn eigen eigenschappen, die we instinctief aflezen. De lichtste hint van arcering geeft het oog subtiele aanwijzingen voor de vorm, diepte en substantie van een object en kan, samen met reflecties, ook de posities van lichtbronnen en nabije objecten aangeven.

In de victoriaanse technische tekeningen hiernaast is een 2D-schets 3D geworden door gebruik van arcering. Tinten kunnen de schaal suggereren – zoals bij fijne kruisarcering (favoriet onder graveurs) –, halftonen zijn (krantenfoto's) of echte schakeringen zijn (op schilderijen en computerschermen). Helderheid is een factor bij kleur (net als schakering). Als twee kleuren, zoals rood en groen, dezelfde helderheid hebben, lijken ze hetzelfde in zwart-wit. Kunstenaars gebruiken dit soms om 'verkeerde' kleuren van de 'juiste' helderheid te gebruiken, om uw kleurenblinde 'wat'-systeem te verwarren terwijl uw 'waar'-systeem wordt aangesproken.

  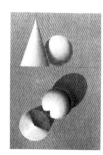 

# Atmosferische perspectief
*en diepte van focus*

---

Een andere manier waarop de geest afstand en diepte afleest, is de mate waarin atmosferische perspectief een rol speelt. In het diagram onder hebben de bomen allemaal dezelfde schaal, maar de vagere lijken verder weg. Bepaalde stoffen, of het nou waterdruppels (mist of nevel), rook of stofdeeltjes zijn, verzwakken de kleurverzadiging en het contrast, en op een heldere dag zijn verre voorwerpen minder rood en meer groen-blauwpaars. Bij mist of rook spreken we van een verdwijnend vlak als voorwerpen voorbij een zekere afstand tot de kijker onzichtbaar worden.

Focusperspectief (hier niet getoond) is nog zo'n truc uit de illusionistendoos. Objecten uit focus of in een waas worden door het brein geïnterpreteerd alsof ze dicht op de voorgrond of ver op de achtergrond zijn in vergelijking met scherp belichte voorwerpen. Sommige moderne kunstenaars bereiken hier geweldige effecten mee.

*Atmosferische perspectief wordt alom gebruikt in landschappen. In deze schilderijen van Wang Chien-chang (17e eeuw) en Lou Guan (13e eeuw) zien we de suggestie van afstand door het vervagen van contrasten en tinten van verre objecten door mist en berg- en watervalnevel. Opnieuw vult de geest in wat het oog niet kan zien.*

# Relativiteit is de baas
*vergeleken met wat*

---

De meeste waarnemingen zijn relatief. Hebt u wel eens paniek gevoeld, in een auto in druk verkeer, als u door een langzaam passerende vrachtwagen de indruk kreeg dat u achteruitrolde? Zo zult u ook, als u één hand in een kom warm water houdt en de andere in koud water en ze daarna allebei in lauw water steekt, van elke hand een reactie krijgen in relatie tot het directe verleden en geen objectieve indruk. En er is het vreemde geval van grote en kleine objecten die exact hetzelfde wegen: de grote voelen aanzienlijk lichter dan de kleine omdat u verwácht dat ze meer wegen. In het voorbeeld hieronder zijn de twee centrale cirkels even groot.

In de diagrammen hiernaast neemt u tinten waar in relatie tot hun achtergrond, terwijl die tintverschillen er feitelijk niet zijn. Bedek de gearceerde achtergrond maar eens om het effect weg te nemen.

Zo wordt ook uw persoonlijke niveau van rijkdom, moraliteit en geluk grotendeels ervaren in relatie tot dat van uw vrienden.

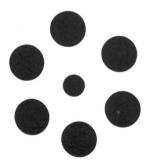

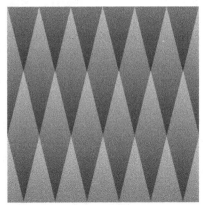

*De lagere ruiten lijken lichter dan die erboven.*

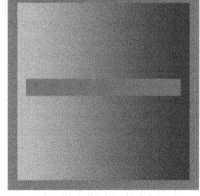

*De egale balk lijkt rechts lichter.*

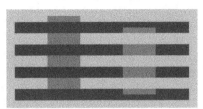

*De kleine rechthoeken hebben dezelfde schakering.*

*De identieke vierkanten lijken rechts lichter.*

*De donkere vierkanten buiten de schaduw hebben dezelfde schakering als de lichte in de schaduw.*

*De vierkanten hebben alle dezelfde schakering maar lijken links donkerder.*

# Het een of het ander
*en/of maar niet beide*

---

De hier getoonde illustraties leveren steeds tegelijkertijd twee beelden op – geen toestand waar ons brein erg blij van wordt, dus switcht het tussen twee interpretaties heen en weer. Het is bijna onmogelijk om Napoleon te zien (*blz. 207, linksboven*) zonder dat de bomen tijdelijk een achtergrond worden, en als de bomen worden bestudeerd, verdwijnt Napoleon weer. Dat geldt ook voor de omkeerbare blokken, de 13-B-puzzel, het eend-konijn en de oude en jonge man en vrouw hieronder; als uw brein een second opinion toelaat, probeert het dat te doen met uitsluiting van de eerste. De gevaren van alcohol (*blz. 207, rechtsboven*) hebben ook zo'n Jekyll/Hyde-kwaliteit.

Escher ving dit fascinerende proces in zijn gravure *Dag en nacht* (1938), waarin het zwart en het wit elkaars achtergrond worden.

# ONMOGELIJKE VOORWERPEN
*en een fabel voor de zekere*

Een koning discussieerde met een wijze over de aard van de realiteit en besloot hem de objectieve aard van de waarheid te tonen. Hij plaatste een galg op de brug naar zijn kasteel en zette er twee wachten neer die passanten ondervroegen. Als ze de waarheid spraken, mochten ze verder; als ze logen, werden ze opgehangen. Op die manier zou de waarheid zegevieren. De volgende dag arriveerde de wijze. Ze vroegen wat hij kwam doen. 'Ik word zo meteen opgehangen,' zei hij. 'Als we hem doorlaten,' zei de ene wacht, 'heeft hij gelogen.' 'Maar als we hem ophangen,' zei de andere, 'spreekt hij de waarheid.' Zo werd de koning de paradoxale en relatieve aard van dingen duidelijk.

Onmogelijke voorwerpen verwarren ook onze zekere ideeën door zichzelf onoplosbaar tegen te spreken. Sommige werken slechts vanuit één gezichtspunt. Net als de paradoxale objecten van het kwantumrijk demonstreren ze dat onze te simplistische waarneming van de wereld vrijwel zeker te eng, cartoonachtig en illusoir is, en dat subtielere waarneming nuttig kan zijn.

 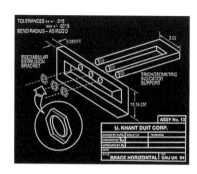 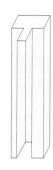

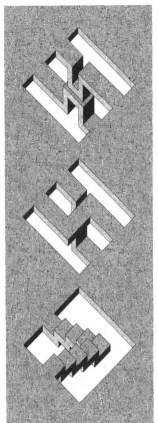

*Linksboven:* Belvedère (1958), een van M.C. Eschers (1898-1972) beroemde onmogelijke gebouwen. *Rechtsboven:* drie onmogelijke figuren, gebaseerd op het werk van de Zweedse kunstenaar Oscar Reutersvard (1915-2002), die zijn hele leven onmogelijke objecten tekende. *Rechts:* Shepards olifant lijkt eerst normaal, maar is dat wel zo? Waarom heeft het brein er zoveel moeite mee?

# Sturende context
*zien wat je wilt zien*

---

Het is niet eenvoudig om dingen te zien zoals ze echt zijn. De geest wenst en verwacht voortdurend de veilige en voorspelbare realiteit te zien. Neem de woorden in het plaatje hiernaast. Noem achter elkaar hardop de kleuren van de letters, zonder de woorden te lezen. Verward? Kijk dan eens naar de witte driehoeken hieronder... alleen zijn er geen witte driehoeken. Ziet u een gezicht in de rots (*blz. 211, linksonder*)? Als u niet uitkijkt, gaat u overal gezichten zien. Hoeveel interpretaties van de archeologische vondst (*blz. 211, rechtsonder*) kunt u bedenken? En hoe zit het met de foto middenonder? Als u eenmaal hebt gezien wat het is, zal u brein u daar bij het kijken steeds aan herinneren. Waarom zoeken we zo naar patronen?

Vanaf onze kindertijd worden patronen van materialen, vormen en functies ingesleten, zodat we, als we jaren later een terrine zien, weten dat er soep in kan en dat hij breekt als hij valt. Onze rol in het leven, onze keuze van vrienden, vijanden, partners, politieke partijen, smaken en gewoontes worden allemaal ingeperkt door illusoire patronen die zijn versterkt door onze ervaring.

**BLACK WHITE BLACK**
**WHITE BLACK WHITE**
**BLACK WHITE BLACK**
**WHITE BLACK WHITE**
**BLACK WHITE BLACK**

*Boven: noem snel de kleuren van de woorden, niet de woorden zelf. De automatische aard van patroonherkenning zit in de weg. Linksonder: deze rots bij Jermuk in Armenië toont het gezicht van de 5e-eeuwse St.-Vartan (uit Simulacra van John Michell). Rechtsonder: het brein doet continu aannames over wat de ogen zien. Hier diverse mogelijke hutten op één vindplaats (naar Richard Gregory).*

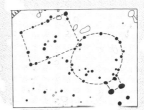

# Het clichébrein
*wij en zij – op de juiste knoppen drukken*

---

Onze hersenen zijn erg weinig veranderd sinds de tijd dat we holbewoners waren. We zien onszelf graag als geavanceerde wezens, maar feit is dat we nog steeds worden afgeleid door dezelfde dingen als duizend jaar geleden (*blz. 213*). Deze conceptuele clichés, 'wij/zij', 'dit/dat', 'beter/slechter', 'seks/baby/gevaar', liggen achter veel van onze geprogrammeerde neigingen en worden regelmatig aangeboord door verhalenvertellers, reclamemakers en politici. Ze zijn in wezen illusoir en het is de moeite waard te proberen ze ook als zodanig te zien.

We zijn geëvolueerd om te reageren op directe crises in plaats van op traag voortschrijdende problemen. Daarom vinden we het zo moeilijk om de huidige vernietiging van ons paradijs te stoppen. Een kikker in een pan water die langzaam aan de kook wordt gebracht, zal er niet uit springen, maar zich dood laten koken omdat hij is geprogrammeerd om alleen plotse veranderingen te zien als gevaarlijk. En een hongerige kikker tussen slapende vliegen zal sterven van de honger omdat de vliegen niet zoemen, zodat hij ze niet kan 'zien'.

Optische illusies zijn een van de simpelste manieren om te beseffen hoe clichématig en bevooroordeeld ons brein is geworden.

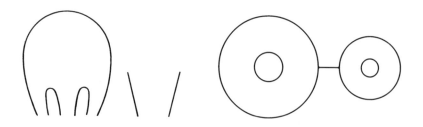

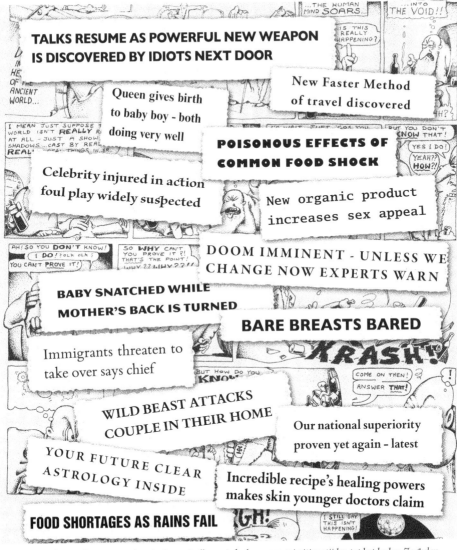

Deze koppen kunnen op gebeurtenissen uit elke periode slaan, van primitieve tijden tot het heden. Ze spelen allemaal in op de clichématige hoop en vrees. Het mannelijke en vrouwelijke brein vullen in een verbluffende mate aannames in bij beperkte informatie. Blz. 212: wasvrouw en emmer (naar Gregory); Mexicaan bakt een ei.

# ONDERSTEBOVEN
*van links naar rechts en rondom*

Ons brein construeert een ongelooflijke wereld voor ons. De meeste mensen vinden thuis de weg in het donker en zien een plank met objecten voor zich. Zelfs met het licht aan kun je zeggen dat de wereld in wezen *in* ons bestaat, en waarschijnlijk ook heel anders in ieder van ons. Waarom de geest niet laten beseffen wat hij doet door te proberen de wereld binnenstebuiten te keren, achterstevoren of ondersteboven?

De afbeeldingen hier tonen dingen in een ander daglicht door simpele rotatie. De twee hieronder en de twee kleine gezichten op blz. 215 kunnen 180° worden gedraaid. Eschers litho van trappen kan vanuit drie gedraaide posities worden bekeken *(blz. 215, linksboven)* en Johann Martin Wills zoömorfe gravure (1780) onthult een verborgen dier na rotatie van slechts 90° *(blz. 215, linksonder)*.

Vreemde eet in de bijt is Margaret Thatcher *(onder)*. Speciale delen van het brein focussen op ogen en monden, zonder rekening te houden met de vraag of ze wel op de juiste plek zitten.

*door Gustave Verbeck, 1904*

*door Peter Thompson, 1980*

# Het licht doorgronden
*centra, krommen en randen*

---

Veel mensen denken dat hun ogen op camera's lijken, die de wereld in hun hoofd projecteren zodat ze ernaar kunnen kijken. De waarheid is, uiteraard, veel vreemder, want welke innerlijke ogen zouden er überhaupt naar kunnen kijken?

Het mensenoog is veel complexer dan een camera. Als u rode en blauwe ballen op 90° naast u houdt, ziet u de ballen maar niet de kleuren. Het perifere zicht is gespecialiseerd in beweging, niet in kleur. Het centrale zicht is juist gespecialiseerd in fijne details en kleur. De reeksen fotoreceptoren rond het centrum van het netvlies (*blz. 217*) pulseren alleen als ze uit balans raken door een lichtstraal of -punt. Samen met hun kleurtegenhangers bouwen ze gebogen randen en gebieden op.

Als we ons hoofd draaien of onze ogen bewegen, blijft de wereld buiten ons opmerkelijk stabiel. Draag een bril die de wereld ondersteboven laat zien en hé, na een paar dagen zal uw brein de wereld weer goed draaien (tot u de bril afzet). Ons brein vult zelfs op 'beredeneerde' wijze onze blinde vlekken in (*blz. 217, onder*).

De wereld is een beredeneerde hypothese.

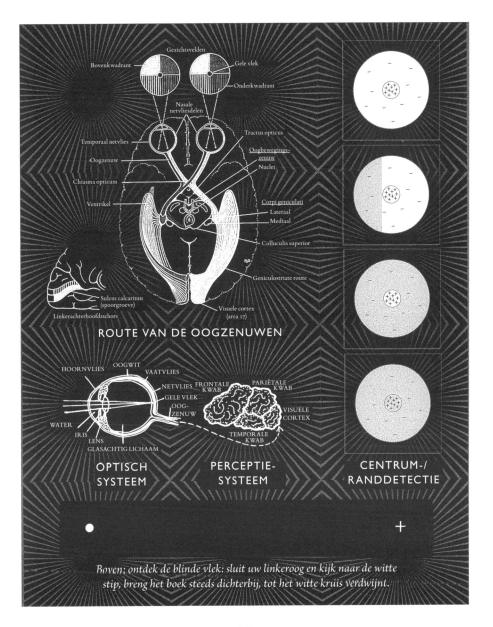

Boven; ontdek de blinde vlek: sluit uw linkeroog en kijk naar de witte stip, breng het boek steeds dichterbij, tot het witte kruis verdwijnt.

# Waarnemingsillusies
*gebreken van het systeem*

---

Er zijn illusies die echt de hiaten en neigingen van ons gezichtsvermogen tonen en hier zien we er een paar van. U moet het boek misschien dichter bij uw ogen houden om ze te laten werken.

Focus op de punt in het midden van een van de cirkels hieronder en merk hoe uw ogen verveeld raken bij het registreren van de subtiele grijstinten. Kijk dan naar de prikkel- en inhibitiewerking van uw oogzenuwcellen in de afbeeldingen boven aan blz. 219.

Aparte delen van het brein bepalen *wat* dingen zijn en *waar* ze zijn. Uw langzame 'waar'-systeem is kleurenblind en veel gevoeliger voor grote contrasten. Kitaoka's illusie (*blz. 219, linksmidden*) maakt daar goed gebruik van.

Oogzenuwcellen zijn gegroepeerd in oriëntatiespecifieke reeksen, die krommen en hoeken detecteren. De laatste drie beelden spelen hierop in om krachtige illusies te creëren waarin cirkels spiralen en rechte lijnen gebogen of gebroken lijken.

*Hermann-rasterillusie*

*Fonkelende Lingelbach-rasterillusie*

*Kitaoka's illusie van twee oppervlakken*

*Fraser-spiraalillusie*

*Bristol Café Wall-illusie*

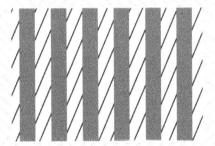
*Poggendorf-illusie*

# Bewegingsillusies
*de bladzijde leek te ademen, dokter*

---

U hebt geen drugs, psychose of meditatie nodig voor een alternatieve werkelijkheidservaring. Deze illusies zijn gebaseerd op recent werk van professor Akiyoshi Kitaoka en kunnen uw universum serieus beïnvloeden door te dansen, te ademen en te draaien.

Van de snelheidsstrepen op schoenen tot de suggestief flitsende lijntjes in strips is de illusie van beweging een constante uitdaging voor kunstenaars en ontwerpers. De spaken van een wiel verdwijnen als het sneller draait. Computer- en tv-schermen worden elke 25e seconde opnieuw opgebouwd om het brein te laten geloven dat het een continu bewegend beeld ziet. Veel organismen zien dingen alleen als ze veranderen en veel mensen worden gestimuleerd door beweging (zoals autorijden). Sommige mensen raken verslaafd aan veranderlijkheid, andere vrezen die, terwijl taoïsten en boeddhisten aanbevelen om bij een waterval te gaan zitten en het leven te beschouwen als rust in beweging.

# Tovenarij
## *de hoogste en laagste vormen van bedrog*

---

Soms gebeuren er schijnbaar onmogelijke dingen. Toen op Belsazars feest de tekst op de muur verscheen en sommigen hem lazen, anderen om meer riepen of angstig wegrenden, moeten er zich ook een paar hebben afgevraagd hoe het mogelijk was. Net zoals met onze zintuigen kan er een loopje worden genomen met de verwachtingen van wat mogelijk is. Deze afbeeldingen zijn bekende effecten die magisch lijken als u hun geheim niet kent. De geest raakt vooral in de war bij verschijningen of verdwijningen, die weg worden verklaard met psychologische (hallucinante), technische (trucs of *alien*) of spirituele (goddelijke of paranormale) oorzaken.

Het glas in de toneelspookillusie (*onder*) is een geweldige metafoor.

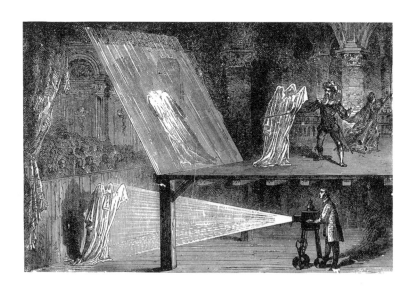

Linksboven: door aan een tafelkleed te krabben beweegt een munt onder een glas uit. Rechtsboven: Joseph Ferdinand Plateaus revolutionaire phenokistoscope, die de illusie van bewegende beelden opwekte. Linksonder: Alexander Graham Bells telefoon moet op velen zijn overgekomen als tovenarij. Rechtsonder: een gyroscoop tart de zwaartekracht.

# ANDERE ZINTUIGEN
*dingen anders zien*

---

De volgende keer dat u een bij rond een bloem ziet zoemen, besef dan dat de bij een andere bloem ziet dan u. Bijen zien ultraviolet licht en bloemen gebruiken dat om zichzelf in hogere frequenties (kortere golven) aan te bevelen dan wij detecteren. De afbeelding (*blz. 225, boven*) toont wat een bij mogelijk ziet.

Sommige mensen (1 op de 20) zijn gezegend met de vreemde 'aandoening' synesthesie, waarbij auditieve input (woorden, muziek) wordt vertaald in kleuren en vormen (*blz. 225, onder*). Ze hebben vaak een beter geheugen en zijn betere musici dan de rest van ons.

Anderen kunnen de gloeiende aura's (magnetische velden) van levende wezens zien, die iets vertellen over de gezondheid. Sommigen zien een verticale lijn van gloeiende draaiende wielen op het lichaam (de chakra's van de Indiase tantra) of filigraanlijnen en speldenpunten van licht (de meridianen en knooppunten van de Chinese geneeskunst).

We kunnen ons amper voorstellen wat een vleermuis 'ziet' met zijn oren of hoe de knobbels op zijn rug zijn ontwikkeld om sensuele muziek te echoën naar een partner. Op dat gebied zijn we stekeblind.

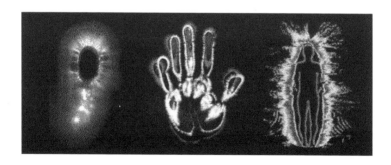

Boven: de bovenste rij toont bloemen zoals het menselijke oog ze ziet, de onderste zoals een bij ze in ultraviolet waarneemt (foto: Bjørn Rørslett). Onder: impressie van de extra laag die iemand met synesthesie ziet, als auditieve signalen worden verwerkt door het visuele deel van het brein en er kleuren en vormen ontstaan. Blz. 224: Kirlian- of aurafotografie.

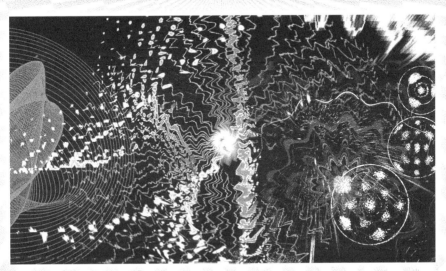

# Regen- en maanbogen
### *je ziet een regenboog nooit van opzij*

---

Een regenboog (of zijn zeldzame nachtelijke zuster, de maanboog) toont goed aan hoe weinig we van de wereld zien. Dat lint gekleurd licht is op zich een accuraat snapshot van een klein deel van het elektromagnetische spectrum dat onze zintuigen in enig detail kunnen oppikken. De rest van het spectrum (het grootste deel ervan) ontgaat ons en we vullen het met radio-, telefoon- en microgolfinternetsignalen, via digitale witte ruis (waarvan het enige natuurlijke equivalent radioactief verval is).

De meeste dingen die we kunnen zien, zijn er niet echt. Regenbogen en maanhalo's (*blz. 227, onder*) zetten ons aan het denken omdat die er echt niet zijn. Of wel? Zoals de ladder van licht die bij zonsondergang over zee loopt altijd naar ons wijst, zijn regenbogen altijd zo gecentreerd dat ze exact tegenover ieder individu staan, voor elke toeschouwer op een andere plek in de wereld, een soort omkering van de normale perspectief en een fraaie aanwijzing voor de relativistische aard van waarneming.

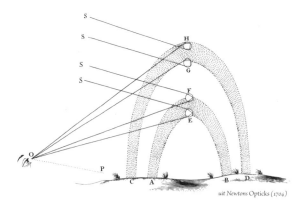

*uit Newtons Opticks (1704)*

# Halo's en aureolen
*vensters naar andere werelden*

De afbeelding onder toont een zeldzaam atmosferisch effect, een 'maanaureool', veroorzaakt door ijsdeeltjes hoog in de atmosfeer. Halo's, aureolen en regenbogen herinneren ons eraan dat we licht zien en verder niets. Gras oogt groen, maar is in feite elke kleur behalve groen, want groen is de enige kleur die het reflecteert en niet absorbeert. De ware aard van objecten is verborgen voor ons, de andere kant van de spiegels die indrukken reflecteren naar onze ogen en hersenen.

Rechts het noorderlicht boven IJsland, een visuele aanwijzing voor de buitengewone elektromagnetische wereld waarvan we zo'n klein deel zien, maar waaruit onze gedachten wel voornamelijk bestaan.

# Stoppen met dromen
*op een nieuwe manier naar de wereld kijken*

---

In *De republiek* vergelijkt de Griekse filosoof Plato (428-347 v.Chr.) ons lot met dat van iemand die in een grot naar schaduwen op een wand kijkt en zich afvraagt waardoor ze worden veroorzaakt. Het is ongelooflijk dat de wereld die we zien mogelijk gewoon een product is van onze zintuigen – de prachtige en buitengewone wereld is, voor alle niet-praktische doelen, in wezen nog steeds een mysterie. Hoe weten we zeker dat we geen gatenplanten op Venus zijn die dit allemaal dromen? Alleen maar omdat onze zintuigen worden gekieteld?

Misschien hebben zoveel wijzen door de eeuwen heen daarom naar de spirituele reis verwezen als een 'ontwaken' en oefeningen aanbevolen die onze zintuigen verbeteren en verfijnen.

Maar goed, ik hoop dat deze kleine studie wat nieuw licht op deze zaken heeft geworpen en uw perspectief heeft verfrist. Tot ziens!

# DEEL V

*Boven: 6e-eeuws Byzantijns mozaïek, Ravenna, Italië, uit: Hessemer, Arabische und Alt-Italienische Bau-Verzierungen (1800). Blz. 235: tatoeage-ontwerp van de Marquesaseilanden. Blz. 236: oneindige symmetrische varianten uit de natuur: Ernst Haekels tekeningen van diverse soorten kiezelwier.*

# SYMMETRIE

## het ordenende principe

*David Wade*

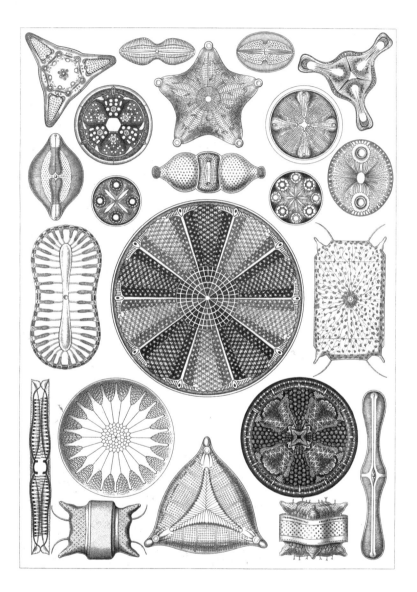

# Inleiding

Symmetrie heeft grote aantrekkingskracht. Wiskundigen hebben er net zoveel belangstelling voor als kunstenaars en ze is ook relevant in fysica en architectuur. En in tal van andere disciplines houdt men er zich ook mee bezig en heeft men zo zijn eigen ideeën over wat symmetrie is of moet zijn. Het betreft niettemin een universeel principe, al zijn, in onze dagelijkse ervaring, opvallende symmetrieën vrij zeldzaam en zijn de meeste verre van duidelijk. Dus wat is symmetrie? Zijn er algemene termen voor? Kan ze überhaupt duidelijk worden gedefinieerd?

Bij nader onderzoek wordt al snel duidelijk dat het hele terrein omgeven is door paradoxen. Om te beginnen is elk idee van symmetrie volledig verstrengeld met dat van asymmetrie; we kunnen amper die eerste voorstellen zonder aan de tweede te denken (zoals met verwante concepten van orde en wanorde) en er zijn meer dualiteiten. Bij symmetrieregels is er altijd sprake van categorisering, classificatie en waargenomen regelmatigheden, oftewel grenzen. Maar op zich is symmetrie onbegrensd, de principes gelden overal. Bovendien worden symmetrieprincipes gekenmerkt door rust, een stilte die op de een of andere manier aan gene zijde van de jachtige wereld ligt, al zijn ze ergens ook bijna altijd betrokken bij transformatie, verstoring of beweging.

Hoe dieper we in dit onderwerp graven, hoe duidelijker het wordt dat het zowel een van de meest alledaagse en uitgebreide studiegebieden is als een van de meest mysterieuze.

# Schikkingen
*de regelmatige ordening van elementen*

---

Als we de gemeenschappelijke factoren onder de vele en diverse aspecten van symmetrie willen begrijpen, komen we met de concepten 'congruentie' en 'periodiciteit' al een heel eind. De meeste symmetrieën vertonen deze aspecten wel in enige vorm en de afwezigheid van een van de twee leidt meestal tot een afname of zelfs gebrek aan symmetrie.

Bijvoorbeeld: twee gelijkende objecten zonder specifieke relatie zijn alleen maar gelijkvormig (ze zijn misschien congruent, maar niet in een orde geschikt) *(blz. 239, 1)*. Na toevoeging van een derde object treedt er een zekere regelmaat op, als basis van een herkenbaar patroon *(2)*. In haar simpelste vorm wordt symmetrie dus uitgedrukt als een zich regelmatig herhalend figuur langs een lijn *(onder)*, een reeks die kan worden uitgebreid tot een schikking *(3)*. Dit soort ordeningen kunnen in theorie eindeloos worden uitgebreid, maar de symmetrie blijft gehandhaafd als het herhaalde element én de ruimte consistent blijven.

Symmetrieschikkingen zijn zichtbaar in tal van natuurlijke vormen, van de vertrouwde rijen maiskorrels *(4)* tot de schubbenpatronen van vissen en reptielen *(5)*. Zulke regelmatige ordeningen komen uiteraard ook voor in kunst en artefacten, zoals op de gedecoreerde sjamanenmantel *(6)*. Natuurlijk spelen naast esthetische ook vaak functionele criteria een rol bij schikkingen, zoals blijkt uit de patronen van metselwerk en dakpannen *(7, 8)*.

1. Louter gelijkenis.

2. Met drie elementen ontstaat er een patroon.

3. Bij symmetrische schikkingen hoort regelmatige tussenruimte. In wezen zijn alle symmetrieën gebaseerd op 'vastheid' of 'zelfcoïncidentie'. In de geometrische symmetrie heet de beweging die nodig is om dit te bereiken - of het nu om herhaling, reflectie of rotatie gaat (zie blz. 240) - een 'isometrie' (zie blz. 386).

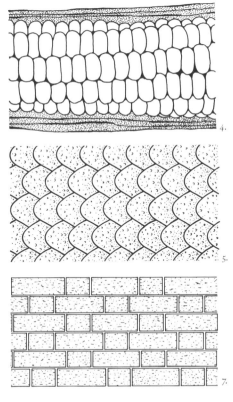

4.

5.

7.

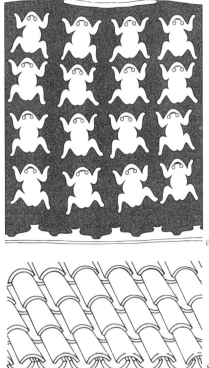

6.

8.

# Rotaties en reflectie
## *puntsymmetrieën*

Er zijn nog twee basisexpressies van symmetrie, rotatie en reflectie, en beide steunen op het concept 'congruentie', een algemene correspondentie tussen elk deel van een element, hoe dat ook wordt uitgedrukt (*onder*). Bij simpele rotatiesymmetrie worden de componentdelen met regelmatige intervallen rond een centraal punt geschikt (*1-4*).

Omdat de elementen in deze symmetrieën simpele niet-omgekeerde replica's van elkaar zijn, zijn ze direct congruent. Bij reflectiesymmetrie zijn de omgekeerde elementen juist geschikt langs een spiegellijn en dus omgekeerd congruent (*5, 6*). Omdat het centrale punt of de centrale lijn gefixeerd is bij reflecties en rotaties, worden beide 'puntsymmetrieën' genoemd.

Bij de meest basale vorm van rotatiesymmetrie worden slechts twee componenten geschikt rond een centrum. Gewone speelkaarten behoren daartoe: elke snede door het centrum van een kaart resulteert in twee identieke helften. Het triskelsymbool bestaat uit drie gedraaide delen; een swastika uit vier enz.; er is opwaarts geen grens aan het aantal, anders dan het aantal herhalingen dat rond een centrum past.

Rotatie- en reflectiesymmetrieën kunnen ook worden gecombineerd, in welk geval de reflectielijnen het centrale rotatiepunt doorsnijden. Figuren en objecten van deze soort hebben dihedrale symmetrie (*7*).

1. *De simpelste vorm van een rotatie rond een centrum met slechts twee elementen.*

2. *Speelkaarten zijn een zeer bekend voorbeeld van 2-rotatiesymmetrie, met een zelfgelijkenis van 180° (merk op dat er geen sprake is van reflectie).*

3. *Rotatiesymmetrie kan worden toegepast op elk aantal elementen.*

4. *Triskel, swastika en venstermotief, met 3-, 4- en 5-rotatiesymmetrie, met zelfgelijkenis van respectievelijk 20°, 90° en 72°.*

5. *Reflectie langs een lijn.*

6. *Motieven met alleen reflectiesymmetrie behoren tot de meest voorkomende.*

7. *Dihedrale symmetrie.*

8. *Motieven met dihedrale symmetrie (mix van reflectie en rotatie).*

# Geometrische zelfgelijkenis
*gnomons en andere zelfgelijkende figuren*

---

Symmetrie is een vast kenmerk van zowel groei als vorm, zowel in simpele als complexe, levende als niet-levende systemen.

De gnomon demonstreert een van de simpelste voorbeelden van geometrische groei (*onder*). Het principe is dit: als een gnomon wordt toegevoegd aan een ander figuur, wordt dat figuur vergroot maar houdt het zijn algehele vorm – en dat kan eindeloos doorgaan. Dit is de essentie van doorwrochte groeivormen als schelpen en hoorns, waar groei wordt toegevoegd aan dood weefsel.

Uitbreidingssymmetrieën produceren ook figuren die geometrisch lijken op een origineel. Deze ontstaan uit de vergroting (of verkleining) van een vorm via lijnen die straalsgewijs uit een centrum lopen. Uitbreidingssymmetrieën, die van oneindig klein naar oneindig groot kunnen uitbreiden, kunnen elke hoek van een centrum gebruiken (*1*), of elke regelmatige verdeling van de cirkel (*2*) of de hele cirkel (*3*).

Uitbreiding kan ook worden gecombineerd met rotatie, wat continue symmetrieën oplevert die gelijkhoekige spiralen kunnen vormen (*4*) (waarover later meer), of discontinue symmetrieën (*5*), (in welk geval de toenames niet noodzakelijk een deelgetal zijn van een complete draai). Uitbreidingssymmetrieën komen ook voor in drie dimensies. Maar spiraalsymmetrieën zijn dus nauw verbonden met rotatie en uitbreiding en ontstaan vaak als deze twee worden gecombineerd.

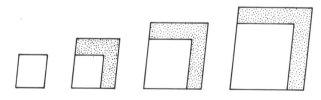

1. Uitbreidingssymmetrieën vertonen regelmatige toe- of afname.  2. Puntgecentreerde uitbreiding.

3. Uitbreiding over 360°.  4. Uitbreiding gecombineerd met rotatie.  5. Discontinue geroteerde uitbreiding.

6. Gelijkenissymmetrieën ontstaan uit de regelmatige ordening van figuren.

# Radiaal
## *gecentreerde symmetrieën*

---

Van alle regelmatige ordeningen zijn radiale symmetrieën waarschijnlijk het vertrouwdst. Ze zijn eindig en behoren tot de brede categorie van puntgroepsymmetrieën; ze zijn er in drie aparte vormen.

In twee dimensies zijn ze gecentreerd op een punt in het vlak en vertonen rotatiesymmetrie, met een willekeurig aantal regelmatige verdelingen van de cirkel. Van reflectie is ook vaak sprake, wat dihedrale symmetrieën oplevert (*1*). Veel bloemen hebben deze ordening en gecentreerde radiaalmotieven zijn te vinden in de decoratieve kunst van vrijwel elke cultuur.

In drie dimensies zijn radiale symmetrieën gecentreerd rond een punt in de ruimte, waarvandaan elk pad uitwaaiert van het centrum naar elk buitenpunt (als in een explosie) (*2*); of ze hebben een polaire rotatie-as, die meestal cilindrisch of kegelvormig is (*3*). Deze laatste zijn typische symmetrieën voor planten.

Bij de grote meerderheid van bloemen komt het aantal bloembladen overeen met een getal uit de fibonaccireeks: 3, 5, 8, 13, 21 enz. (*meer hierover op blz. 266*). De symmetrie van sneeuwkristallen is juist altijd zespuntig. De vlak-radiale symmetrie is niet alleen geliefd in decoratieve motieven, maar ook de handigste configuratie voor objecten die draaibewegingen maken, met name het wiel in al zijn manifestaties.

# Secties en skeletten
*interne symmetrieën van planten en dieren*

Verreweg de meeste planten vertonen wel enige vorm van radiale symmetrie. De grote kloof tussen het planten- en dierenrijk wordt weerspiegeld in hun voornaamste symmetrieën. Omdat planten doorgaans niet mobiel zijn, zijn ze vaak radiaal, terwijl de meeste dieren wel bewegen en als gevolg daarvan bilateraal zijn of, exacter, dorsoventraal (*zie blz. 258*).

De stam en takken van een boom vertonen meestal een radiale schikking in een dwarsdoorsnede en hetzelfde geldt in het algemeen voor wortels en verticale stengels (*1*). Veel regelmatige (actinomorfe) bloemen hebben radiale symmetrie, net als veel bloeiwijzen (*2*). Ook placentatie verloopt volgens een symmetrisch plan (*onder*). Paddenstoelen, mossen en buisvormige biesbladen gebruiken ook deze symmetrie.

Vastzittende dieren, die zich ergens aan hechten en niet op eigen kracht kunnen bewegen, hebben vaak een plantachtige, radiale symmetrie. De meeste hiervan zijn mariene wezens, zoals zeeanemonen en zee-egels (*3*). Zeesterren en sommige koralen zijn ook centraal gestructureerd. De sieraadachtige skeletten van mariene protozoa (zoals stralendiertjes en foraminiferen), die zo rijk vertegenwoordigd zijn in zee dat ze goed zijn voor 30% van het oceaansediment, nemen vaak ook radiale symmetrie op in hun lichaamsvorm (*4*).

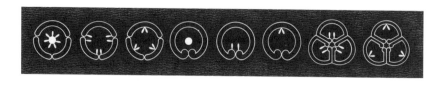

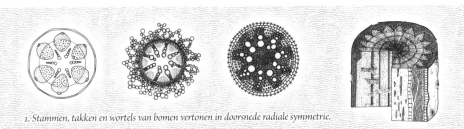

1. Stammen, takken en wortels van bomen vertonen in doorsnede radiale symmetrie.

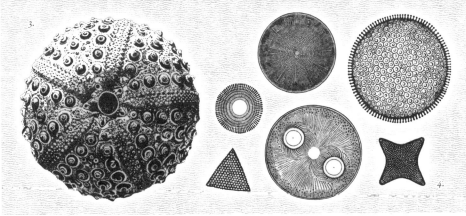

# Bolvormig
*de perfect driedimensionale symmetrie*

Zoals de cirkel het perfecte figuur is in twee dimensies, is een ideale bol een perfect, radiaal symmetrisch 3D-lichaam. Beide waren bekend bij de oude Grieken en werden als goddelijk beschouwd (de filosoof Xenophanes verving het oude pantheon van goden zelfs door één godheid, die hij voorstelde als bolvormig). Pythagoras was de eerste die onderwees dat de aarde een bol was. In recenter tijden is gesuggereerd dat de hele uitdijende kosmos de algehele symmetrie van een bol heeft. Opvallend genoeg doet deze vorm zich aan beide schaaluitersten voor: sterren, planeten, manen, de Oortwolk en de sferische clusters van sterrenstelsels zijn allemaal bol (1), net als waterdruppeltjes. Alle danken hun symmetrische regelmaat aan het feit dat ze zijn gevormd door één dominante vorm: de laatste door oppervlaktespanning, alle eerdere door zwaartekracht (die zelf bolvormig symmetrisch is).

Oppervlaktespanning zorgt ook voor de bolvorm van tal van microscopische wezens (2). Deze zijn vaak vrijwel vloeibaar van samenstelling en moeten een interne druk onderhouden die in balans is met die van het omringende medium. De meeste bolvormige wezens zijn vaak ook erg klein (zodat de vervormende effecten van de zwaartekracht minimaal zijn) en leven in water. De grote meerderheid hiervan beweegt niet of nauwelijks. In praktische termen vertegenwoordigt een bol het kleinste oppervlak voor een bepaald volume. Daarom hebben zoveel vruchten (3) en eieren (5) deze vorm. Omdat het oppervlak minimaal is en aan alle kanten hetzelfde profiel heeft, biedt de bol ook een natuurlijke afweer tegen roofdieren. Daarom ontwikkelden sommige soorten die van zichzelf niet bol zijn de eigenschap om zich op te rollen bij een aanval (4).

# Symmetrieën in 3D
*ruimtelijke isometrieën*

Zoals de bol het 3D-equivalent is van de perfecte symmetrie van de 2D-cirkel, zo corresponderen de transformaties van figuren in de ruimte met die van de regelmatige verdeling van het vlak die we eerder zagen, en er zijn vergelijkbare isometrische principes bij betrokken (*1-6*).

Als we de ruimte symmetrisch willen indelen, volgen de meest elementaire verdelingen uit de regelmatige figuren die het vlak vullen. Dus net zoals een gelijkzijdige driehoek, vierkant en zeshoek twee dimensies vullen, zullen prisma's die hierop zijn gebaseerd volledig de ruimte vullen (*7*). Voor ruimtevullers die in alle richtingen regelmatig zijn, liggen de opties minder voor de hand, maar daartoe behoren kubus, afgeknot achtvlak (*5*), kuboctaëdersysteem (*8*) en rombisch twaalfvlak (*9*). De drie bolvormige symmetrische systemen (*10*) hebben een specifieke verhouding tot de regelmatige 3D-figuren.

Wat opvalt, is dat uit de grote variatie van regelmatige figuren de natuur consistent één familie verkiest boven alle andere, namelijk de vijfhoekige twaalfvlakken. Deze vorm, bestaande uit zes- en vijfhoeken, wordt zowel aangenomen door fullereenmoleculen (*a*) en roetdeeltjes (*b*) als straaldiertjes (*c*) en virussen (*d*). Het intrigerende van deze vorm, en misschien wel de clou voor hun nut in de natuur, is dat zeshoeken zelf de ruimte niet kunnen omsluiten, maar dat wel eindeloos kunnen doen met de toevoeging van twaalf vijfhoeken.

*a.*

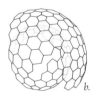
*b.*

*c.*

*d.*

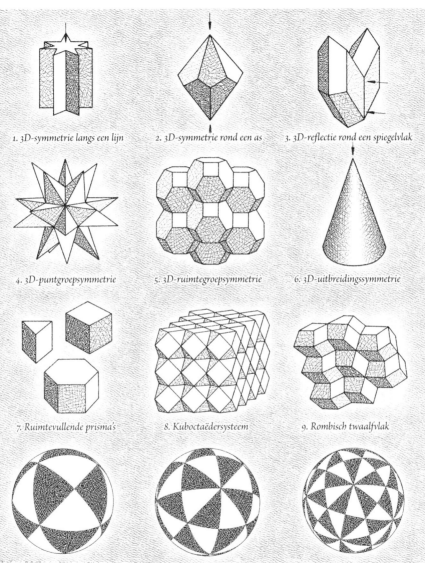

# Stapelen en opvullen
*fruit, schuim en andere ruimtevullers*

---

Een manier vinden om zo eenvoudig en efficiënt mogelijk sinaasappels in een bepaalde ruimte te stapelen, klinkt bedrieglijk simpel, maar er zitten heel wat wiskundige haken en ogen aan. Het begin is makkelijk genoeg. De voor de hand liggende manieren om bolvormen samen te voegen zijn de driehoekige en vierkante schikking (*1-3*); deze configuraties houden duidelijk verband met de regelmatige verdeling van het vlak (*zie blz. 387*). Na dit beginpatroon is het lastig om een tweede laag anders aan te brengen dan op de spleten in de eerste laag. Ze neigen ernaar om (letterlijk) in een patroon van minimale energie te vallen. Er zijn drie kubusschikkingen mogelijk (*4-6*), maar de op de zijde gecentreerde ordening (*6*) blijkt het efficiëntst – al werd dat pas vierhonderd jaar nadat Kepler het voorstelde echt bewezen.

In veel andere omstandigheden leveren drievoudige verbindingen van 120° de meest economische systemen. Honingraten zijn uiteraard het klassieke voorbeeld. Ze kosten een minimum aan was voor de opslag van honing (*7*). Kleine groepjes zeepbellen met vrije grenzen trekken zich samen in een efficiënte hoekformatie die 'Plateau-grens' heet (*8*).

Bij grotere groepen zeepbellen is echter een heel andere magische hoek betrokken: 109° 28' 16". In elke cluster van elastisch schuim (*9*) maken de interne oppervlaktes meestal deze hoek – wat exact de hoek is tussen een lijn van het centrum naar de hoek van een viervlak (*10*). Opmerkelijk genoeg vult het viervlak, als 3D-figuur, zelf niet volledig de ruimte; al doet het dat wel in combinatie met het achtvlak.

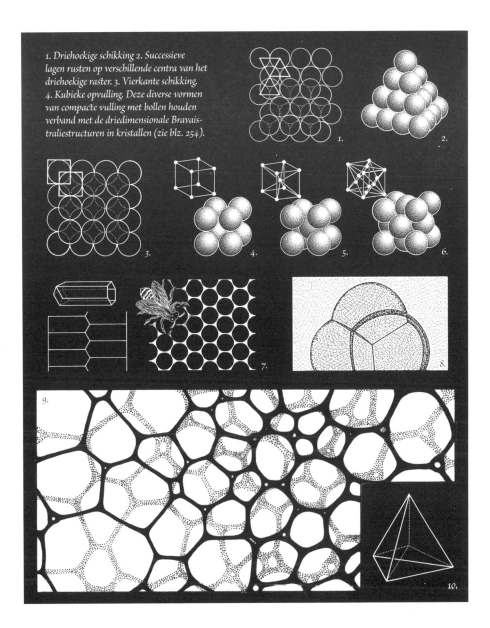

# DE KRISTALWERELD
*het bolwerk van symmetrische orde*

Van alle natuurlijke objecten komen goed gevormde kristallen het dichtst bij de wiskundige zuiverheid van regelmatige veelvlakken (*zie onder aan blz. 387*) en ze kunnen inderdaad enkele van deze vormen aannemen, zij het niet alle. De fascinerende, pure schoonheid van kristalmonsters is echter slechts een belichaming van een nog indrukwekkender interne structuur: de kristaltoestand, die met zijn tientallen of zelfs honderden miljoenen gehoorzame en identieke moleculen een rijk van bijna onbegrijpelijke regelmaat vormt.

Kristallen van verschillende substanties nemen een breed scala aan verschillende en typische vormen aan, maar hun regelmaat is gebaseerd op de schikking van eenheidscellen in een van de slechts veertien traliestructuren (*onder*). Deze Bravais-tralies, het equivalent van 2D-diagrammen, stellen de moleculen in staat zich eindeloos in drie verschillende ruimtelijke richtingen te herhalen.

Het vroege onderzoek naar kristallen hield zich vooral bezig met classificatie, en dan met name in termen van de betreffende symmetrieën. Halverwege de negentiende eeuw waren kristallen in 32 klassen ingedeeld en aan het eind van die eeuw waren alle 230 mogelijke ruimtegroepen geïnventariseerd door de Russische kristallograaf Federov.

De ontdekking van röntgendiffractie begin twintigste eeuw veranderde deze wetenschap volkomen. De systematische analyse van de symmetrische patronen die door deze methode zichtbaar werden, onthulde voor het eerst de buitengewone interne wereld van kristallen.

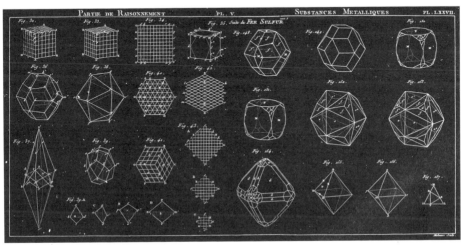

# Basismateriaal
*symmetrieën in de kern van materie*

Tegen het eind van de negentiende eeuw opperde de pionierende fysicus Pierre Curie dat het een universeel fysicaprincipe was dat symmetrische oorzaken noodzakelijk leiden tot al even symmetrische gevolgen. Wat dat algemene principe betreft, zat hij er nogal naast, want symmetrieën zijn niet altijd gelinkt, zoals hij veronderstelde. Maar zijn vermoeden van symmetrische continuïteit is zeker bevestigd op de meer basale niveaus van de materie. De uiterst geordende wereld van de kristaltoestand, zichtbaar via röntgendiffractie (1), wordt geheel bepaald door de onderliggende symmetrieën van de atomaire en subatomaire rijken.

Mendelejevs periodieke systeem, dat de elementen in een rationale reeks schikt, was een mijlpaal van de negentiende-eeuwse klassieke fysica. Maar begin twintigste eeuw werd duidelijk dat de eigenschappen van elementen regelmatigheden in de interne structuur van hun atomen reflecteerden. Naarmate atoomtheorieën verder werden ontwikkeld, zag men dat alle chemische eigenschappen het gevolg zijn van het aantal protonen en elektronen in de atoomstructuur, zodat elementen konden worden gegroepeerd in keurige molecuulschikkingen (2).

In de jaren 1960 besefte men dat de 'cirkelende' elektronen (3) inderdaad fundamentele deeltjes waren, maar dat de protonen en neutronen in de kern (4) bestonden uit nog kleinere deeltjes: hadronen en leptonen. De hadronen zijn dan weer combinaties van quarks die zich schikken in de fraaie symmetrieën van het beroemde 'achtvoudige pad' (5).

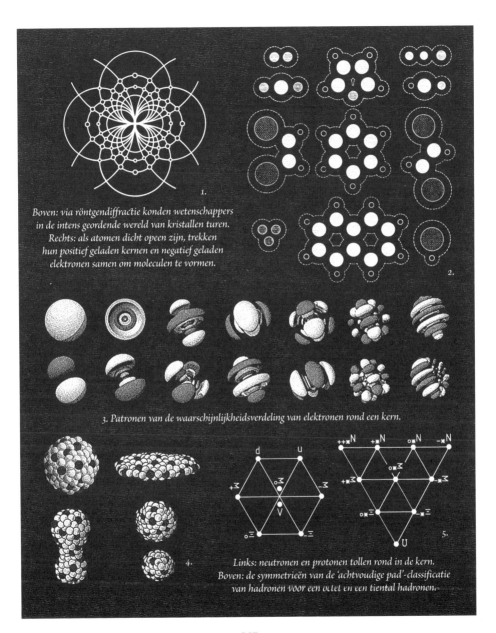

Boven: via röntgendiffractie konden wetenschappers in de intens geordende wereld van kristallen turen. Rechts: als atomen dicht opeen zijn, trekken hun positief geladen kernen en negatief geladen elektronen samen om moleculen te vormen.

3. Patronen van de waarschijnlijkheidsverdeling van elektronen rond een kern.

Links: neutronen en protonen tollen rond in de kern. Boven: de symmetrieën van de 'achtvoudige pad'-classificatie van hadronen voor een octet en een tiental hadronen.

# Dorsoventraliteit

*de symmetrie van bewegende wezens*

---

Dieren zijn, per definitie, meercellige, voedseletende wezens en zijn praktisch allemaal in staat tot enige vorm van beweging. Deze kenmerken bepalen natuurlijk ook hun algehele vorm. Of ze nu over de grond lopen of zich ingraven, in water zwemmen of door de lucht vliegen, hun lichaam zal bestaan uit een linker- en rechterzijde, die ruwweg elkaars spiegelbeeld zijn. Omdat ze ook een voor- en achterkant hebben (en meestal een verschillende boven- en onderkant) zijn ze niet louter bilateraal, maar dorsoventraal. Dit is de beste ordening voor het moeten bewegen in een bepaalde richting (*zie blz. 259*). Niet alleen dieren hebben deze symmetrie; voorwaarts bewegende voertuigen als auto's, boten en vliegtuigen zijn ook volgens dit symmetrische principe geordend.

Er zijn andere kenmerken van dierlijke dorsoventraliteit die zich ontwikkelden met het vermogen tot beweging. Een voorwaartse beweging vraagt om voorwaarts gericht zicht en een voorwaarts geplaatste mond om efficiënt te voeden. Vinnen en ledematen kunnen juist beter lateraal worden geplaatst in symmetrisch evenwichtige posities.

Om de genoemde redenen is dorsoventraliteit de bestendige symmetrie van het dierenrijk, maar ze komt ook vrij veel voor in de plantenwereld, meestal in zygomorfe (onregelmatige) bloemen, bij verreweg de meeste bladvormen (*onder*) en in veel bladschikkingen.

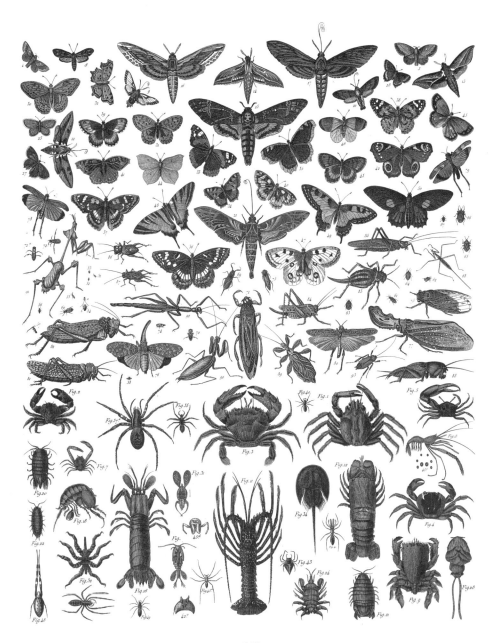

# ENANTIOMORFIE
*links- en rechtsdraaiend*

Onze dorsoventrale lichaamsvorm geeft ons onder andere een paar handen die in de meeste opzichten gelijk maar gespiegeld zijn. Hetzelfde geldt voor onze voeten, uiteraard, en voor hoorns en vlindervleugels en vele andere dierenkenmerken (1). Maar de mogelijkheid voor een figuur of object om op deze manier in twee aparte vormen te bestaan, blijft niet beperkt tot de spiegelsymmetrieën van levende organismen. Elke spiraal moet bijvoorbeeld kiezen of hij met of tegen de klok in draait (2) en elke helix kan maar op een van de twee manieren verschijnen in drie dimensies (3).

In feite heeft elk object waarvan de structuur een draaiing vertoont, de mogelijkheid van alternatieve vormen. Schelpen zijn er in zowel links- als rechtshandige types (sommige soorten opteren voor één bepaald type, bij andere lijkt het toeval) (4). Een enigszins vergelijkbare situatie doet zich voor bij het wentelen van wijnranken en andere klimplanten (de meeste kiezen voor rechtsom, een minderheid is links).

In de chemie heet dit fenomeen 'chiraliteit' en het bekendste mineraal met dit kenmerk is kwarts (5). Chiraliteit is vooral belangrijk in de organische chemie, want veel biologische moleculen, waaronder aminozuren (de componenten van eiwitten) en DNA, zijn homochiraal, dat wil zeggen: ze draaien in dezelfde richting. Dit betekent in feite dat de hele chemische basis van het leven zelf chiraal is. In een vroeg stadium van de oorsprong van het leven op aarde opteerden de eerste moleculen die zichzelf wisten te vermenigvuldigen voor een specifiek stereochemisch profiel en bepaalden daarmee de gehele rechtshandige loop van de evolutie.

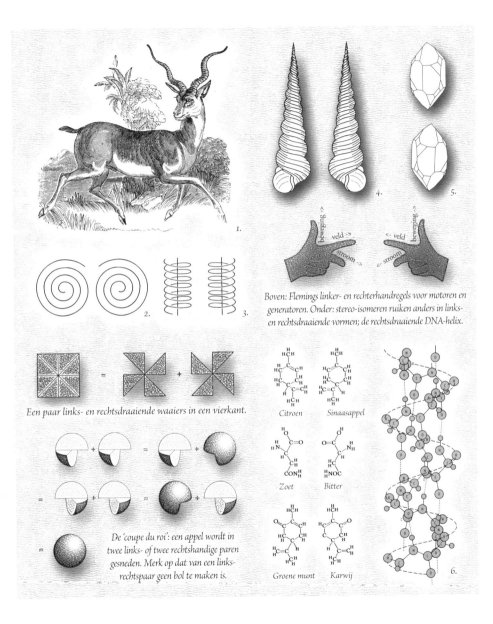

# Kromming en stroming
*golven en draaikolken, parabolen en ellipsen*

---

Tot nu toe lag de nadruk op de meer statische geometrieën van rotatie, reflectie enz. Met symmetrieën van kromming, waarvan vele betrokken zijn bij beweging en groei, betreden we de dynamische dimensie (*1-3*).

De kegelsnedes (*4*) werden voor het eerst onderzocht door Menaechmus in Plato's Academie in de vierde eeuw voor Christus, maar pas in de renaissance besefte men het belang van hun rol in de fysica. In 1602 bewees Galilei dat de baan van een geworpen voorwerp een parabool beschrijft. Niet lang hierna ontdekte Kepler de elliptische aard van planetaire beweging. Later besefte men dat de hyperbolische kromme elke relatie kon vertegenwoordigen waarin één eenheid omgekeerd evenredig reageert op een andere (zoals in de wet van Boyle). Dit soort ontdekkingen waren typisch voor de manier waarop een breder begrip van de aan wiskunde inherente symmetrieprincipes de verborgen eenheid van de natuur begon te onthullen.

Ook golfvormen drukken symmetrie uit, zowel in hun lengte als in hun periode; een simpele sinuskromme kan worden gezien als een projectie op het vlak van een punt die met uniforme snelheid rond een cirkel beweegt (*5*). Circulaire beweging is in feite een component van elke golfachtige gebeurtenis. Als deze regelmatig toe- of afneemt, produceert ze een typische sinusconfiguratie.

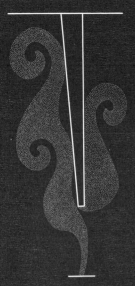

1. Wervelingen door een gesplitste luchtstroom in een orgelpijp.

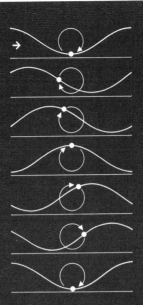

2. De golfbeweging in een vloeibaar medium is circulair.

3. Een streng Kármán-wervelingen veroorzaakt door een obstructie.

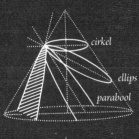

4. Kegelsnedes en elliptische reeks

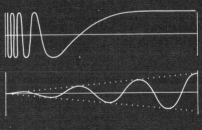

5. Boven en midden: sinusgolven.
Onder: riviermeanders neigen naar sinusprofielen.

# Spiralen en helices
## *lievelingsstructuren van de natuur*

Van alle regelmatige krommen zijn spiralen en helices waarschijnlijk het meest gebruikelijk. Ze komen in de hele natuur voor, in vele vormen en op elke schaal: in spinnenwebben (*1*), sterrenstelsels (*2*), het spoor van deeltjes (*3*), hoorns (*4*), schelpen (*5*), plantstructuren en DNA (*6*). Het is duidelijk een van de lievelingspatronen van de natuur.

In zuiver geometrische termen zijn er drie soorten gewone vlakke spiralen (*onder*): de archimedische (*a*), de logaritmische (*b*) en die van Fermat (*c*). De archimedische spiraal is wellicht de simpelste en bestaat uit een reeks parallelle, op gelijke afstand gelegen lijnen (als in lp's). Logaritmische spiralen zijn de meest intrigerende en complexe, met name de 'gulden' spiraal (*8*), die wordt geassocieerd met de fibonaccireeks (*zie blz. 266*). Logaritmische spiralen hebben de eigenschap van zelfgelijkenis: ze zien er op elke schaal hetzelfde uit. In de Fermat-spiraal omsluiten opeenvolgende windingen gelijke gebieden van groei, wat zijn verschijning verklaart bij fyllotaxis, de schikking van bladen en bloemen aan een stengel.

Helices zijn symmetrisch rond een as en draaien dus altijd in een bepaalde richting (*d*). Uitbreidingssymmetrie zorgt ervoor dat helices geleidelijk breder worden (*e*); ze kunnen zich ook uitdrukken in een willekeurig aantal strengen, op de manier waarop touw wordt gemaakt (*f*).

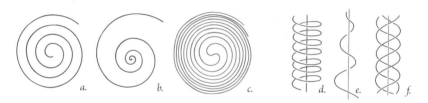

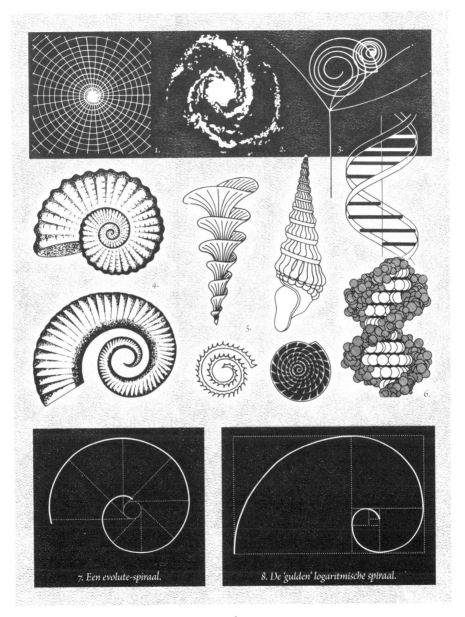

7. Een evolute-spiraal.

8. De 'gulden' logaritmische spiraal.

# Fantastische Fibonacci
*gulden hoeken en een gulden getal*

---

Eind twaalfde eeuw raakte een jonge Italiaanse douanebeambte geïntrigeerd door een reeks getallen die wiskundigen sindsdien heeft gefascineerd. Leonardo di Pisa (bijnaam 'Fibonacci') ontdekte een cumulatieve progressie waarbij elk getal de som is van de voorgaande twee: 1, 1, 2, 3, 5, 8, 13, 21, 34 enz. Hij zag ook dat deze reeks enkele speciale wiskundige eigenschappen heeft. De Fibonacci-getallen zijn vaak betrokken bij plantengroeipatronen, met name bij de schikking van bloembladen en zaden. Het aantal bloembladen is vrijwel altijd een Fibonacci-getal. Sparappels hebben reeksen van drie en vijf (of vijf en acht) verstrengelde spiralen; ananassen hebben acht rijen schubben die één kant opdraaien, en dertien in de andere richting, enz. De reeks is ook te zien in fyllotaxis, de configuratie van bladen en takken.

De fibonaccireeks is gefocust op het 'gulden getal', Φ, of phi: als de rij oploopt, nadert de verhouding tussen twee opeenvolgende getallen steeds meer 1,618. Een verwant fenomeen zien we bij de opeenvolgende primordia in fyllotaxis, die steeds een 'gulden' hoek maken van 137,5° (360°/Φ²). Deze ordening zorgt voor het efficiëntste gebruik van ruimte in opeenvolgende takken, bladeren en bloemen. Fibonacci-patronen zijn niet alleen te zien in organische vormen, maar ook in de fysieke wereld, van nanodeeltjes tot zwarte gaten.

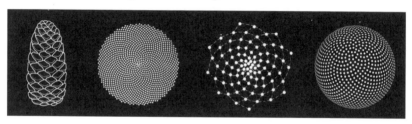

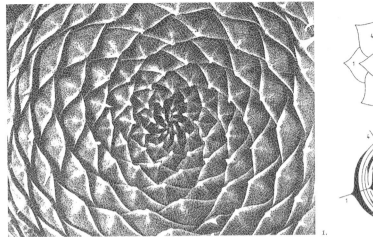 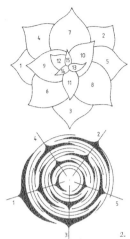

1. Fyllotaxis, 13:8-verhouding in een cactus. 2. 8:5, 8 blaadjes in 5 wendingen tegen de klok in, met elk 8e blad boven een ander. 3. Wederom 8:5. 4. Een zeldzaam geval van Lucas-fyllotaxis: 11:7 (zie blz. 312). 5. Een zonnebloem met 89:55-verhouding op een Fermat-spiraal. Tel de spiralen in elke richting.

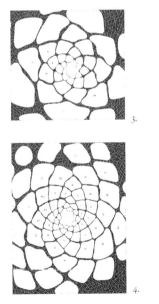 

# Vertakkingen
## *distributiepatronen*

Vertakte netwerken kunnen worden voorgesteld als reëel bestaand (bomen, rivieren) of als mentale concepten die onafhankelijk van een fysieke weergave bestaan. In het laatste geval kunnen vrij complexe systemen worden gegenereerd via vrij simpele regels (*blz. 269, onder*).

Een van de fascinerendste aspecten van vertakking is dat vergelijkbare vormen uitgedrukt kunnen worden in een volkomen andere setting. In bliksemflitsen zitten bijvoorbeeld vertakkingshiërarchieën die erg lijken op die van riviersystemen. Er is mogelijk zelfs nauwe correspondentie tussen formaties die uiteengaan en die zich samentrekken (*onder*). In beide gevallen gaat het bij werkende vertakkingssystemen om de efficiënte verdeling van een vorm van energie. Het zijn de simpelste manieren om elk deel van een bepaald gebied te verbinden via de kortste algehele afstand (of minste arbeid).

De verborgen symmetrieën in vertakte formaties zitten in het tempo en de verhoudingen van bifurcatie. Zo kunnen in een simpele voortgang drie stroompjes uitlopen in een stroom, drie stromen in een zijrivier en drie zijrivieren in een rivier. Dit soort progressie is in feite een gebruikelijk patroon, niet alleen bij rivieren en planten, maar ook bij dierlijke vaatsystemen. De regels die vertakking in de natuur bepalen, zijn meestal ingewikkelder dan dit, maar relatief eenvoudige algoritmes kunnen niettemin uiterst complexe vormen creëren.

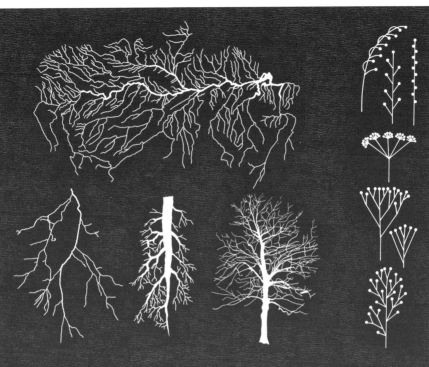

*De algemene kenmerken van vertakkingspatronen, of het nu rivieren, elektrische ontladingen of die van biologische systemen betreft, zijn dat ze uitwaaieren (of convergeren) en dat alle takken van een bepaald formaat altijd in aantal worden overtroffen door die van de volgende, kleinere dimensie.*

# Fascinerende fractals
*zelfcontinuering tot de n-de graad*

---

Er zijn veel natuurlijke fenomenen waarop de term 'symmetrisch' niet van toepassing lijkt. Zo geven de amorfe vormen van wolken, de ruige contouren van bergen, de turbulentie van stromen en de ongelijkheid van mossen een indruk van rommelige onregelmatigheid. Maar er zitten consistenties in al deze zaken en de ontdekking daarvan heeft het idee van zelfgelijkenis en van symmetrie zelf enorm uitgebreid.

Veel natuurlijke vormen ogen wel erg complex en onregelmatig, maar bezitten een herkenbare statistische zelfgelijkenis. Dit betekent dat ze er hetzelfde uitzien over een reeks van verschillende schalen, en de mate van deze fractaliteit kan precies worden gemeten. Een omgekeerde toepassing van dit idee is dat uiterst complexe fenomenen wellicht een verborgen orde hebben, dat vrij simpele formules zeer ingewikkelde figuren kunnen creëren. De Mandelbrot-verzameling (*blz. 271, achtergrond*) is een van de meest complexe voorbeelden van dit effect.

Veel organische structuren vertonen de fractaleigenschappen van zelfgelijkenis, zoals de dierlijke bloedsomloop. Het zich vertakkende systeem van bloedvaten herhaalt zich op steeds kleinere schaal en zorgt voor de efficiëntste bloedsomloop in alle delen van het lichaam.

In de wiskunde zijn veel fractals onbeperkt in schaal en kunnen ze theoretisch doorgaan tot in het oneindige, maar dat is zelden het geval in de echte wereld, zeker niet in levende wezens, waar geldt dat alles in functie staat van een doel. Bloedvaten verkleinen niet tot het oneindige, net zomin als de windingen-in-windingen van de fractale bloemkool zich eindeloos doorzetten. De natuur gebruikt fractalgeometrie waar dat voordelen heeft.

Sierpinski-driehoek    Koch-sneeuwvlok    Sierpinski-tapijt/kubus    Sierpinski-zeshoek

Fractals hebben geleid tot grote vorderingen in computerwetenschap en chaostheorie, maar hun geometrie heeft een eigen historie. Bovenstaande vormen uit begin 20e eeuw werden eerst gezien als wiskundige curiositeiten die de vermenging van eindige ruimte met oneindige grenzen demonstreerden.

# Penrose-betegelingen en quasikristallen
## *verrassende vijfvoudige symmetrieën*

Halverwege de jaren 1980 werd de wereld der kristallografie verrast door de melding van een geheel nieuw materiaal, ergens tussen de kristallijne en amorfe toestand. Met name opmerkelijk aan deze nieuwe toestand was dat die zich voordeed op basis van een vijfvoudige symmetrie, een overtreding van de basiswetten der kristallografie. De destijds heersende opinie was dat alleen twee-, drie-, vier- en zesvoudige symmetrieën een traliestructuur konden creëren waarop kristallen werden gevormd. Het nieuwe materiaal, schechtmaniet (*3*) (vernoemd naar de ontdekker), werd al snel geclassificeerd als quasikristal, en geleidelijk deden zich meer voorbeelden van dit materiaal voor (dat ergens tussen echte kristallen en glas ligt).

Sterk vergrote microscoopbeelden en röntgendiffractiepatronen van quasikristalstructuren laten ongewone twaalfvlakkige symmetrieën zien en de gulden ϕ-verhouding (*onder*). Interessant genoeg waren de losse symmetrieën waarop ze zijn gebaseerd al begin jaren 1970 voorgesteld door wiskundige Roger Penrose. Penrose produceerde een paar niet-periodieke betegelingen op basis van vijfhoekige symmetrie (*4, 5, 6*). Net als quasikristallen hebben deze patronen, ondanks hun vijfvoudige symmetrie, elementen van een zich voortzettende orde en kunnen ze het vlak op een oneindig aantal manieren vullen.

1. Vloeipatroon met vijfvoudige symmetrie.

2. Vijfvoudig islamitisch decoratiemozaïek.

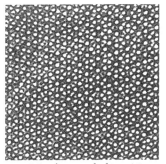
3. Microfoto van schechtmaniet, met vijfvoudige structuur.

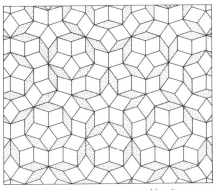
4. Penrose-betegeling nr. 1, met twee gulden diamanten.

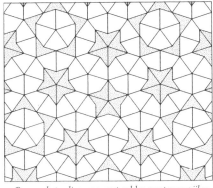
5. Penrose-betegeling nr. 2, met gulden punten en pijlen.

6. Vijfhoeken alleen kunnen het vlak niet vullen, Penrose-tegels wel.

7.

7. De romboëdrische triacontaëder, het 3D-equivalent van een Penrose-tegel, is de bouwsteen van een quasikristal.

8. Er ontstaan schechtmaniet-'sneeuwvlokken' als een aluminium-mangaanlegering snel afkoelt.

8.

# Asymmetrie
*de paradox van wisselvalligheid*

---

Waar eindigt symmetrie en begint asymmetrie? Kijk eens goed naar het ronde mozaïek op blz. 234. Is het symmetrisch of niet? Er is een duidelijke algehele symmetrie, maar nader onderzoek leert dat er verschillende ontwerpen in elk medaillon zitten en hetzelfde geldt voor hun randen. Dus deze compositie is wellicht het best te omschrijven als een ietwat verstoorde symmetrie. Dit illustreert de in de inleiding (*blz. 237*) vermelde paradox: dat het idee van symmetrie in wezen onlosmakelijk verbonden is met dat van asymmetrie.

Een van de belangrijkste recente ontdekkingen is dat het idee van 'verbroken' symmetrie diepe kosmologische implicaties heeft (*meer hierover op blz. 282*), maar het is duidelijk dat heel veel dingen in de wereld dit kenmerk vertonen. Overal waar u kijkt, zijn er vele soorten en diverse graden van afwijking van symmetrie. Het menselijk lichaam is bijvoorbeeld bilateraal (of dorsoventraal) in zijn algemene vorm en sommige organen, zoals longen en nieren, maar andere, zoals het spijsverteringskanaal, hart en de lever, volgen deze symmetrie niet. En zelfs de algemene symmetrie is slechts een benadering. De meesten van ons hebben een dominante hand en een dominant oog, en subtiele verschillen tussen de linker- en rechterkant van het gezicht.

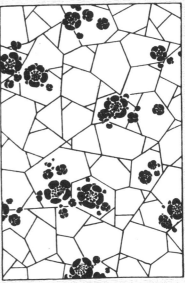

Blz. 274: bij levende organismen komen de afwijkingen van bilateralisme vaak voort uit evolutionaire aanpassingen. Als een spiegelsymmetrie geschikt of nodig is, blijft ze intact; waar dat niet zo is, kan ze worden aangepast of afgeschaft. Veel soorten opteren voor eenzijdigheid en de kruisbek, wenkkrab en het begoniablad hadden vast goede redenen voor de ontwikkeling van hun asymmetrieën.

In kunst en design kunnen om diverse redenen opzettelijk asymmetrieën worden gebruikt. Dat kan gebeuren uit geloof of bijgeloof of gewoon om een bepaalde dynamische spanning te creëren (vooral te zien in Japanse kunst). Wat de redenen ook zijn, het ironische is dat opzettelijke asymmetrie een stilzwijgende erkenning is van het idee van symmetrie zelf. Asymmetrie in kunst is dus vaak een reactie op dit basale ordeningsprincipe.

# Zelforganiserende symmetrieën
*regelmatigheden in niet-lineaire systemen*

Er zijn veel natuurlijke patronen die subtielere regelmatigheden vertonen dan de zeer geordende symmetrie van kristallen. Sommige ervan worden gegenereerd via vrij simpele regels, andere door een complex van factoren, maar vele ontstaan uit enige vorm van zelforganisatie. Deze *li (blz. 275 en blz. 388-391)* drukken een zekere universaliteit uit; hun symmetrieën zijn vaak thematisch en vloeiend in plaats van rigide en statisch. De kabbelpatronen aan een zeekust worden bijvoorbeeld gecreëerd door een veelvoud aan factoren, zoals getijden, stromingen, winden, zwaartekracht en zonnewarmte. Allemaal worden ze aangezet tot een zelforganiserende, zelfbegrenzende orde waarvan de charme berust op het repetitieve maar toch eindeloos variëerbare.

Ook rivieren zijn zelforganiserend; ze neigen altijd naar vergelijkbare meanderende paden. Er is een vaste kwaliteit in deze lussen en bochten, die overeenstemmen met duidelijk omlijnde wiskundige parameters. Zulke restricties sturen ook de hiërarchische patronen van rivierbekkens. Rivieren geven vorm aan het terrein waar ze doorheen stromen en worden op hun beurt zelf gevormd, maar er zijn vele subtiele factoren die die vorm beperken en beïnvloeden.

'Schaalconstante' symmetrieën doen zich ook voor in breukpatronen van gedroogde modder en glazuurcraquelé. Dit soort patronen verschijnt meestal als gevolg van door krimping veroorzaakte spanning. Er zijn varianten in de manier waarop verschillende materialen breken, maar ze worden altijd gekenmerkt door een algehele consistentie op vaak diverse schalen. Ze worden gevormd, en beperkt, door het oplossen van spanning en zijn dus progressief en zelforganiserend – en uiteraard zijn ze vaak fractaal van aard.

# Symmetrieën in chaos
*regelmatigheden in zeer complexe systemen*

Constantheid is een voorwaarde voor symmetrie, dus lijkt turbulentie, hét toonbeeld van een verstoord systeem, op het eerste gezicht geen kandidaat voor wat voor symmetrie dan ook. De fysica van turbulente systemen is nog niet volledig doorgrond, maar de ontdekking van de rol van 'vreemde aantrekkers' in het proces heeft tot nieuwe inzichten en een nieuw wiskundig instrument voor zulke complexe systemen geleid.

De cryptische geometrie van vreemde aantrekkers was deel van de nieuwe niet-lineaire wiskunde van chaostheorieën (de revolutie waarin fractals voor het eerst verschenen). Dynamische systemen worden gezien in een geometrische ruimte, waarvan de coördinaten worden ontleend aan de systeemvariabelen. In lineaire systemen is de geometrie binnen deze faseruimte simpel, een punt of een regelmatige kromme; in niet-lineaire systemen betreft het veel complexere vormen, de vreemde aantrekkers. Een van de bekendste is de Lorenz-aantrekker (*1, 2*), die de basis vormt van chaosmodellen voor weersvoorspellingen. Een ander klassiek voorbeeld is het druipendekraanexperiment (*3*), dat fraaie regelmatige vormen oplevert binnen schijnbare willekeur.

Zoals we zagen, is fractaalgeometrie intrinsiek aan veel aspecten van chaostheorie – en fractals zijn, zoals te voorzien was, nauw geassocieerd met aantrekkers. In feite zijn alle vreemde aantrekkers fractal, zoals de Feigenbaum-afbeelding, die een soort meesteraantrekker is. Het Feigenbaum-getal, de kern van deze afbeelding, voorspelt de complexe, periode verdubbelende waarden voor een hele reeks niet-lineaire fenomenen, waaronder turbulentie (*4*). De Feigenbaum-waarde is recursief en verschijnt overal waar herhaalde periodeverdubbeling optreedt. Ze is, kortom, een universele constante, zoals pi of phi, en heeft vergelijkbare symmetrische potentie.

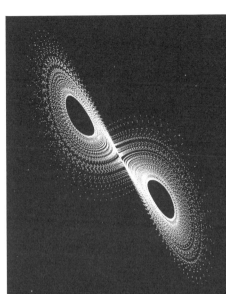

1. De Lorenz-aantrekker vertoont twee symmetrische toestanden, waartussen hij nu en dan switcht.

2. Een zwakkere Lorenz-aantrekker produceert een complexere zone van mogelijkheden.

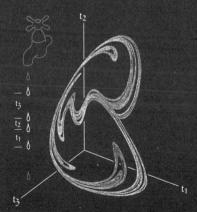

3. De tijden tussen opeenvolgende druppels uit een kraan ($t_1$, $t_2$ en $t_3$) vormen een vreemde aantrekker in driedimensionale faseruimte.

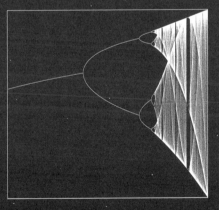

4. Een dynamisch vertakkend systeemdiagram toont de aanwezigheid van de fractale Feigenbaum-constante.

# Symmetrie in fysica
*constantheid en de natuurwetten*

---

Omdat de hoeveelheid energie in een gesloten systeem constant is, wordt de wet van behoud van energie nu gezien als een symmetriewet. In feite is de geschiedenis van de fysica (zeker in de moderne periode) heel goed te kenmerken als een geleidelijke ontdekking van zulke universele principes van behoud. De grote ontdekkingen van Galilei en Newton over zwaartekracht betroffen bijvoorbeeld in wezen natuurwetten die de materiële wereld enorm beïnvloeden, maar er in zekere zin onafhankelijk van zijn. Met zijn wet van een symmetrische kracht die op alle objecten inwerkt, ontdekte Newton feitelijk de constante kwaliteit van zwaartekracht, die overal in het universum dezelfde is. Door deze wetten uit te breiden naar een bewegende of versnellende observant, voegde Einstein nog meer symmetrieën toe, de basis van zijn theorie van algemene relativiteit.

Zwaartekracht wordt nu gezien als slechts een van de vier fundamentele krachten die achter alle natuurlijke fenomenen liggen. In een van de grootste intellectuele prestaties van de twintigste eeuw legde wiskundige Emmy Noether een verband tussen deze dynamische krachten en het abstracte idee van symmetrie. Omdat de natuurwetten gelijk van toepassing zijn in de gewone ruimte, kan men ze translatorische symmetrie toedichten, een consequentie (of equivalent) van de wet van behoud van impulsmoment. Natuurwetten veranderen ook niet in de tijd, wat leidt tot een behoudswet, in dit geval het behoud van energie. In de fysica is er nu een absolute connectie tussen symmetrie en natuurwetten, zodat fysici bewust zoeken naar constantheid op hun speurtocht naar nieuwe behoudswetten.

De realiteit lijkt doorspekt met verborgen symmetrieën.

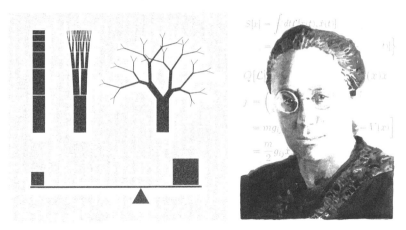

*Linksboven: verborgen symmetrieën: Leonardo da Vinci's vermoeden dat de totale dwarsdoorsnede van een boom dezelfde blijft op alle vertakkingsniveaus en een balans die laat zien: kracht = massa × afstand.
Rechtsboven: Emmy Noether en haar stelling uit 1915: 'Voor elke continue symmetrie van de natuurwetten moet een behoudswet bestaan. Voor elke behoudswet moet een continue symmetrie bestaan.'
Onder: de refractie of buiging van licht in andere media is het best te begrijpen in termen van Noethers stelling als we beseffen dat een foton altijd de snelste beschikbare weg van bron naar bestemming kiest.*

# Symmetrie in kunst
*beperking en creatieve potentialiteit*

De artistieke impuls lijkt een universele menselijke neiging, maar de doelen, methodes en rollen binnen samenlevingen zijn even divers als de culturele omgevingen zelf. Kunst kan een magisch of religieus doel hebben en kan figuratief of decoratief zijn. Maar wat het doel of de functie ook is, vaak drukt ze een stijl uit die typisch is voor een bepaalde tijd en plaats. Als er symmetrieën aanwezig zijn in kunst, zijn ze nauw verbonden aan zo'n stijl, omdat symmetrie een organiserend principe is. Mensen lijken symmetriebewuste wezens, patroonzoekers van huis uit, dus symmetrieprincipes zijn nooit volledig afwezig als mogelijkheden in de kunst in het algemeen. De rol van verhoudingen en symboliek in schone kunsten en architectuur bekijken we later (*blz. 286*), maar door de bank genomen vinden we symmetrische schikkingen vooral in decoratieve kunst.

In de kunst van tribale volken zien we de basale symmetriefuncties van reflectie en rotatie. Vooral bilaterale schikkingen zijn erg effectief om een compositie te organiseren, een methode die alom in gebruik is in zowel 'primitieve' als ontwikkelde samenlevingen. Ook dihedrale symmetrieën zijn wijdverbreid en vinden hun ultieme expressie in de mooie roosvensters van gotische kathedralen (*10*). Er zijn echter grote culturele variaties in de rol van symmetrie in kunst. In sommige speelt ze een kleine rol, terwijl in andere de mogelijkheden grondig worden uitgediept. Interessant genoeg is die fascinatie (of het gebrek daaraan) in tal van samenlevingen te vinden, van tribale tot meer ontwikkelde. Natuurlijk hebben de kunsttradities die altijd al neigden naar symmetrie vaak een rijker vocabulaire opgebouwd in dit opzicht en een groter bereik van decoratieve mogelijkheden onderzocht.

1. Pueblo-aardewerk

2. Keltisch vergiet

3. Inca-schaal

4. Islamitisch motief

5. Seltjoeks mozaïek

6. Romaans patroon

7. Perzisch keramiek

8. Doos; noord-Pacifische kust

9. Detail van Ainu-mantel

10. Voorbeelden van gotische roosvensters

# Passie voor patronen
## *de blijvende aantrekkingskracht van herhalingen*

Patronen ontstaan bijna vanzelf bij elke herhaaloperatie (zoals breien, weven, metselen, tegelen enz.) en patroonvorming is vaak een integraal deel van de stilistische conventies van een cultuur. En hoewel de meeste culturen wel patronen hebben gebruikt als deel van hun decoratieve repertoire, lijken sommige, in verschillende periodes en in verschillende delen van de wereld, gefixeerd door patronen als artistiek expressiemiddel. De complexe variaties van islamitische patronen zijn welbekend, maar er zijn net zulke sterke tradities in de Keltische wereld, Meso-Amerika, Byzantium, Japan en Indonesië. Maar ook wie afkomstig is uit een cultuur die minder patroon geobsedeerd is, zal het herhaalde ornament heel goed kunnen waarderen. Het heeft een zekere universaliteit.

Voor regelmatige patronen moet de te decoreren ruimte altijd worden gemeten. Hiervoor hanteert de kunstenaar, bewust of niet, de regels voor de symmetriegroepen van vlakverdeling (*zie blz.386-387*). In de praktijk zijn deze grenzen niet zozeer een beperking als wel een extra kans om variatie te introduceren.

Interessant genoeg kwamen minstens twee kunsttradities – die van het oude Egypte en de islam – vrij dicht bij het gebruik van alle 17 klassen van vlakke patronen. Bij dergelijk onbewust maar systematisch onderzoek naar symmetriegroepen lijkt het onderscheid te vervagen tussen de artistieke activiteit van patrooncreatie en wetenschap, die als geheel kan worden gekenmerkt als een vorm van patroondetectie.

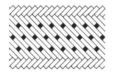   

# Symmetria
*sublieme verhoudingen*

---

De renaissance kende een opleving in de belangstelling voor klassieke opvattingen over symmetrie. Vitruvius' Romeinse idee van symmetrie als een harmonieuze schikking der delen was feitelijk ontleend aan Griekse ideeën over een fundamentele orde en harmonie in het universum en aan de filosofie van de school van Pythagoras, voor wie geometrie (met name die van verhoudingen) de sleutel vormde tot dieper begrip van de kosmos. Het idee van harmonieuze correspondentie tussen delen van een systeem en het geheel is verleidelijk, en er zijn heel wat aanwijzingen dat bepaalde speciale verhoudingen werden gebruikt in de klassieke architectuur, zowel in Europese als andere tradities. Dit gebruik werd enigszins voortgezet in die culturen die de klassieke traditie erfden, zoals in de islamitische wereld, in de gotische kathedralenbouw en in de opleving in de renaissance.

In zijn standaardwerk *De Architectura* deed Vitruvius de definitieve uitspraak over deze principes: 'Symmetrie komt voort uit proportie, proportie is de evenredigheid van de diverse onderdelen met het geheel.' (*Zie ook blz. 300*.) Onder invloed van deze ideeën introduceerde de renaissancearchitect Alberti een pythagorisch systeem van verhoudingen in de architectuur, waarin deze concepten werden gerelateerd aan de dimensies van het menselijk lichaam. Dit idee werd overgenomen door onder anderen Albrecht Dürer en Leonardo da Vinci.

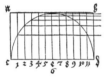

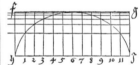

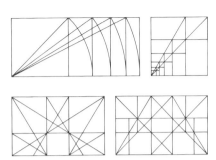

1. Uit diverse ratio's, waaronder √2, √3 en phi, kan een modulaire reeks evenredige rechthoeken worden gegenereerd.

2. Veel oude culturen kenden systemen van harmonieuze proportie in hun architectuur.

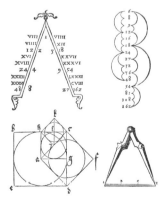

# Formalisme
*symmetrie als symbool voor stabiliteit*

Symmetrie wordt vaak toegepast op plaatsen en bij gelegenheden die formaliteit of status quo willen uitstralen en, in het verlengde daarvan, sociale orde en constitutioneel gezag. Dat is de onderliggende reden voor de symmetrie in de architectuur van paleizen, overheidsgebouwen, kerken en tempels. Ook ceremoniële uitingen, paleistuinen en hofdansen beantwoorden daarom aan allerlei formele regels. Symmetrie dient hierbij als symbool voor volharding en stabiliteit, waarmee uiteraard elk establishment zich wil identificeren (en die aanhangers graag imiteren). In wezen is formalisme dus een poging om zich naar een of ander idee van orde te schikken.

In elk formeel schema van deze soort verdwijnt individualisme meestal in het grotere patroon. Grote oeroude beschavingen als Egypte, Mesopotamië en Meso-Amerika, waar al het gedrag strikt was voorgeschreven, leveren de meest extreme voorbeelden van geformaliseerde maatschappijen. De enorme monumenten die ze nalieten, zijn het overtuigendste bewijs voor hun rigide denkwereld. De ontzagwekkende symmetrieën van piramides en ziggoerats waren niet alleen een link tussen hemel en aarde, maar stonden ook model voor de intens hiërarchische samenleving. Hun indrukwekkende, symmetrische monumenten symboliseerden vooral een duurzame stabiliteit.

Deze oude beschavingen legden het uiteindelijk af tegen dynamischer maatschappijen, maar hun gebruik van symmetrie als metafoor voor officiële orde en decorum leefde voort. Rituelen en ceremonie spelen nog steeds een grote rol in het politieke leven, en symmetrie is nog altijd een belangrijk onderdeel van de hele symboliek van legitimiteit.

# Empirische symmetrieën
*voorstellingen en voorschriften*

---

Symmetrie is een alomvattend principe. We zagen dat ze zich op tal van manieren ontwikkelt in natuurlijke structuren en dat symmetrieconcepten een essentieel middel zijn geworden voor een dieper begrip van de fysieke wereld. Het is ook helder dat symmetrie een esthetische dimensie heeft en bijdraagt aan dat uiterst ongrijpbare concept: schoonheid. Minder bevattelijk is de rol die dit ordenende principe in onze dagelijkse ervaring als sociale wezens speelt, maar dat die belangrijk is, staat buiten kijf. Om te beginnen is symmetrie een essentiële component van de basale sociale norm van wederkerigheid. We verwachten redelijkheid bij sociale uitwisselingen, en dit basisgevoel van redelijkheid is al even natuurlijk voor mensen als voor onze verwanten, de hogere primaten. In het verlengde hiervan moet elk rechtssysteem dit idee van evenredigheid uitstralen, wat gesymboliseerd wordt door het beeld van de weegschaal, de onmiskenbare verbeelding van symmetrie.

Ideeën van evenredigheid en wederkerigheid leveren ook een essentiële bijdrage aan geloofssystemen. De meeste religies stellen dat de daden in ons huidige leven in gelijke mate ons lot in het hiernamaals bepalen. De hemel heeft vaak een tegenpool in de vorm van de hel. Niet alle religieuze geboden zijn echter zo hardvochtig. Het wellicht elegantste religieuze voorschrift heeft de vorm van de gulden regel, die werd verkondigd door veel grote spirituele leiders, onder wie Confucius, Jezus Christus en Hillel (de regel is ook te vinden in de *Mahabharata* en *Leviticus* en bij de stoïcijnse filosofen). De regel stelt dat we anderen net zo moeten behandelen als we zelf behandeld zouden willen worden, een ethische houding die nauwelijks te verbeteren valt... en die een prachtige symmetrie uitdrukt.

Boven: een caleidoscoop draait een lukrake verzameling tot een fraai patroon.

Onder: materie en antimaterie, een elektron en een positron.

Boven: het gedrang van kwanta neemt een algehele symmetrische verdeling aan.

Onder: symmetrie in een koffiekop.

# DEEL VI

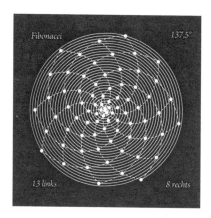

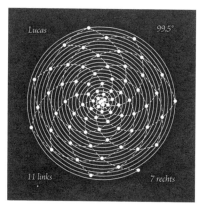

*Voorbeelden van twee soorten fyllotaxisspiralen in planten: Fibonacci (1, 1, 2, 3, 5, 8, 13, 21...) en Lucas (2, 1, 3, 4, 7, 11, 18, 29...).*

# DE GULDEN SNEDE

## HET GROOTSTE GEHEIM VAN DE NATUUR

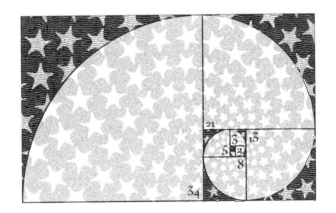

*Scott Olsen*

# Inleiding

De natuur draagt een groot mysterie in zich, dat nauwkeurig wordt bewaakt tegen degenen die de wijsheid maar zouden schenden of misbruiken. Nu en dan worden delen van deze traditie stilletjes onthuld aan diegenen die hun ogen en oren juist hebben afgestemd. De eerste vereisten zijn ontvankelijkheid, gevoeligheid, enthousiasme en een oprecht verlangen om de diepere betekenis te begrijpen van de natuurlijke wonderen om ons heen. De meesten van ons gaan half slapend door het leven, afgestompt soms, of zelfs verdoofd voor de exquise orde die ons omringt. Maar er resten nog voldoende aanwijzingen.

De esoterische traditie draait om de studie van getal, harmonie, geometrie en kosmologie en gaat door de nevelen der tijd terug tot de Egyptische, Babylonische, Indiase en Chinese culturen. Maar ze blijkt ook uit de formatie van steencirkels en ondergrondse kamers in het oude Europa, uit de neolithische stenen in Brittannië in de vorm van de vijf regelmatige veelvlakken, uit de artefacten en bouwwerken van de Maya's en andere Meso-Amerikaanse culturen, en uit de motieven die gotische steenhouwers in hun kathedralen verwerkten.

De grote pythagorische filosoof Plato zinspeelde ietwat vaag in zijn geschriften en lessen op een gulden sleutel die al deze mysteries verenigt.

Dit is wat ik u beloof: als u stap voor stap deze compacte kleine studie volgt, zult u tot slot een bevredigende en verbluffende glimp opvangen, zo niet een uiterst prikkelend begrip krijgen, van het Grootste Geheim van de Natuur.

# Het mysterie van phi
*de gouden draad van eeuwige wijsheid*

De geschiedenis van de gulden snede is lastig te ontwarren. Hij was al bekend in het oude Egypte en de pythagorische traditie, maar de eerste definitie is van Euclides (325-265 v.Chr.), die hem definieert als de verdeling van een lijn in 'extreme en gemiddelde verhouding'. De oudste bekende verhandeling erover is *De Divina Proportione* van de in schoonheid zwelgende monnik Luca Pacioli (1445-1517); ze werd geïllustreerd door Leonardo da Vinci, die ook de term *sectio aurea* ('gulden snede') bedacht zou hebben, al komt die term pas voor het eerst voor in het werk van Martin Ohm (1792-1872).

Er zijn heel wat namen voor deze mysterieuze sectie, zoals 'gulden verhouding', 'goddelijke verhouding', 'gemiddelde', 'verdeling' of 'snede'. In wiskundige notitie werd wel het symbool $\tau$ gebruikt, de eerste letter van het Griekse woord *tomè* ('snede'), maar gebruikelijker is $\Phi$ of $\phi$ ('phi'), de eerste letter van de Griekse beeldhouwer Phidias, die hem toepaste in het Parthenon.

Maar wat is die raadselachtige snede en wat is er zo fascinerend aan? Een van de eeuwige vragen van filosofen is hoe het Ene overging in het Vele. Wat is de aard van scheiding of verdeling? Is er een manier waarop delen een betekenisvolle relatie kunnen hebben met het geheel?

Plato (427-347 v.Chr.) stelt deze vraag in allegorische termen in *De republiek* en vraagt de lezer om 'een lijn ongelijk te verdelen'. Gebonden aan een pythagorische zwijgplicht die hem verbood de mysteries te onthullen stelde Plato vragen, in de hoop op een inzichtelijk antwoord. Waarom gebruikt hij een lijn en geen getallen? En waarom moeten we die ongelijk verdelen?

Voor het antwoord moeten we eerst iets leren over verhoudingen.

# Ratio, gemiddelde en proportie
## *continue geometrische proportie*

Ratio (*logos*) is de relatie van één getal tot een ander, zoals 4:8 ('4 staat tot 8'). Proportie (*analogia*) is een onderlinge verhouding tussen ratio's en behelst doorgaans vier termen, 4:8 :: 5:10 ('4 staat tot 8 als 5 staat tot 10'). De pythagoreeërs noemden dit 'discontinue proportie'. De constante of invariante ratio is hier 1:2, in zowel 4:8 als 5:10. Een omgekeerde ratio draait de termen om, 4:8 wordt dan 8:4 en de invariante ratio is nu 2:1.

Tussen de ratio van twee termen en de proportie van vier bevindt zich het gemiddelde van drie, waarvan de middelste term zich op dezelfde manier tot de eerste verhoudt als de laatste tot de middelste.

Het geometrische gemiddelde van twee getallen is gelijk aan de wortel van hun product. Van 1 en 9 is het geometrisch gemiddelde dus $\sqrt{1 \times 9} = 3$. Deze relatie wordt genoteerd als 1:3:9 of, omgekeerd, als 9:3:1. Ze kan ook completer worden genoteerd als een continue geometrische proportie, waarin de twee ratio's dezelfde invariante ratio van 1:3 herhalen: 1:3 :: 3:9. Hier is 3 het geometrische gemiddelde, aanwezig in beide ratio's; hij verbindt ze in een continue geometrische proportie van drie termen.

Voor Plato was de continue geometrische proportie het diepste kosmische verband. In zijn *Timaeus* verbindt de wereldziel de intelligibele wereld van vormen (inclusief zuivere wiskunde) boven in één harmonieuze resonantie samen met de zichtbare wereld van materie hieronder, via de reeksen 1, 2, 4, 8 en 1, 3, 9, 27. Dit resulteert in de uitgebreide continue geometrische proporties 1:2 :: 2:4 :: 4:8 en 1:3 :: 3:9 :: 9:27 (*blz. 301*).

## Ratio: tussen twee getallen *a* en *b*

| | |
|---|---|
| Ratio tussen *a* en *b* | *a*:*b*   of   *a*/*b* |
| Omgekeerde ratio | *b*:*a*   of   *b*/*a* |

## Gemiddelde: *b*, van *a* en *c*

Rekenkundig gemiddelde *b* van *a* en *c*  $\quad b = \dfrac{a+c}{2}$

Harmonisch gemiddelde *b* van *a* en *c*  $\quad b = \dfrac{2ac}{a+c}$

Geometrisch gemiddelde *b* van *a* en *c*  $\quad b = \sqrt{ac}$

## Proportie: tussen twee ratio's

Discontinu (4 termen)  
*a*:*b* :: *c*:*d*  
 bijv. 4:8 :: 5:10  
 heeft invariante ratio 1:2

Continu (3 termen)  
*a*:*b* :: *b*:*c* => *a*:*b*:*c*  
 *b* is het geometrisch  
 gemiddelde van *a* en *c*

## Plato's wereldziel:

uitgebreide continue geometrische proportie

1:2 :: 2:4 :: 4:8  
 invariante ratio 1:2  
 of 1/2

1:3 :: 3:9 :: 9:27  
 invariante ratio 1:3  
 of 1/3

*Lambda-diagram*

# Plato's verdeelde lijn
*weten waar precies te snijden*

---

Terug naar de puzzel: waarom vraagt Plato ons om een ongelijke snede? Een gelijke snede resulteert in een ratio van geheel:segment van 2:1, en de twee gelijke segmenten verhouden zich als 1:1. Deze ratio's zijn niet gelijk, dus is er geen proportie. Er is maar één manier om een proportie te vormen uit een simpele ratio en dat is via de gulden snede. Plato wil dat we een speciale ratio ontdekken waarbij het geheel zich tot het langere deel verhoudt als het langere tot het kortere. Hij weet dat dit resulteert in een continue geometrische proportie. Het omgekeerde geldt ook: het kortere deel verhoudt zich tot het langere als het langere tot het geheel.

En waarom een lijn en geen getallen? Plato besefte dat het antwoord een irrationaal getal is dat geometrisch kan worden ontleend aan een lijn, maar niet kan worden uitgedrukt als simpele breuk.

Als we dit probleem wiskundig oplossen en het gemiddelde (het langere deel) gelijkstellen aan 1, vinden we de grotere gulden waarde 1,6180339... (voor het geheel) en de kleinere gulden waarde 0,6180339... (het korte deel), die we respectievelijk aanduiden met Φ en φ (grote en kleine Griekse letter phi). Merk op dat zowel hun product als hun verschil 1 is (Eenheid). Bovendien is het kwadraat van Φ 2,6180339, oftewel Φ + 1. Merk ook op dat ze elkaars reciproque zijn, φ is 1/Φ.

Op de volgende bladzijden zullen we voor de grotere waarde Φ gebruiken, voor het gemiddelde Eenheid (1) en voor de kleinere 1/Φ.

Hieronder ziet u dat de Eenheid kan fungeren als het geheel, als het gemiddelde (langere deel) of als het korte deel.

# Phi op het vlak
*pentagrammen en gulden rechthoeken*

Als we van de eendimensionale lijn overgaan op het tweedimensionale vlak, duikt de gulden snede al snel op. Als we beginnen met een vierkant en vanaf een bovenhoek een boog trekken met als centrum het middelpunt van de onderkant, krijgen we een gulden rechthoek (*linksonder*). Belangrijk is dat de kleine rechthoek die we toevoegen zelf ook een gulden rechthoek is. Na de volgende stap hebben we een paar van deze kleinere gulden rechthoeken (*blz. 305, linksboven*). Als we een vierkant verwijderen van een gulden rechthoek krijgen we ook een kleinere gulden rechthoek. Dit proces kan oneindig doorgaan en levert een gulden spiraal op (*blz. 305, rechtsonder*).

De gulden snede verenigt op unieke wijze de delen en het geheel, maar is ook nauw betrokken bij de natuurlijke geometrie van het pentagram (*blz. 305, linksonder*), het symbool van het leven zelf. Elk snijpunt creëert lengtes die een gulden relatie hebben met elkaar. Eén arm van een pentagram bevat de sleutel tot een guldensnedespiraal als continue reeks van steeds kleinere driehoeken (*blz. 305, rechtsboven*).

De gulden snede van een lijn kunt u vinden door een dubbel vierkant op de lijn te zetten en het diagram te volgen (*rechtsonder*).

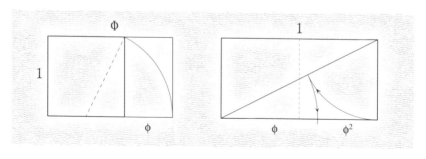

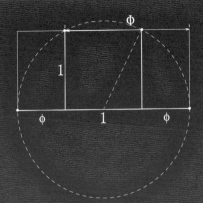

*kleine en grote waarde van phi ontleend aan een vierkant*

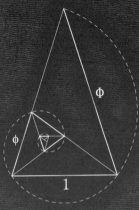

*gulden driehoek*

Basisoperatie van de gulden snede op het vlak, met gulden rechthoeken, gulden driehoeken en de Φ:1-relatie tussen de diagonaal van een pentagram en de zijde van de omsluitende vijfhoek. Kijk of u de onvermelde maten in het diagram hieronder kunt vinden.

*vierkanten verwijderen*

*raster creëren via rabatment*

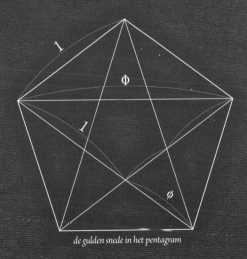

*de gulden snede in het pentagram*

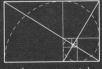

*verborgen centrum vinden*

# DE FIBONACCIREEKS
*springplank naar goud*

De natuur drukt de gulden snede uit via een simpele reeks hele getallen. De verbluffende fibonaccireeks (0, 1, 1, 2, 3, 5, 8, 13, 21, 34, 55, 89, 144, 233, 377...) is zowel additief (elk getal is de som van de vorige twee) als multiplicatief; hoe hoger de getallen worden, hoe dichter ze het voorgaande getal benaderen na vermenigvuldiging met $\phi$. Omgekeerd nadert elk getal, gedeeld door zijn kleinere buurman, $\Phi$, waarbij het quotiënt afwisselend iets meer of minder is dan $\Phi$ en steeds dichter bij de goddelijke limiet komt (*blz. 307, rechtsonder*). Elk Fibonacci-getal is bij benadering het geometrische gemiddelde van de twee getallen ernaast.

Hoewel de reeks pas later officieel werd vastgelegd, schijnt hij al bekend te zijn geweest bij de oude Egyptenaren en hun Griekse leerlingen. Edouard Lucas vernoemde hem in de negentiende eeuw uiteindelijk naar Leonardo di Pisa (ca. 1170-1250), ook bekend als Fibonacci ('Bonacci jr.'), die de reeks beroemd maakte via zijn oplossing voor de berekening van een konijnenpopulatie (*rechts*).

Fibonacci-getallen komen voor in stambomen van bijen, orkaanwolken, zelforganiserende DNA-nucleotiden en in de chemie, zoals bij de uraniumoxidevormen $U_2O_5$, $U_3O_8$, $U_5O_{13}$, $U_8O_{21}$ en $U_{13}O_{34}$, tussenproducten van $UO_2$ en $UO_3$.

Een schildpad heeft 13 hoornen platen in zijn schild (5 in het midden, 8 aan de zijkant), 5 tenen en 34 ruggengraatsegmenten. Een gabonadder heeft 144 wervels, een hyena 34 tanden en een dolfijn 233. Veel spinnen hebben 5 paar extremiteiten, met 5 delen aan elke extremiteit en een maag verdeeld in 8 segmenten, gedragen door 8 poten.

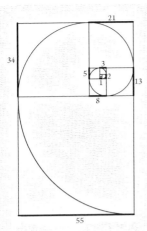

Gulden Fibonacci-spiraal

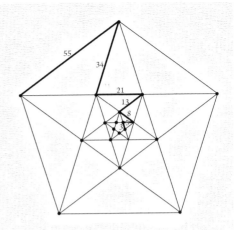

Fibonacci-getallen benaderen pentagramlengtes

| | | |
|---|---|---|
| 0 + 1 = 1 | 1/1 = 1 | 1/1 = 1 |
| 1 + 1 = 2 | 2/1 = 2 | 1/2 = 0.5 |
| 1 + 2 = 3 | 3/2 = 1.5 | 2/3 = 0.6666 |
| 2 + 3 = 5 | 5/3 = 1.6666 | 3/5 = 0.6 |
| 3 + 5 = 8 | 8/5 = 1.6 | 5/8 = 0.625 |
| 5 + 8 = 13 | 13/8 = 1.625 | 8/13 = 0.6154 |
| 8 + 13 = 21 | 21/13 = 1.6154 | 13/21 = 0.6190 |
| 13 + 21 = 34 | 34/21 = 1.6190 | 21/34 = 0.6176 |
| 21 + 34 = 55 | 55/34 = 1.6176 | 34/55 = 0.6182 |
| 34 + 55 = 89 | 89/55 = 1.6182 | 55/89 = 0.6180 |
| 55 + 89 = 144 | 144/89 = 1.6180 | 89/144 = 0.6181 |

Elke term is de som van de voorgaande twee

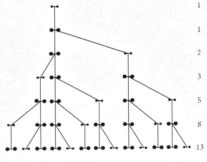

Aantal broedparen konijnen

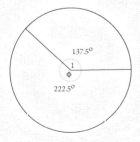

Gulden hoek, $360°/\Phi^2$

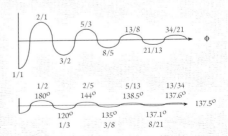

Fibonacci-ratio's neigen naar de gulden ratio

# Fyllotaxispatronen
*blaadjes aan een stengel*

---

Fyllotaxis kwam als wetenschap op in de negentiende eeuw en strekt zich uit van de spiraalpatronen van zaadjes in een zonnebloem, bloembladen van de margriet en schubben van dennenappels tot areola's van cactussen en andere plantpatronen. In de vijftiende eeuw merkte Da Vinci (1452-1519) op dat de zetting van bladeren vaak spiraalvormig was. Kepler (1571-1630) zag later dat de meeste wilde bloemen vijfhokkig zijn en dat er Fibonacci-getallen voorkomen in de bladschikking.

Rond 1754 bedacht Charles Bonnet de term 'fyllotaxis', naar het Griekse *phullon* ('blad') en *taxis* ('ordening'). In 1830 ontwikkelde Schimper het concept van de divergentiehoek van wat hij de 'genetische spiraal' noemde en zag hij de aanwezigheid van simpele Fibonacci-getallen. In 1837 ontdekten de gebroeders Bravais het kristaltraliewerk en de ideale divergentiehoek van fyllotaxis: $137,5° = 360°/\Phi^2$.

Het diagram van Church (*blz. 309, boven*) toont de hoofdkenmerken van spiraalfyllotaxis. Als de zaadknop expandeert, ontstaan er nieuwe primordia in een hoek van 137,5°. In het zevende item zien we de archimedische spiraal die het groeisel verbindt. De diagrammen hieronder (*naar Stewart*) tonen primordia met hoeken van 137,3°, 137,5° en 137,6°. Alleen de exacte hoek produceert een perfecte vulling.

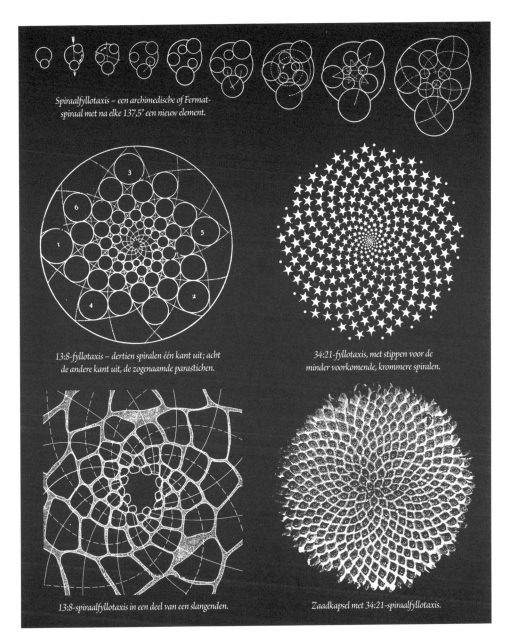

Spiraalfyllotaxis – een archimedische of Fermat-spiraal met na elke 137,5° een nieuw element.

13:8-fyllotaxis – dertien spiralen één kant uit; acht de andere kant uit, de zogenaamde parastichen.

34:21-fyllotaxis, met stippen voor de minder voorkomende, krommere spiralen.

13:8-spiraalfyllotaxis in een deel van een slangenden.

Zaadkapsel met 34:21-spiraalfyllotaxis.

# Orde achter diversiteit
*ze houdt van me, ze houdt niet van me*

De natuur kent drie basismanieren om bladen te schikken aan een stengel: tweerijig (als mais), kruis- of kransvormig (als munt) en, de meest voorkomende, spiraalfyllotaxis (bij circa 80% van de 250.000 soorten van hogere planten), waar de hoek van divergentie (rotatie) tussen bladen slechts een paar waarden kent, die allemaal dicht bij de Fibonacci-benadering van de gulden hoek liggen (137,5°). Dit patroon bevordert de fotosynthese, geeft elk blad het maximum aan zonlicht en regen, laat het vocht efficiënt naar de wortels lopen en biedt de beste kansen voor bestuiving.

Het aantal tegengestelde spiralen van zaden in een zonnebloem betreft doorgaans naburige Fibonacci-getallen, meestal 55:34 (1,6176) of 89:55 (1,6181). De getallen voor de schubben van dennenappels zijn meestal 5:3 (1,6666) of 8:5 (1,6). Artisjokken vertonen 8 spiralen één kant uit en 5 de andere kant uit. Ananassen hebben 3 spiralen, vaak 8, 13 en 21 (*onder*), waarbij 21:13:8 nadert tot $\Phi:1:1/\Phi^2$, met 21:13 (1,6153) en 13:8 (1,625), en 21:8 (2,625), wat neigt naar $\Phi^2$ of $\Phi^2 + 1$. En zo hebben wilgentakken 5 spiralen met elk 13 katjes.

Kijk de volgende keer als u in de natuur bent eens naar de bloemblaadjes van een margriet, tel de spiralen van een dennenappel of let op de katjes van een wilgentak.

*8 gradueel*

*5 gradueel*

*13 medium*

*8 steil*

*21 steil*

*Simpele fyllotaxis volgens Fibonacci-getallen – in elk geval a:b, a bladen worden geproduceerd in b wentelingen, waardoor de bladdivergentiehoek (b/a)360° is. Als a en b toenemen, nadert de divergentiehoek 137,5° en 222,5°.*

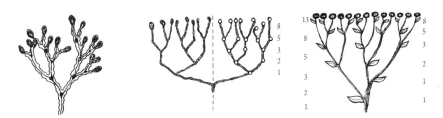

*Bruine algen (links), met een schema (midden) dat het aantal volgens Fibonacci-getallen verlopende vertakkingen toont. Ook wilde bertram (rechts) vertoont deze getallen bij telling van de stengels en bladeren.*

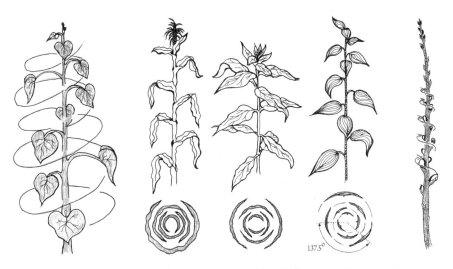

*De drie fyllotaxispatronen, tweerijig, kruisvormig en spiraal (naar Ball), tussen twee Fibonacci-spiralen. De plant links heeft 8 bladen in 5 wentelingen, de wilgentak rechts 13 katjes in 5 wentelingen.*

# LUCAS-GETALLENMAGIE
*perfect gevormde hele getallen uit irrationale*

Behalve de fibonaccireeks komt er in de natuur soms ook een andere reeks voor, vernoemd naar Edouard Lucas. Lucas-getallen (2, 1, 3, 4, 7, 11, 18, 29, 47, 76, 123, 199...) zijn in zoverre vergelijkbaar met die van Fibonacci dat ze ook additief (elk getal is de som van de twee voorgaande) en multiplicatief zijn (elk nieuw getal benadert het voorgaande als het wordt vermenigvuldigd met $1/\Phi$). In feite neigt elke additieve reeks naar de gulden ratio, alleen doen de rijen van Fibonacci en Lucas dat het snelst. Merk op dat de eerste vier hele getallen (de basis van de *tetraktys*) allemaal Lucas-getallen zijn.

Fascinerend aan de Lucas-getallen is dat ze worden gevormd door de oplopende gulden machten van $\Phi$ en zijn reciproque $1/\Phi$ afwisselend bij elkaar op te tellen en af te trekken, waarbij de twee irrationale delen steeds samenkomen of uiteengaan om hele getallen te vormen (*blz. 313, boven*). Dit zijn geen benaderingen maar absoluut exacte getallen! Dit bijzondere kenmerk kan worden uitgebreid naar de constructie van Fibonacci-getallen (*blz. 313, onder*). Het blijkt dat alle hele getallen kunnen worden geconstrueerd via machten van gulden getallen, wat een prikkelende nieuwe manier van wiskunde construeren oplevert: hele getallen verhullen stiekem hun innerlijke gulden machten.

Samen met de Fibonacci's worden de Lucas-getallen (zij het zeldzamer) gevonden in de fyllotactische patronen van zonnebloemen (bij sommige soorten 1 op de 10 keer) en in bepaalde ceders, sequoia's, balsembomen en andere soorten. In het algemeen komt de Lucas-divergentiehoek van $99,5° = 360°/(1 + \Phi^2)$ in 1,5% van de waargenomen fyllotactische plantpatronen voor, terwijl het aantal Fibonacci gestuurde divergentiehoeken (*blz. 294*) 92% is.

## Lucas-getallen

| | | | | | | |
|---|---|---|---|---|---|---|
| 0 | $2 = \Phi + 1/\Phi^2$ | $= 1{,}61803398\ldots + 0{,}38196601\ldots$ | | | 7 | |
| 1 | $1 = \Phi - 1/\Phi$ | $= 1{,}61803398\ldots - 0{,}61803398\ldots$ | | | = | |
| 2 | $3 = \Phi^2 + 1/\Phi^2$ | $= 2{,}61803398\ldots + 0{,}38196601\ldots$ | | $G^4$ | + | $L^4$ |
| 3 | $4 = \Phi^3 - 1/\Phi^3$ | $= 4{,}23606797\ldots - 0{,}23606797\ldots$ | | 6 | | 0 |
| 4 | $7 = \Phi^4 + 1/\Phi^4$ | $= 6{,}85410196\ldots + 0{,}14589803\ldots$ | | . | | . |
| 5 | $11 = \Phi^5 - 1/\Phi^5$ | $= 11{,}09016994\ldots - 0{,}09016994\ldots$ | | 8 | | 1 |
| 6 | $18 = \Phi^6 + 1/\Phi^6$ | $= 17{,}94427191\ldots + 0{,}05572808\ldots$ | | 5 | | 4 |
| 7 | $29 = \Phi^7 - 1/\Phi^7$ | $= 29{,}03444185\ldots - 0{,}03444185\ldots$ | | 4 | | 5 |
| 8 | $47 = \Phi^8 + 1/\Phi^8$ | $= 46{,}97871376\ldots + 0{,}02128623\ldots$ | | 1 | | 8 |
| 9 | $76 = \Phi^9 - 1/\Phi^9$ | $= 76{,}01315561\ldots - 0{,}01315561\ldots$ | | 0 | | 9 |
| 10 | $123 = \Phi^{10} + 1/\Phi^{10}$ | $= 122{,}9918693\ldots + 0{,}0081306\ldots$ | | 1 | | 8 |
| 11 | $199 = \Phi^{11} - 1/\Phi^{11}$ | $= 199{,}00502499\ldots - 0{,}00502499\ldots$ | | 9 | | 0. |

*De rij van Lucas: de getallen worden gevormd door het om en om optellen en aftrekken van de grote en kleine machten van de gulden snede. Merk op hoe bij de aftrekkingen de decimalen exact tegen elkaar wegvallen.*

*Het getal 7 wordt gevormd door de vierde machten van Φ en 1/Φ samen te voegen. Merk op dat de decimaalparen steeds samen 9 vormen.*

## Fibonacci-getallen

| | | | | | |
|---|---|---|---|---|---|
| 2a | $1 = \dfrac{\Phi^2 + 0}{\Phi^2}$ | $= \Phi^0 + 0/\Phi^2$ | $= G^0$ | | $= 1$ |
| 3 | $2 = \dfrac{\Phi^3 + 1}{\Phi^2}$ | $= \Phi^1 + 1/\Phi^2$ | $= G^1 + L^2$ | | $= 1{,}61803398\ldots + 0{,}38196601\ldots$ |
| 4 | $3 = \dfrac{\Phi^4 + 1}{\Phi^2}$ | $= \Phi^2 + 1/\Phi^2$ | $= G^2 + L^2$ | | $= 2{,}61803398\ldots + 0{,}38196601\ldots$ |
| 5 | $5 = \dfrac{\Phi^5 + 2}{\Phi^2}$ | $= \Phi^3 + 2/\Phi^2$ | $= G^3 + 2L^2$ | | $= 4{,}23606797\ldots + 0{,}76393202\ldots$ |
| 6 | $8 = \dfrac{\Phi^6 + 3}{\Phi^2}$ | $= \Phi^4 + 3/\Phi^2$ | $= G^4 + 3L^2$ | | $= 6{,}85410196\ldots + 1{,}14589803\ldots$ |
| 7 | $13 = \dfrac{\Phi^7 + 5}{\Phi^2}$ | $= \Phi^5 + 5/\Phi^2$ | $= G^5 + 5L^2$ | | $= 11{,}09016994\ldots + 1{,}90983005\ldots$ |
| 8 | $21 = \dfrac{\Phi^8 + 8}{\Phi^2}$ | $= \Phi^6 + 8/\Phi^2$ | $= G^6 + 8L^2$ | | $= 17{,}94427191\ldots + 3{,}05572808\ldots$ |

*Net als de Lucas-reeks kunnen Fibonacci-getallen worden uitgedrukt in machten van de gulden snede. Merk op dat de Fibonacci-getallen terugkeren in de vergelijkingen – deze kunnen via dezelfde techniek verder worden opgebroken in termen van gulden machten.*

# Alle wezens
## *de goddelijke symfonie des levens*

---

De natuur vertoont een scala aan prachtige en wonderlijke vormen. Planten, bomen, insecten, vissen, honden, katten, paarden en pauwen laten allemaal een interactie zien tussen symmetrie en asymmetrie. Gulden relaties worden vaak vertoond via gulden rechthoeken (*zie kevers en vissen, blz. 315; naar Doczi*) en hun onderverdeling in vierkanten en kleinere gulden rechthoeken. Dit legt de ratio's van het originele geheel vast in zijn zelfgelijkende delen, als weergave van de Φ:1:1/Φ-proportionele symmetrie die we de 'goddelijke proportie' noemen. Zoals Schwaller de Lubicz opmerkte in *The Temple of Man*: 'De impuls van alle beweging en alle vorm wordt gegeven door Φ.'

De overvloed aan natuurlijke vijfhoekvormen kan het gevolg zijn van de symfonie van gulden relaties in de vijfhoek en het pentagram (*onder, blz. 315, midden, uit Colman*). Veel zeedieren, zoals zeesterren, hebben een vijfvoudige vorm. Soms, zoals bij de passiebloem, is de vorm tienhoekig, een vijfhoek op een andere vijfhoek.

Zelfs de bouwstenen van het leven, ammoniak ($NH_3$), methaan ($CH_4$) en water, hebben interne bindingshoeken die de interne hoek van 108° van de vijfhoek naderen.

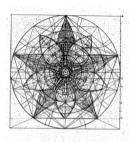 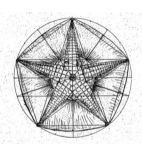 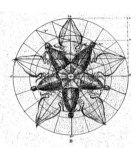

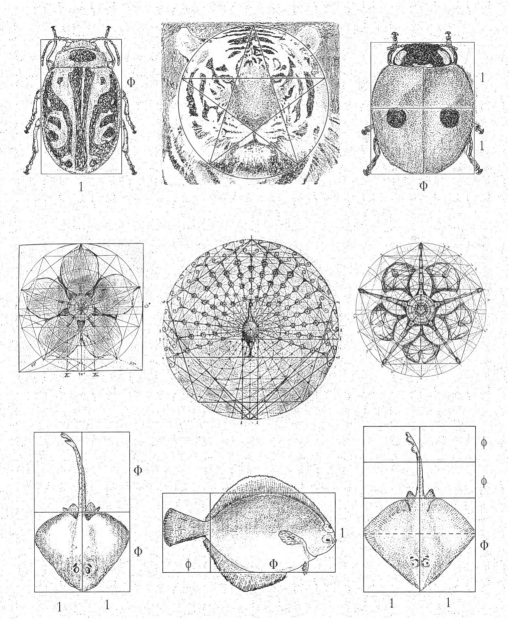

315

# Phi in het menselijk lichaam
## *in het beeld van het goddelijke*

Meer dan twintig jaar werden mijn studenten onderworpen aan metingen, waarbij hun lengte werd afgezet tegen de hoogte van hun navel om te zien of de navel inderdaad het lichaam verdeelt in de gulden snede, zoals de klassieke *Canon van Polykleitos* volgens sommigen beweerde. In al die jaren waren er een paar die de perfecte gulden snede benaderden. De meerderheid bleek erg dicht bij de benaderende Fibonacci-getalverhoudingen te komen, met name 5:3 en nu en dan 8:5.

De gulden snede manifesteert zich in het hele lichaam. De drie botten van elke vinger staan in gulden relatie en de pols verdeelt de hand en onderarm op de gulden snede. Fibonacci-getallen verschijnen in het gebit, met dertien tanden in elk kwart van de mond, verdeeld in vijf tijdens de kindertijd en acht als volwassene. De reis van kind naar volwassene bevat nog een verrassing: de navelstreng van een baby bevindt zich in het centrum en de geslachtsdelen op het gulden punt, maar bij een volwassene is dit omgekeerd, daar liggen de geslachtsdelen in het centrum en benadert de navel de gulden snede (*blz. 317, linksonder*).

In Da Vinci's tekening van een hoofd (*blz. 317, rechtsboven*) kadert een gulden rechthoek het gezicht in, met ogen, neus en mond.

Hieronder Dürers tekeningen van allesbehalve gulden gezichten.

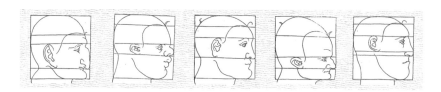

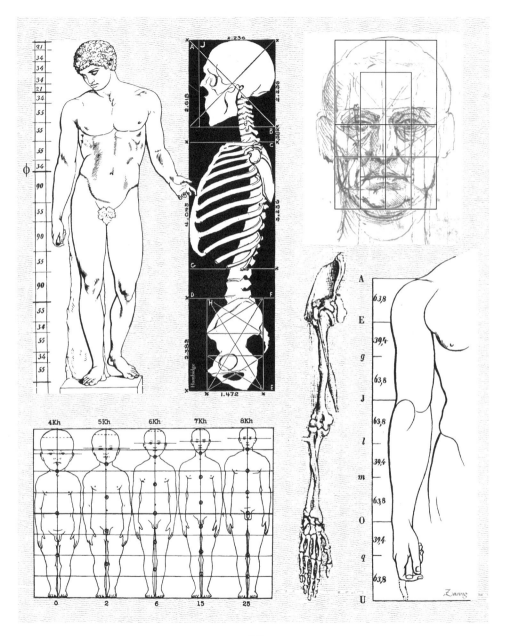

# Groei en krimp
*spiegelbeelden*

---

De natuur pulseert met cycli en ritmes van toe- en afname. Heraclitus, een presocratische invloed op Plato, merkte op: 'De weg omhoog en die omlaag zijn een en dezelfde.' Kijk maar naar het wassen en afnemen van de maan, de jaarcyclus, de interactie van dag en nacht, de adem van de getijden, de systole en diastole van het hart en de expansie en contractie van de longen. De explosieve groei van een ster wordt vaak gevolgd door een implosie, en de negatieve entropie in de geordende organisatie van het leven heeft een tegenwicht in de positieve entropie van wanorde en dood.

In de chaostheorie heerst de gulden snede over de chaosgrens, waar orde verandert in, en ontstaat uit, wanorde. De natuur streeft naar eenvoud en efficiëntie en lijkt een groei- en krimpproces te vergen dat tegelijkertijd zowel additief en vermenigvuldigend als subtractief en delend is. Aan die eis wordt alleen perfect voldaan door de machten van de gulden snede, en in de praktijk door de Fibonacci- en Lucas-benaderingen.

In de tabel (*blz. 319, rechtsboven*) is te zien dat we naar boven kunnen gaan in groei door zowel optelling als vermenigvuldiging, en naar beneden via aftrekken en delen. De spil is Eenheid, die fungeert als geometrisch gemiddelde in de gulden relatie van zowel de toename van het onvolkomen Kleinere als de afname van het overmatig Grotere.

Denk aan een eik. Hij schiet zo snel mogelijk omhoog uit een eikel, vertraagt dan, rijpt en vertakt zich in de ruimte tot aan een grens, waar hij een nieuwe relatieve eenheid wordt, die Aristoteles een 'entelechie' noemde, de te realiseren vorm. Net als Alice in Wonderland groeit en krimpt de natuur tegelijkertijd naar relatieve grenzen.

| n | Groter | Gemiddeld | Kleiner |
|---|--------|-----------|---------|
| 7 | $\Phi^7$ | $\Phi^6$ | $\Phi^5$ |
| 6 | $\Phi^6$ | $\Phi^5$ | $\Phi^4$ |
| 5 | $\Phi^5$ | $\Phi^4$ | $\Phi^3$ |
| 4 | $\Phi^4$ | $\Phi^3$ | $\Phi^2$ |
| 3 | $\Phi^3$ | $\Phi^2$ | $\Phi$ |
| 2 | $\Phi^2$ | $\Phi$ | 1 |
| 1 | $\Phi$ | 1 | $1/\Phi$ |
| 0 | 1 | $1/\Phi$ | $1/\Phi^2$ |
| -1 | $1/\Phi$ | $1/\Phi^2$ | $1/\Phi^3$ |
| -2 | $1/\Phi^2$ | $1/\Phi^3$ | $1/\Phi^4$ |
| -3 | $1/\Phi^3$ | $1/\Phi^4$ | $1/\Phi^5$ |
| -4 | $1/\Phi^4$ | $1/\Phi^5$ | $1/\Phi^6$ |
| -5 | $1/\Phi^5$ | $1/\Phi^6$ | $1/\Phi^7$ |
| -6 | $1/\Phi^6$ | $1/\Phi^7$ | $1/\Phi^8$ |
| -7 | $1/\Phi^7$ | $1/\Phi^8$ | $1/\Phi^9$ |

*groei – de weg omhoog –>*     *krimp – de weg omlaag <–*

De gulden reeksen hiernaast tonen de unieke, gelijktijdige additieve en vermenigvuldigende kwaliteiten van de gulden snede.

Vermenigvuldiging:
$G_{n+1} = G_n \times \Phi$

Optelling:
$G_{n+1} = G_n + Gem_n = G_n + G_{n-1}$

Deling:
$G_{n-1} = G_n / \Phi$

Aftrekking:
$G_{n-1} = Gem_n = G_n - K_n = G_n - G_{n-2}$

Deze vergelijkingen kunnen worden uitgebreid voor grotere en gemiddelde waarden.

Elke term is tegelijk de som van de voorgaande twee en het product van de vorige term, vermenigvuldigd met $\Phi$.

Dus: $\Phi^4 = \Phi^2 + \Phi^3 = \Phi^2 \times \Phi^2 = \Phi^3 \times \Phi$

Geen enkel ander getal weet zo optellen en vermenigvuldigen te mengen.

| G | Gem. | K | G | Gem. | K |
|---|------|---|---|------|---|
| 144 | 89 | 55 | 322 | 199 | 123 |
| 89 | 55 | 34 | 199 | 123 | 76 |
| 55 | 34 | 21 | 123 | 76 | 47 |
| 34 | 21 | 13 | 76 | 47 | 29 |
| 21 | 13 | 8 | 47 | 29 | 18 |
| 13 | 8 | 5 | 29 | 18 | 11 |
| 8 | 5 | 3 | 18 | 11 | 7 |
| 5 | 3 | 2 | 11 | 7 | 4 |
| 3 | 2 | 1 | 7 | 4 | 3 |
| 2 | 1 | 1 | 4 | 3 | 1 |
| 1 | 1 | 0 | 3 | 1 | 2 |
| FIBONACCI | | | LUCAS | | |

De Fibonacci-benadering van het geometrische gemiddelde wordt afwisselend gecorrigeerd door +1 of -1 onder de wortel te plaatsen: 3 is dan de benadering van het geometrische gemiddelde van 2 en 5, omdat $\sqrt{[(2 \times 5) - 1]} = \sqrt{9}$, en 5 is dat van 3 en 8, omdat $\sqrt{[(3 \times 8) + 1]} = \sqrt{25}$.

De Lucas-benadering van het geometrische gemiddelde wordt afwisselend gecorrigeerd door +5 of -5 onder de wortel te plaatsen: 4 is dan benadering van het geometrische gemiddelde van 3 en 7, omdat $\sqrt{[(3 \times 7) - 5]} = \sqrt{16}$, en 7 is dat van 4 en 11, omdat $\sqrt{[(4 \times 11) + 5]} = \sqrt{49}$.

# Exponenten en spiralen
*een uitgebreide familie van fraaie krommen*

In de natuur vindt gnomonische groei plaats door simpele aanwas. Het levert de fraaie logaritmische spiraalgroei op die we zien bij schelpdieren, die continu nieuw materiaal toevoegen aan het open einde van hun schelpen. Belangrijk daarbij is dat de schelp wel toeneemt in omvang, langer en breder wordt, maar zijn proporties handhaaft. Dit proces, dat ook zichtbaar is bij kristallen, is de simpelste groeiwet.

De gulden spiraal, die is ontleend aan Fibonacci-getallen en de arm van een pentagram (*onder*), is lid van de familie van logaritmische spiralen. Ze worden ook 'groeispiralen', 'gelijkhoekige spiralen' en soms *spira mirabilis*, 'wonderspiralen', genoemd. Bij een logaritmische spiraal is de kromming op elke schaal dezelfde en elke lijn vanuit het centrum raakt elk deel in exacte dezelfde hoek voor die spiraal. Zoom in op een logaritmische spiraal en u ontdekt nog een andere spiraal. Ze onderscheiden zich van archimedische spiralen, waarvan de wendingen op gelijke afstand van elkaar blijven, zoals een opgerolde slang.

De natuur kent veel logaritmische spiralen in blad- en schelpvorm, cactus- en zaadfyllotaxis, draaikolken en sterrenstelsels. Vele kunnen worden benaderd via een familie van gulden spiralen die zijn ontleend aan de gelijke verdeling van een cirkel (*blz. 321; naar Coates & Colman*).

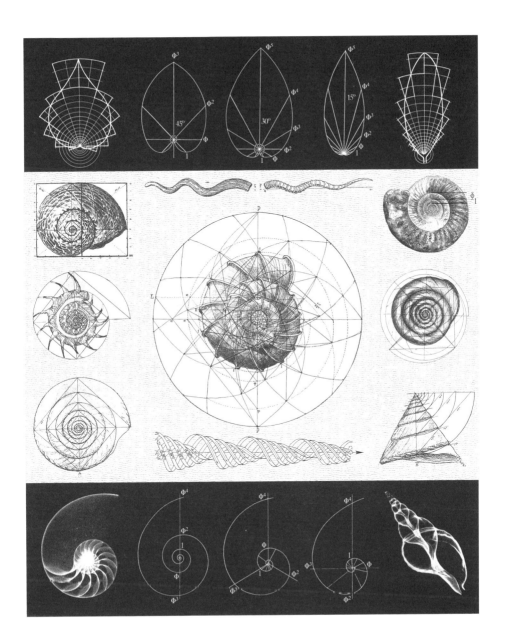

# Gulden symmetrie
*proportie uit asymmetrie*

---

De natuur levert ons een prachtig holografisch portret, waarin de kleinere delen het geheel (de kosmos) weerspiegelen. In het besef dat structurele zelfgelijkenis de verborgen 'impliciete orde' verbond met datgene wat hij de uiterlijke 'expliciete orde' noemde, merkte fysicus David Bohm op: 'Het essentiële kenmerk van onderlinge kwantumverbondenheid is dat het hele universum wordt ontvouwd in alles en dat elk ding wordt ontvouwd in het geheel.'

Zoals we zagen, wordt dit huwelijk van het geheel en zijn delen elegant bereikt via proportionele symmetrie, en dan met name door de gulden snede. Deze simpele snede lijkt de drijvende impuls van de natuur zelf te zijn, die zich met zelfgelijkenis vertakt in alle delen en het groeiproces drijft via spiralende gulden hoeken en Fibonacci-getallen.

Het is de asymmetrische druk, de dynamische energie van de gulden ratio die zich manifesteert als leven, vorm en bewustzijn en de stuwkracht levert aan de ritmische schommeling, de eerste beweging van de slinger.

Dit thema wordt onderzocht in John Mitchells schilderij *Het patroon* (*blz. 323*). Over intelligibele symmetrie schreef Mitchell:

> *'Socrates noemde het "het hemelse patroon", dat iedereen kan ontdekken, en als men dat eenmaal heeft gedaan, kan men het in zichzelf vaststellen.'*

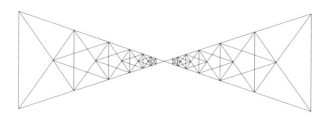

*Terwijl we keken, viel het patroon uiteen en veranderde een levenswerk of snel in een puinhoop.*

*Iemand moet de juiste snaar hebben geraakt, want plots begon alles op zijn plaats te vallen.*

# Phi in de cultuur
*sympathieke magie – zoals boven, zo beneden*

Een zorgvuldige vergelijkende cultuurstudie, naar kunst, architectuur, religie, mythologie en filosofie, onthult dat er vaak simpele universele principes aan de basis liggen van veelheid en diversiteit van stijlen en soorten. Plato meende dat het doel van esthetica niet louter het kopiëren van de natuur was, maar juist een dieper doordringen in haar weefsel, om de gewijde ratio's en proporties te begrijpen en te gebruiken die in haar prachtig eenvoudige maar goddelijke orde werkzaam zijn.

Plotinus (205-270) schreef hierover:

*'De wijzen van vroeger, die tempels en beelden maakten met de wens dat de goden zich aan hen openbaarden, keken naar de natuur van het Geheel met het idee dat de aard van de ziel makkelijk te bekoren is, maar dat als iemand iets zou maken wat er ontvankelijk voor is, het van alle dingen de ziel het makkelijkst zou ontvangen. Dat wat er ontvankelijk voor is, is wat het op enige wijze imiteert als een spiegel die de reflectie van de vorm kan vangen.'*

De ontwerpers van Beijings vroegvijftiende-eeuwse Verboden Stad (*blz. 325*) gebruikten drie gelijke en aansluitende gulden rechthoeken als kader voor hun project, waarvan er twee de gracht omsluiten. Kijk of u ze kunt ontdekken. Daarna gebruikte ze rabatment (*zie blz. 402*) om nadere elementen te plaatsen en te proportioneren. Bij rabatment worden vierkanten binnen gulden rechthoeken afgesplitst, waardoor er kleinere gulden rechthoeken en verdere indelingen ontstaan (*zie ook het Tablet van Sjamasj, blz. 299*).

Op de volgende twaalf bladzijden bekijken we een aantal manieren waarop de mens heeft geprobeerd de goddelijke vormen van de natuur in de menselijke omgeving te manifesteren of te vervaardigen.

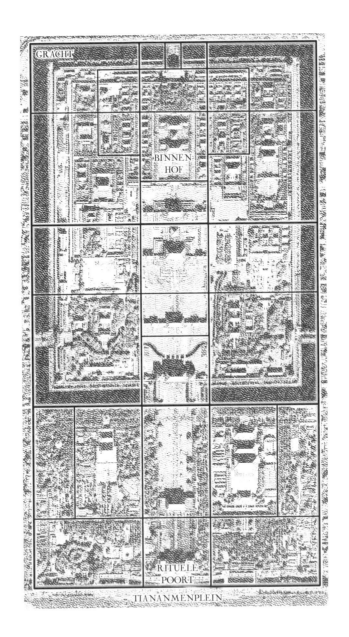

# Vervlogen tijden
*tombes, tempels en piramides*

---

De oude Egyptenaren gebruikten een complexe canon van getal, maat en harmonische proporties voor hun schitterende monumentale piramides, tempels en kunst. Tot de simpele ratio's en rasters die ze gebruikten behoren de √2-diagonaal van een vierkant, de √3-deellijn van een gelijkzijdige driehoek en de op √5 gebaseerde gulden snede, die zowel voorkomt als Fibonacci-rechthoeken met gulden ratio als in zijn pure vijfhoekige vorm. De analyses van de Achoris-kapel (8:5) en de Dendera-zodiak (5:3) (*blz. 327*) suggereren Fibonacci-benaderingen van de gulden snede. Mozes bouwde de Ark des Verbonds naar een plan van 5:3 (2,5 × 1,5 el). Let ook op de vijfhoekige analyse van het plan van de Osiris-tempel en het verbluffende beeld van Menkaura (faraobouwer van de kleinste van de drie Gizeh-piramides). Het beroemde masker van Toetanchamon leent zich voor eenzelfde analyse.

Gulden proporties en hun Fibonacci-benaderingen zijn te vinden in Olmeekse beelden (De La Fuente) en de ruïnes van Maya-tempels en -kunst in Palenque (C. Powell). Een 5:3-mandala (*onder, midden*) duikt vaak op in Meso-Amerikaanse sculpturen, architectuur en manuscripten (*onder: Izapa-stèle 89 & Olmeeks monument 52, uit Norman*).

Let er eens op, de volgende keer dat u een museum bezoekt.

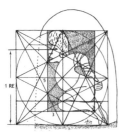 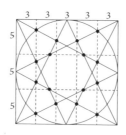 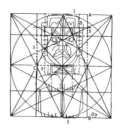

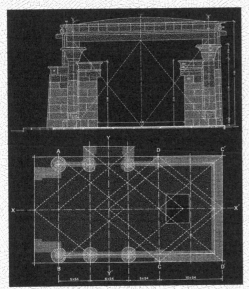

8:5-driehoeken in Achoris-kapel, Karnak (naar Lauffray).

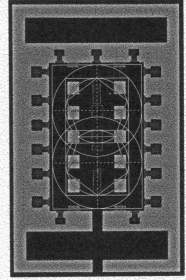

Lawlors vijfhoekige analyse van Osiris-tempel.

5:3-mandala als basis van Dendera-zodiak (naar Harding).

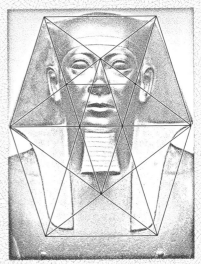

Vijfhoekige geometrie in buste van Menkaura.

# DE BEKER LOOPT OVER
## *halfvol of halfleeg*

---

Nadat Jay Hambidge zorgvuldig Egyptische en Griekse kunst had bestudeerd, ontwikkelde hij een theorie van dynamische symmetrie, volgens welke hetzelfde principe van zelfgelijkende groei zich voordoet in alle levende 'vormritmes' van de natuur. Die dynamiek zou te vinden zijn in onvergelijkbare lijnen die vergelijkbaar zijn in het kwadraat, oftewel een oppervlak. Daarom werden de ratio's $\sqrt{2}$, $\sqrt{3}$ en $\sqrt{5}$ centraal voor zijn werk, met een speciale plek voor de wentelende kwadraten die er ontstaan bij de rotatiespiraal van de voortgezette reductie van de gulden rechthoek.

Hieronder en op blz. 329 ziet u Hambidges geometrische analyse van Grieks aardewerk; zijn volledige reeks ontwerprechthoeken staat in de bijlage (*blz. 404*). Er is wel beweerd dat Hambidge een rechthoek had voor alles en dat pottenbakkers het knap lastig zouden hebben om te voldoen aan zijn standaarden, maar dat doet niets af aan zijn oprechtheid of zijn wetenschappelijke waardigheid.

Er zijn hier bepaalde lessen uit te leren: wie dit onderwerp bestudeert, kan wel eens ál te enthousiast worden over al die gulden zaken of, omgekeerd, volkomen vervallen in scepticisme en verstarring.

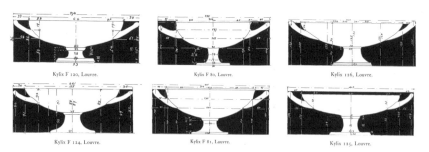

Kylix F 120, Louvre.   Kylix F 80, Louvre.   Kylix 126, Louvre.

Kylix F 124, Louvre.   Kylix F 81, Louvre.   Kylix 125, Louvre.

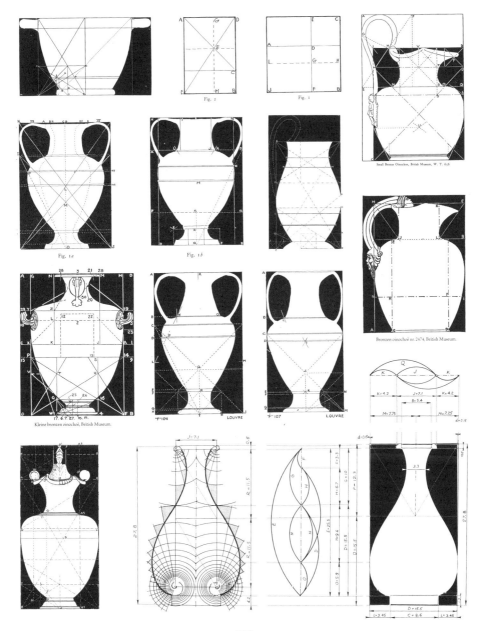

# Een heilige traditie
## oude wijn in nieuwe zakken

---

De filosofische en gewijde getalstradities van de Grieken en Romeinen werden zorgvuldig overgebracht naar het nieuwe christelijke geloof, toen Jezus Apollo en Hermes verving als goddelijke intermediair. De vroege kerktraditie benadrukte de innerlijke aanwezigheid van Christus en de ontdekking van het Koninkrijk der Hemelen in zijn goddelijke proportie hier op aarde. Clemens van Alexandrië zag christendom als het 'Nieuwe Lied', de heilige wijn van de Logos in een nieuw vat.

Wat de Logos ('ratio' of 'woord') betreft, aan het begin van het evangelie van Johannes (1:1) lezen we: 'In den beginne was de Logos, en de Logos was bij God en de Logos was God.' De enige ratio die tegelijk 'één is en bij één' is de gulden snede.

Bijbelcitaten met symbolische en allegorische betekenis zijn alleen volledig te begrijpen via een studie van het gewijde getal. Volgens de leer der gematria is de som van de letters van Jezus, ΙΗΣΟΥΣ 888, van Christus, ΧΡΙΣΤΟΣ, 1480, wat samen 2368 oplevert. Deze drie getallen staan in de gulden proportie 3:5:8 tot elkaar, met Christus als gulden gemiddelde.

In de Romeinse en christelijke architectuur werd de gulden snede opnieuw gebruikt naast hele getalsverhoudingen, net als de geometrische diagonalen √2, √3 en √5. Zie voorbeelden rechts en onder.

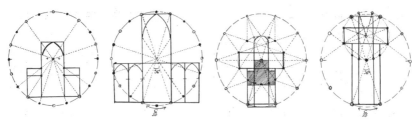

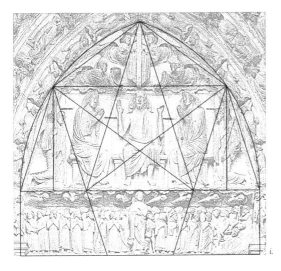
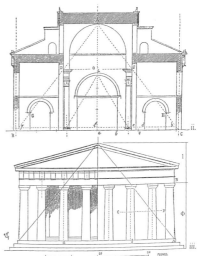
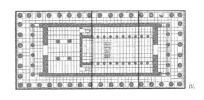

Met de klok mee: i) Portaalreliëf boven de zuidelijke deur van de kathedraal van Chartres met verborgen vijfhoekgeometrie (naar Schneider). ii) Gelijkzijdige en 'Egyptische' 8:5-driehoeken in de basilica van Constantijn (Viollet-le-Duc). iii) 8:5-driehoek in het Parthenon (Viollet-le-Duc). iv) Het plan van het Parthenon is een √5-rechthoek: een vierkant en twee gulden rechthoeken. v) Korinthisch zuilkapiteel met verborgen vijfhoeksymmetrie (naar Palladio). vi) Dom van Florence van Brunelleschi, met gulden rechthoekrelaties.

Blz. 332: Moessels tienhoekige analyses van de plannen van gotische kerken en kathedralen met talloze gulden proporties.

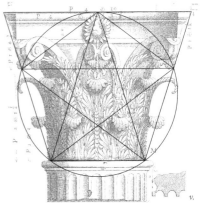

# Phi in schilderijen
*nog meer Da Vinci-geheimen*

---

Door zorgvuldig de ratio's en proporties van een kunstwerk te verbinden, zodat de delen het geheel reflecteren en ermee synchroniseren, kan een schilder een esthetische, dynamische, levendige belichaming creëren van de harmonische en symmetrische principes achter de natuur zelf.

Net als het grondplan van het Parthenon (*blz. 331*) vertoont Da Vinci's *Annunciatie* (*onder*) een $\sqrt{5}$-rechthoek als kader. Via rabatment is deze verdeeld in een groot vierkant en een gulden rechthoek. Zo worden de belangrijke delen van het schilderij gedefinieerd. In alle getoonde voorbeelden ligt de horizon op de gulden snede van hun hoogte.

Het is niet ongebruikelijk om schilderijen te kadreren in 3:2- of 5:3-rechthoeken, simpele Fibonacci-benaderingen. Salvador Dalís *Laatste avondmaal* is een goed voorbeeld van het gebruik van 5:3.

De esthetische kwaliteit van de combinatie van asymmetrie met de proportionele symmetrie van de gulden snede is duidelijk te zien.

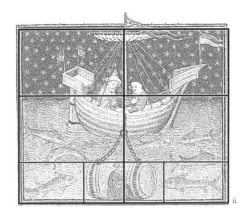

*Met de klok mee: i)* De maagd op de rotsen, *Leonardo da Vinci. ii)* Alexander daalt af in een vat, *uit de* Alexander Romance *(naar Schneider). iii)* Strand bij Scheveningen, *Vincent van Gogh. iv)* Geboorte van Venus, *Sandro Botticelli. v)* Doop van Jezus, *Jean Colombe.*

# Melodie en harmonie
## *op zoek naar het verloren akkoord*

Harmonieleer (getal in tijd) was een van de vier disciplines van het pythagorische *Quadrivium*, samen met rekenkunde (zuiver getal), geometrie (getal in ruimte) en astronomie (getal in ruimte en tijd). De gulden snede speelt bij alle een rol. In de platonische traditie was het de bedoeling om de ziel uit het rijk van louter opinie (*doxa*) te tillen, door afstemming op de ratio's en proporties in de harmonieën en ritmes van muziek. Hierdoor kan de ziel het intelligibele rijk van kennis (*epistèmè*) bereiken, en door het rijk van wiskundige redenering (*dianoia*) gaan naar de directe intuïtie (*noèsis*) van de wereld van pure vormen, de ratio's zelf.

De structuur van zowel ritme als harmonie is gebaseerd op ratio. De simpelste en aangenaamste muziekintervallen, de octaaf (2:1) en de kwint (3:2), zijn de eerste Fibonacci-benaderingen van de gulden snede. De reeks vervolgt met de grote en kleine sext (5:3 en 8:3). De ladder zelf bevat de volgende stap (13:8), want het verbazingwekkende is dat, als we de octaaf meerekenen, musici acht tonen spelen op een ladder, op basis van dertien chromatische tonen. Tot slot bestaan simpele grote en kleine akkoorden uit de 1e, 3e, 5e en 8e tonen van de ladder.

De gulden snede is door tal van componisten gebruikt om hun muziek te structureren, van Dufay (*blz. 335, boven; naar Sandresky*) tot Bach, Bartók en Sibelius. De Russische musicoloog Sabanejev ontdekte in 1925 dat de gulden snede vooral opduikt in composities van Beethoven (97% van het oeuvre), Haydn (97%), Arenski (95%), Chopin (92%, waaronder de meeste etudes), Schubert (91%), Mozart (91%) en Skrjabin (90%).

*Vocale prelude van Dufays Vasilissa, ergo gaude, uit circa 1420.*

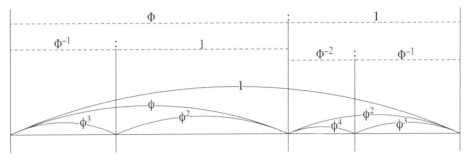

*De structuur van de hele Vasilissa is gebaseerd op de gulden snede.*

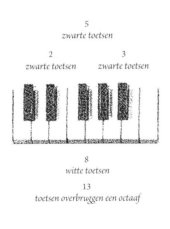

Fibonacci-getallen verschijnen in de moderne ladder en in zuivere harmonische intervallen als de octaaf (2:1), kwint (3:2), grote sext (5:3) en kleine sext (8:5).

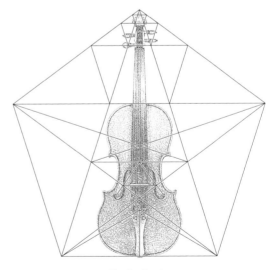

*Een Stradivarius*

# Alles wat glimt
*is nog geen goud*

---

Tegenwoordig grijpen we voortdurend naar dat plastic kaartje in onze portemonnee of handtas. De meeste creditcards meten 86 x 54 mm, een bijna exacte 8:5-rechthoek en een van de meest gebruikelijke Fibonacci-benaderingen van de gulden rechthoek.

Vanwege de esthetische kwaliteiten worden gulden ratio's gebruikt in het ontwerp van tal van huishoudelijke zaken, van koffiepotten, speelkaarten, pennen, radio's, boeken, fietsen, computerschermen en smartphones tot tafels, stoelen, ramen en deuren. Ze dringen zelfs de literatuur binnen, in de lay-out van middeleeuwse manuscripten (*blz. 337, rechtsonder*) en als de kleine gevleugelde Gouden Snaai in de *Harry Potter*-boeken.

Ook andere belangrijke rechthoeken duiken op in ons dagelijks leven. De continue geometrische proportie die het volmaaktst wordt uitgedrukt in de gulden reeks, wordt gekopieerd door de International Standard Paper Size, die de continue geometrische proportie van $2:\sqrt{2} :: \sqrt{2}:1$ volgt. Als u een vierkant verwijdert uit een gulden rechthoek, ontstaat er een andere gulden rechthoek, en als u een $\sqrt{2}$-rechthoek dubbelvouwt, ontstaan er twee kleinere $\sqrt{2}$-rechthoeken. Vouw een A3-vel $(2:\sqrt{2})$ dubbel en u krijgt twee vellen A4 (elk $\sqrt{2}:1$).

Gulden passers zijn nuttige gereedschappen in huis (*blz. 337, boven rekenmachine*). Ze kunnen in elk formaat worden gemaakt en kunnen de gulden snede aangeven in elk object. Ze zijn vrij eenvoudig te maken: markeer drie gelijke houtjes met de gulden snede. Boor in twee daarvan op die plek een gaatje en zaag de andere op die plek door. Bevestig ze aan elkaar zoals op het voorbeeld en slijp tot slot de punten.

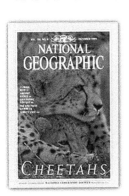

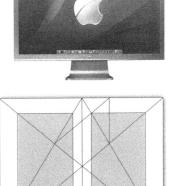

# DE GULDEN KELK
## *een huwelijk van wortels*

---

Volgens Plato was leren herinnering. De leraar fungeert als vroedvrouw en via nauwe omgang met de leerling springt een vonk (van weerklank) over die een vlam laat ontbranden, wat resulteert in de geboorte van een aangeboren idee. De contemplatie van een tekening helpt bij dit proces.

De constructie hieronder toont hoe $\sqrt{3}$ afleidbaar is als de schuine zijde van een rechthoekige driehoek met $\Phi$ en $1/\Phi$ als rechte zijden. De gulden kelk (*blz. 339, v*) combineert deze $\sqrt{3}$-onthulling met $\sqrt{2}$, afgeleid van de rechte zijden $\sqrt{\Phi}$ en $1/\Phi$. Critchlows Kairos-tekening (*blz. 339, vi*) leidt een pentagram af (met zijn $\Phi$ en $1/\Phi$) uit een cirkel en een $\sqrt{3}$-gelijkzijdige driehoek. Al deze resultaten zijn exact!

Critchlow ziet kwalitatieve en ethische aspecten in gewijde geometrie:

*'We worden geboren in een wereld die een onbepaalde dyade lijkt, een dualiteit, een "ikzelf" en "de anderen", tot we een rijpheid bereiken die een "relatie" genoemd kan worden. Die onthult zich als de eenheid die werkelijk het geval is en we kunnen die realiseren via het "gulden gemiddelde" van relaties met alle andere, inclusief het milieu. In het Kairos-diagram verbindt het gulden gemiddelde de drievoudige gelijkzijdige driehoek met het levenssymbool van de vijfpuntige ster.'*

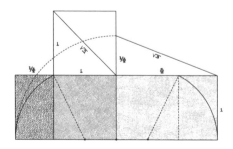

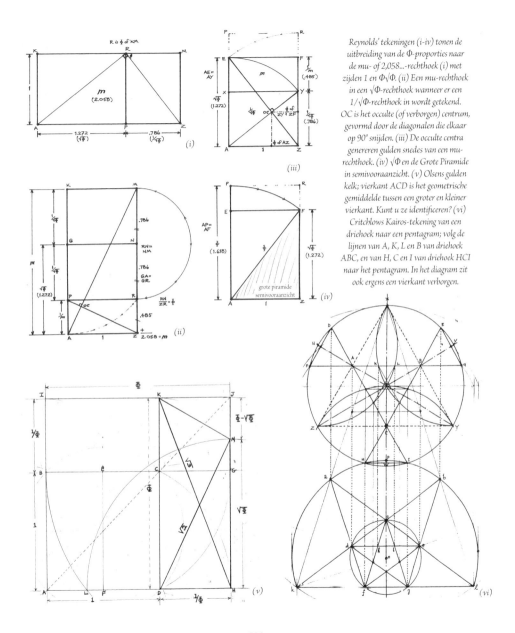

Reynolds' tekeningen (i-iv) tonen de uitbreiding van de Φ-proporties naar de mu- of 2,058...-rechthoek (i) met zijden 1 en Φ√Φ. (ii) Een mu-rechthoek in een √Φ-rechthoek wanneer er een 1/√Φ-rechthoek in wordt getekend. OC is het occulte (of verborgen) centrum, gevormd door de diagonalen die elkaar op 90° snijden. (iii) De occulte centra genereren gulden snedes van een mu-rechthoek. (iv) √Φ en de Grote Piramide in semivooraanzicht. (v) Olsens gulden kelk; vierkant ACD is het geometrische gemiddelde tussen een groter en kleiner vierkant. Kunt u ze identificeren? (vi) Critchlows Kairos-tekening van een driehoek naar een pentagram; volg de lijnen van A, K, L en B van driehoek ABC, en van H, C en I van driehoek HCI naar het pentagram. In het diagram zit ook ergens een vierkant verborgen.

# Gulden veelvlakken
*water, ether en de kosmos*

De gulden snede speelt een fundamentele rol in de structuur van de 3D-ruimte, vooral in het twintigvlak en zijn duaal, het twaalfvlak (*blz. 341, rechtsonder*), gecreëerd uit de centra van de vlakken van het twintigvlak. Een rechthoek in een twintigvlak heeft zijden in de ratio $\Phi$:1 (of 1:$\phi$) (*zie linksonder, en in de kubus op blz. 341, boven*). De rechthoeken in een twaalfvlak zijn $\Phi^2$:1 (of 1:$\phi^2$) (*in kubus op blz. 341, onder*). In een twaalfvlak genesteld snijdt een twintigvlak de zijden daarvan in de ratio $\Phi$:1 (*middenonder*). De exquise vroege tekeningen van Kepler, Da Vinci (*blz. 341*) en Jamnitzer (1508-1585; *blz. 296*) tonen hun fascinatie met $\Phi$ en de wortelrelaties in de vijf platonische en dertien archimedische veelvlakken.

Een voortzetting van dit thema is het afgeknotte twintigvlak (*blz. 341, rechtsboven*), dat we nu kennen als de structuur van $C_{60}$, of een voetbal; de rechthoek in dit vlak heeft zijden in de ratio 3$\Phi$:1. De icosidodecaëder (*blz. 341, linksboven*) heeft een radius:zijde van $\Phi$:1. En de romboëdrische triacontaëder (*blz. 341, linksonder*) bestaat uit dertig $\Phi$:1-ruiten.

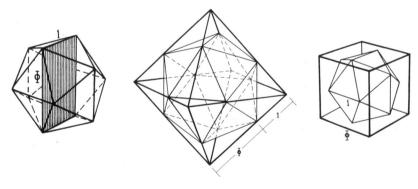

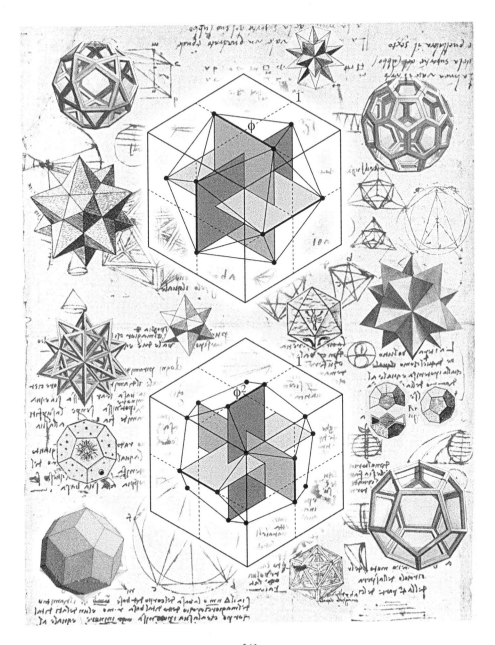

# Phi aan de hemel
*Aphrodites gulden kus*

Niet alleen de micro- en mesokosmos vertonen een voorkeur voor de goddelijke verhouding. Er zijn ook volop gulden ratio's in het zonnestelsel en merkwaardig genoeg lijken die zich vooral veel voor te doen rond de aarde. Zo is zowel de verhouding tussen de fysieke omvang als die tussen de gemiddelde baan van aarde en Mercurius weer te geven als $\Phi^2$:1, of, met een nauwkeurigheid van 99%, als een simpel pentagram (*blz. 343, linksboven*).

Er gaat echter niets boven de buitengewone relatie tussen de aarde en onze naaste planeet Venus, die elke acht jaar een fraaie vijfvoudige rozet om ons heen beschrijft. Acht aardejaren zijn ook dertien Venusjaren; de Fibonacci-getallen 13:8:5 lijken hier ruimte en tijd te verbinden. Verder is de verhouding tussen Venus' verste en meest nabije punt ten opzichte van de aarde $\Phi^4$:1, met een nauwkeurigheid van 99% (*blz. 343, onder; naar Martineau*).

De twee grootste planeten, Jupiter en Saturnus, produceren ook een perfecte gulden ratio met de aarde. Zet ze op één lijn met de zon en een jaar later is de aarde terug waar hij begon. Saturnus heeft niet veel bewogen en 12,85 dagen later staat de aarde weer precies tussen Saturnus en de zon. 20,79 dagen later staat de aarde tussen de zon en Jupiter. Deze synodische maten bestaan in ruimte en tijd in de verhouding 1:$\Phi$, met een precisie van 99% (*naar Heath*).

Nog verder in de macrokosmos ontdekte Paul Davies dat roterende zwarte gaten, of ze nu wel of niet worden gereconstrueerd als donkere-energiesterren, switchen van een negatieve naar een positieve soortelijke warmte als de ratio van het kwadraat van de massa en het kwadraat van de spinparameter (rotatiesnelheid) gelijk is aan $\Phi$.

Twee cirkels gevormd door een pentagram tonen de gemiddelde baan van de aarde en Mercurius in de verhouding $\Phi^2:1$. De groottes van beide planeten hebben dezelfde ratio!

Een techniek om de gemiddelde banen van aarde en Venus te tekenen. De gemiddelde afstanden van de twee planeten tot de zon verhouden zich als $(1 + 1/\Phi^2):1$.

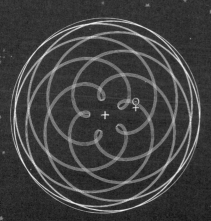

Het fraaie vijfvoudige rozetpatroon van de baan die Venus elke acht jaar (of dertien Venusjaren) om de aarde beschrijft.

De verhouding tussen Venus' verste en meest nabije punt ten opzichte van de aarde is precies $\Phi^4:1$.

# Resonantie en bewustzijn
## *boeddha's, sjamanen en microtubuli*

Bewustzijn kan, net als het leven zelf (*blz. 345, midden, gesymboliseerd door de vijfvoudige bloem van Pablo Amaringo*), resulteren uit de resonantie tussen het goddelijke (geheel) en de natuur (de delen), en wordt perfect afgestemd door de verbluffende fractale eigenschappen van de gulden ratio, die veelomvattender bewustzijnstoestanden mogelijk maken.

Penrose, de uitvinder van de vijfhoekige betegelingen (*onder en blz. 345, achtergrond*) en Hameroff hebben geopperd dat bewustzijn wellicht ontstaat via de kwantummechanica van microtubuli. Dan is het mogelijk dat bewustzijn berust op de geometrie zelf, op de gulden ratio's van DNA, microtubuli en clathrines (*blz. 345, door Gregory*). Microtubuli, de structurele en beweeglijke basis van cellen, bestaan uit dertien tubuline-dimeren en vertonen 8:5-fyllotaxis. Clathrines, aan de uiteindes van microtubuli, zijn afgeknotte twintigvlakken, boordevol gulden ratio's. Misschien zijn dat de geometrische juwelen die bij slangenbekken worden gezien door sjamanen in diepe gewijde bewustzijnstoestanden. Zelfs DNA vertoont een $\Phi$-resonantie. Elke wending past in een rechthoek met een Fibonacci-ratio van 34:21 ångström en de dwarsdoorsnede door het molecuul is een tienhoek.

Boeddha zei: 'Het lichaam is een oog.' In een toestand van door $\Phi$ opgewekte kwantumcoherentie kan men *samadhi* ervaren, kosmische bewustzijnsidentificatie met het bewustzijn van het universum zelf.

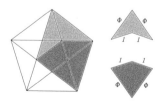 

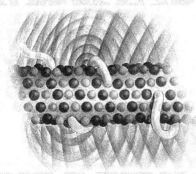
*zijaanzicht van een microtubulus*

*binnenaanzicht van een microtubulus*

*vijfvoudige bloem met dubbele vijfhoek*

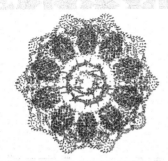
*dwarsdoorsnede van DNA met tienvoudige rozet*

*voetbalstructuur van een clathrine*

# DE STEEN DER WIJZEN
*een nieuw inzicht – een nagekomen belofte*

We zijn een eind gekomen, van een gedeelde lijn naar de essentie van bewustzijn. Het was de bedoeling om u nieuwe inzichten te geven via het onderzoek naar het grootste geheim van de natuur, de gulden snede, die zo eenvoudige maar diepgaand asymmetrische snede. Hij manifesteert zich op alle niveaus in de hele kosmos, koppelt eindeloze variëteit aan geordende proportionele symmetrie en verenigt delen en geheel van het grote tot het kleine en weer terug in een euritmische symfonie van vorm.

Op deze reis hebben we misschien wel samen de 'kostbare parel' ontdekt, de edelsteen die basiskennis transformeert in gulden wijsheid. De volgende keer dat u een zeester oppakt, uw tanden poetst, een schilderij bewondert, een dennenappel ziet, tegen een voetbal trapt, naar een ster tuurt, een bloem plukt, naar muziek luistert of uw creditcard gebruikt, sta hier dan even bij stil. U bent een geheel, bestaande uit kleinere delen, en u bent zelf deel van een groter geheel.

Dat is het grootste geheim van de natuur. De gulden snede is door de stof van ons bestaan zelf geweven, levert ons de middelen om te resoneren met en af te stemmen op opeenvolgende ruimere stadia van zelfidentiteit en ontplooiing op de weg terug naar het Ene.

Het is de plicht van de mensheid om zich weer te verbinden en te resoneren met deze diepe natuurcode, onze wereld en relaties te verfraaien met euritmische vormen en gulden standaarden van uitnemendheid. Net als de natuur zelf moeten we niets minder doen dan onze wereld omvormen tot de hemelse staat van schoonheid en symbiotische vrede die altijd al de bedoeling waren.

# BIJLAGEN
# & REGISTER

# Oeroude Europese rotskunst

Veel vroege Europese kunst werd geproduceerd in het laatpaleolithicum, met fraaie figuratieve grotschilderingen van dieren in wat nu Frankrijk en Spanje is, tussen 35.000 en 10.000 v.Chr. (*niet afgebeeld in dit boek*). Een latere traditie van geometrische en abstracte petrogliefen (rotstekeningen) in ganggraven bereikte rond 3500 v.Chr. een artistiek hoogtepunt in Bretagne (*Gavrinis, rechts*) en Ierland (*Newgrange en Loughcrew, blz. 351*).

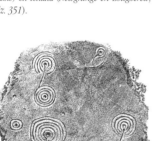

Loughcrew, County Meath, Ierland

Old Bewick, Northumberland, Engeland

Gavrinis-ganggraf, Bretagne, Frankrijk

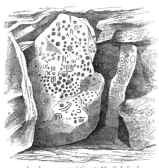
*Loughcrew-ganggraf, County Meath, Ierland*

*Loughcrew, County Meath, Ierland*

*Boordsteen 1, Newgrange, County Meath, Ierland*

*Deksteen van graf, Coilsfield, Ayrshire, Schotland*

*Boordsteen 52, Newgrange, County Meath, Ierland*

*Boordsteen 18, Newgrange, County Meath, Ierland*

*Dakplaat, bij Sess Kilgreen, County Tyrone, Ierland*

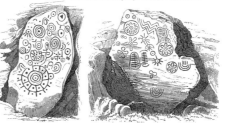
*Loughcrew-ganggraf, County Meath, Ierland*

# Oeroude Britse rotskunst

De steenplaten op deze en de vorige twee bladzijden komen uit vele bronnen, maar staan verzameld in *Ancient British Rock Art* van Chris Mansell (Wooden Books, 2007). De meeste stammen uit het neolithicum, tussen 4000 en 1500 v.Chr., en vertonen duidelijk de neolithische fascinatie met simpele formele elementen.

Dit was een langdurige en wijdverbreide West-Europese kunstbeweging, met 'beker en ring'-markeringen, zoals hier getoond, die gelijktijdig werden gemaakt in Northumberland (Engeland) en Galicië (Spanje). De stroming kende haar hoogtepunt in Brittannië en Bretagne in de ganggraven van blz. 350-351, zoals de pan-Europese Keltische kunsttraditie duizenden jaren later een piek bereikte in Engeland en Ierland.

Er is vrijwel niets bekend over deze markeringen. Sommige zouden verwijzen naar astronomische cycli, maar van de meeste is de betekenis een mysterie.

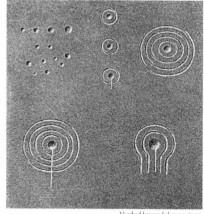
*Voorbeelden van bekers en ringen*

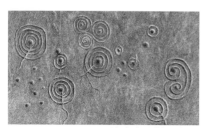
*Achnabreck, Argylleshire, Schotland*

*Carnbaan, Argylleshire, Schotland*

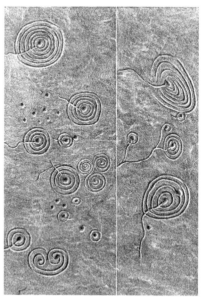
*Achnabreck, Argylleshire, Schotland*

# Doolhoven en labyrinten

De architect van het eerste labyrint is Daedalus, die het bouwde voor koning Minos van Kreta als huisvesting voor de Minotaurus; veel latere Romeinse mozaïeklabyrinten tonen Theseus in gevecht met de Minotaurus. Het is echter onmogelijk om te verdwalen in een klassiek labyrint: volg gewoon het pad naar het midden. Een ander raadsel is dat er in India voorbeelden van de zevenspiraal zijn gevonden uit 2500 v.Chr. en bij indianenculturen uit 1000 v.Chr. Het compacte complex van dertien of veertien stenen labyrinten op het Russische eiland Bolsjoi Zajatski is ook gedateerd op 1000 v.Chr. In middeleeuws Europa vond een opmerkelijke opleving in labyrintbouw plaats toen de labyrinten in kathedralen werden geplaatst. Vanaf de achttiende eeuw ging men doolhoven maken, waarin men wel kon verdwalen.

Het klassieke zevenspiralige labyrint is nauw verwant aan de klassieke Griekse spiraalmeander (*blz. 355, 1-5*). Neem twee eenheden spiraalmeander (*1*) en rek en trek de linkerkant tot een achtste segment van een cirkel (*2*). Rek dit verder op tot een kwartcirkel (*3*), dan een halve cirkel (*4*) en dan helemaal rond (*5*) tot een volledig zevenspiralig labyrint. Met drie eenheden meander is op die manier een elfspiralig labyrint te maken.

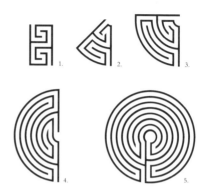

Een alternatieve manier om een zevenspiralige vorm te maken staat hieronder. Start met een kruisvormig zaadje, verbind de losse einden boven om het patroon te completeren. Dit werkt perfect met een stok op een zandstrand.

Overgenomen uit *Mazes and Labyrinths in Great Britain* van John Martineau (Wooden Books, 2005).

*Temple Cowley, GB (vernield 1852)*

*Troy Town rotsblokdoolhof, Scilly Isles, GB*

*Turf-labyrint, Rockcliffe Marsh, GB (verdwenen)*

*Watts Memorial Chapel, Surry, GB*

*Ontwerp in Harley-manuscript, British Museum*

*17e-eeuws manuscript, British Museum*

*Heg-labyrint, Cawdor Castle, Nairnshire, GB*

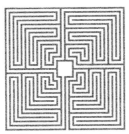
*Watts Memorial Chapel, Surry, GB*

*Turf-labyrint, Kingsland, Shropshire, GB (verdwenen)*

*Turf-labyrint, Hilton, Cambridgeshire, GB*

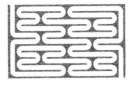

*Dit diagram is net zo uit te breiden tot het 11-spiralige labyrint (links, en het Kingsland, rechtsboven) als op blz. 352 wordt getoond. Het doolhof rechts stamt uit de jaren 1820 en was het eerste met 'eilanden', waardoor het niet oplosbaar was via de 'hand-op-de-wand'-truc.*

*Earl of Stanhope's doolhof, Chevening, Kent, GB*

# Vlechten, knopen en tressen

Voor sommige van de vroegste geconstrueerde voorwerpen, zoals visnetten en manden, waren verstrengel- en vastknooptechnieken nodig. Gereedschap waarbij een knoopvorm noodzakelijk was, stamt uit minstens 300.000 v.Chr.

Complexere items kwamen later. De Europese neanderthalers (ca. 90.000 v.Chr.) kenden zulke technieken en in de Dzudzuana-grot in de Kaukasus is een 30.000 jaar oude vlasvezel voor de productie van linnen gevonden.

De vlechten en knopen op deze bladzijden tonen een prachtig huwelijk tussen nut en vorm. Hun decoratieve en symbolische gebruik overstijgt hun functionele kwaliteit, zoals de sierlijk gevlochten slingers van de prehistorische Andes-/Inca-culturen en het fraaie, verfijnde knoopwerk van de Kelten (*blz. 366-367*).

Om vezels in draad te veranderen moet er gesponnen worden, waarbij korte stukjes vezel (dierlijk haar en plantaardige vezels) worden opgerekt en ineengedraaid tot een draad. Vanaf 10.000 v.Chr. werden er draden gesponnen op houten spintollen. Spinnewielen verschenen pas rond de elfde eeuw.

5-dradige vlecht: 3 naar rechts, 2 naar links; rechtsbuiten over 2 naar linksbinnen, linksbuiten over 2 naar rechtsbinnen.

5-dradige vlecht: 3 naar links, 2 naar rechts; linksbuiten over 1, onder 1 naar rechtsbinnen, rechtsbuiten over 1, onder 1 naar linksbinnen.

8-dradige vlecht: geschikt volgens 3/1/3/1; onder, over, onder vanaf links, waarbij de 3 draden als 1 worden behandeld.

4-dradige vlecht: 2 naar links, 2 naar rechts; linksbuiten achter 2 en dan over naar linksbinnen, rechtsbuiten achter 2 naar rechtsbinnen.

Weven met 16 draden en 4 kleuren: beweeg A naar x, beweeg D naar y, herhaal met paar 2 en het tegenoverliggende paar, herhaal, met de klok mee, met elk volgend paar.

4-dradige vlecht: maak een witte knoop, dan een zwarte enz.; met de knopen telkens in dezelfde richting ontstaat er een spiraal.

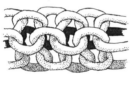

Gevlochten chevron-tres, diverse kleuren, 16 draden, vlecht over paren naar het midden met gebruik van buitenste 2 van links naar rechts.

Herhaal voor 2e rij, trek strak, herhaal; u kunt rijen met de klok mee vlechten, dan tegen de klok in.

Diagonaal gestreepte tres.

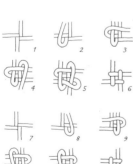

*Links*: zoek wat eindjes draad, volg de stappen en maak uw eigen kwastjes.

*Noot*: afbeeldingen op deze en volgende drie bladzijden komen uit *Weaving: Methods, Patterns & Traditions of an Ancient Art* van Christina Martin (Wooden Books, 2005).

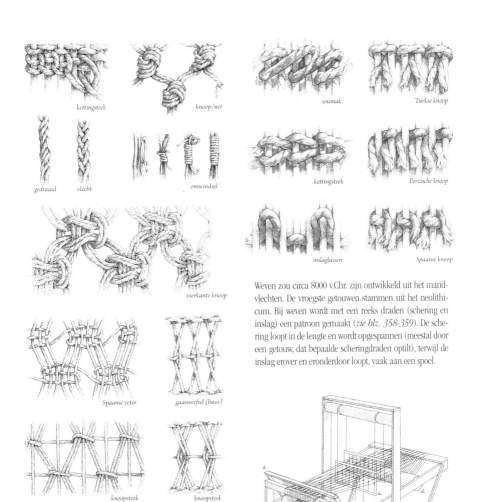

Weven zou circa 8000 v.Chr. zijn ontwikkeld uit het mandvlechten. De vroegste getouwen stammen uit het neolithicum. Bij weven wordt met een reeks draden (schering en inslag) een patroon gemaakt (*zie blz. 358-359*). De schering loopt in de lengte en wordt opgespannen (meestal door een getouw, dat bepaalde scheringdraden optilt), terwijl de inslag erover en eronderdoor loopt, vaak aan een spoel.

*Staand, met de voet bediend trapgetouw, een variant die in circa 2000 v.Chr. voor het eerst verscheen in China.*

# Weefpatronen

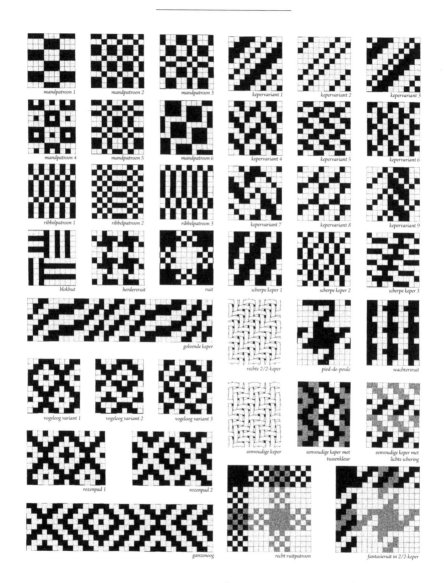

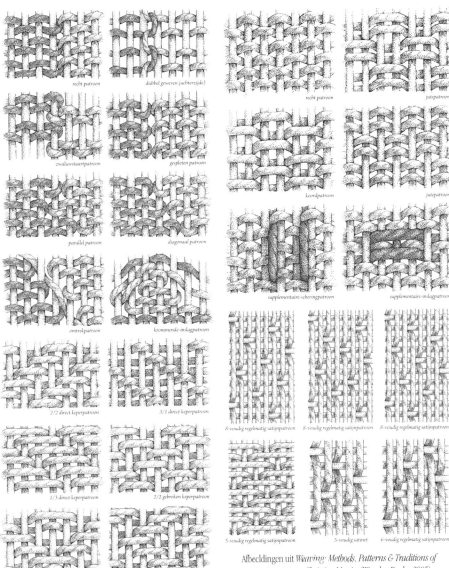

Afbeeldingen uit *Weaving: Methods, Patterns & Traditions of an Ancient Art* van Christina Martin (Wooden Books, 2005).

# Nuttige rasters voor Keltische kunst

*Links:* de levende rasters van winterse boomtakken ontstaan spontaan via natuurlijke processen en zijn een van de oudste manifestaties van een wezen in een matrix van lijnen. *Rechts:* netten halen leven op uit de diepte, ze vergaren en ze omhullen. Creatieve denkers gebruiken het net van de geest om even tersluiks en doelgericht als andere jagers wezens van de verbeelding te vangen.

*Onder:* 100.000 jaar oude inscripties in de Blombosgrot in Zuid-Afrika. Hier, bij de dageraad van de mensheid, waren rasters de vroegste expressievorm. Het verschijnen van zulke nuttige oervormen als ruit en driehoek via de simpelste markeringen moet een daad van magie zijn geweest en een ware openbaring voor de vroege hominiden.

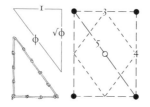

*Links:* symbolische en praktische 3:4:5-driehoeken. Een druïdegordel van twaalf knopen (nog altijd handig om rechte hoeken te bepalen). Keltische kunstenaars gebruikten vaak subrasters op basis van ruiten, zoals 1 × 3/4 (bijv. 3:4-rechthoeken met diagonaal 5). George Bain noemde dit 'Pictische verhoudingen'. Ook gebruikelijk zijn ruiten met hoeken van 80° en 100° graden, op basis van een negenhoek (*zie blz. 11*).

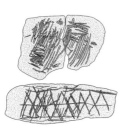

*Boven:* oude volken vereerden de 3:4:5-driehoek als bouwsteen van het universum (3, 4 en 5 zijn de eerste echte hele getallen, met perfect getal 6 als oppervlak). De Egyptenaren deden een 'mystieke vervanging' en zagen 3 en 5 als lid van de fibonaccireeks (1, 1, 2, 3, 5, 8, 13, 21…). Ze wisten dat in deze reeks 3 en 5 zich verhielden als 1 tot φ, waarbij 4 de rol speelde van √φ.

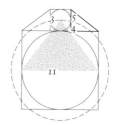

*Rechts:* de met de passer getekende zesvoudige bloem bestaat uit zeven cirkels en levert het eerste raster dat ontstaat door gebruik van een passer met vaste radius. Alle culturen op aarde kenden het en het is het oerdiagram van de heilige geometrie dat direct drie-, vier-, zes- en twaalfvoudige symmetrieën en 1: 1:√3-verhoudingen oplevert.

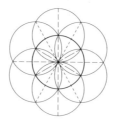

*Boven:* de onderlinge 3:11-verhouding tussen maan en aarde én het profiel van de Grote Piramide kunnen via dit diagram worden geconstrueerd op basis van een 3:4:5-driehoek (naar J. Mitchell). Twee van die driehoeken leveren ook het profiel van Chefrens piramide. Alchemist Jakob Böhme zag de ruit als in de mens gereflecteerde goddelijkheid.

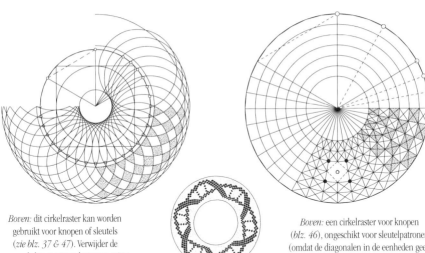

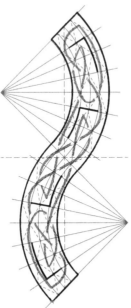

*Boven:* dit cirkelraster kan worden gebruikt voor knopen of sleutels (*zie blz. 37 & 47*). Verwijder de vervormde binnenste en buitenste ruiten. Bepaal voor de schaal van het raster eerst de vereiste binnen- en buitenomtrek. *Rechts:* graancirkels zijn een moderne kunstvorm volgens dezelfde methodes (Crooked Soley, Wilts, 2002).

*Boven:* een cirkelraster voor knopen (*blz. 46*), ongeschikt voor sleutelpatronen (omdat de diagonalen in de eenheden geen gladde booglijnen opleveren). Kies het nodige aantal verdelingen voor de herhalingen, trek de bijbehorende radiale verdelingen, zet diagonalen in vierkanten en voeg een puntraster toe voor de knopen.

*Boven:* een knoop- of sleutelherhaling kan beter worden getekend op een raster van rechthoeken dan van vierkanten, waarbij de verstekhoeken veranderen in die van ruiten (*boven*).

*Boven:* knopen op 3:4:5-ruiten. *Links:* rasters zijn niet beperkt tot rechthoeken; elke vorm kan worden verdeeld in ruiten waarin eenheden passen.

# Keltische spiralen

*Links:* de spiraal wordt op elke schaal aangetroffen, van melkwegstelsels tot moleculaire banden, en kan worden gezien als de archetypische cirkel in beweging met een slingerend centrum. Perfecte cirkels zijn zeldzaam in de natuur en alleen zichtbaar bij lichtfenomenen, zoals regenbogen, of in de waarneming van licht door de ronde lenzen van onze ogen.

*Boven:* gegraveerd granieten viervlak (Schotland, 2000 v.Chr.). Er zijn honderden van deze geometrische sculpturen gevonden. Keith Critchlow heeft de symmetrieën geïdentificeerd van alle vijf platonische lichamen, die stammen van 1000 jaar vóór Plato. De hoge concentratie op belangrijke plekken suggereert hun gebruik als lesmateriaal op neolithische universiteiten.

*Rechts:* op onze vingertoppen dragen we allemaal onze eigen unieke spiralen en het menselijk leven wordt in stand gehouden door de spiraalspier van het hart. Keltische kunst zit boordevol spiralen. *Rechts en blz. 363, middenboven:* spiraaltriskels en bladvormen uit een vierde-eeuws graf in Waldalgesheim, Duitsland.

*Onder:* varens beginnen hun leven als spiraalvormige scheuten. De natuur lijkt spiralen heel geschikt te vinden voor periodieke groei. Schelpen worden gebouwd door nijvere poliepen via het simpele gradatieprincipe van gnomonische groei, waarbij elke uitbreiding identiek is aan het vorige stadium, maar naar verhouding groter.

*Boven:* spiralen zijn typisch voor de stroompatronen in draaikolken en waterhozen. Ongehinderde stroming reageert spiraalvormig op de inwerkende krachten, zowel in water als in plasma (wolken geladen elektronen, de eerste materievorm in het heelal; zie ook blz. 364). Wellicht beïnvloeden stroomkrachten ook spiraalvormige groei in levende lichamen.

*Boven:* spiralen ontstaan uit rechte lijnen. Draaikolklijnen van inkt op oliebasis drijven op een wateroppervlak. Eén 'streep' door het wateroppervlak creëert een spoor van golfjes die zich stabiliseren tot 'paddenstoel'-vormen die vrijwel identiek zijn aan die in de Keltische kunst. Zulke patronen zijn ook te zien in bloemen, dierlijke hoorns en de vorm van de baarmoeder.

*Boven:* vogelkopspiraal uit *Book of Kells*. Een deel van de spiraalboog (stippellijn) is verwijderd om plaats te maken voor een bloembladverbinding.

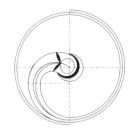

*Onder:* een viervoudig raster van cirkels bepaalt de plaatsing van verticale en horizontale 'paddenstoelen', verbonden via vierarmige spiralen (naar Bain).

*Links:* eendenkop aangepast aan een dubbele spiraal (*zie blz. 17, boven*). *Boven:* dubbelspiralig paardenhoofd. Teken dun spiraalpad en vierendeel centrale ruimte.

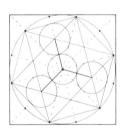

*Boven:* 12-voudige verdeling van een cirkel brengt zeshoek in lijn met diagonale assen van vierkant (levert helling in veel Keltische medaillons – *blz. 5*).

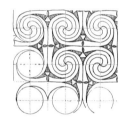

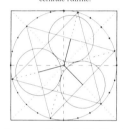

*Boven:* een cirkel verdeeld in 24 geeft een andere helling tussen diagonalen en 3-voudige assen. *Onder, links & rechts:* enkele, dubbele en 3-delige spiralen.

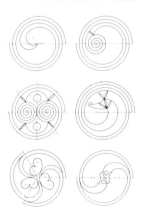

*Onder:* het compacte zeshoekraster dat werd gebruikt voor blz. 25 (middelgrote cirkels) & 27 (kleine gearceerde cirkels en grote cirkels die ze raken).

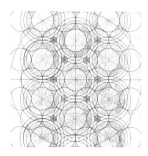

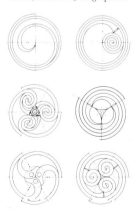

# Keltische sleutels

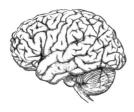

*Links:* de beste natuurlijke analoog voor sleutelpatronen zijn de groeven (*sulci*) en windingen (*gyri*) van hersen-kwabben. Dit soort plooiprocessen is ook fundamenteel bij embryo-ontwikkeling, waarbij darmen en organen ontstaan. Dergelijke patronen worden ook gemaakt door kevers en koralen.

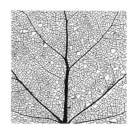

*Rechts:* in de kunst van het Shipobo-volk is het artistieke proces maar één stap verwijderd van visionaire trance. Ze sieren hun kleding, huizen en huid met sleutelachtige vormen die ze zien na het drinken van een psychedelicum; de vormen die ze dan zien, worden 'gegraveerd op hun bewustzijn' en later getekend.

*Boven:* celcompartimenten in bladeren ogen heel erg als sleutels. Vierkante spiralen zijn een prima oplossing voor ruimteverdeling, wat essentieel is in planten voor een maximale verdeling van fotosynthetische cellen, waardoor ze optimaal van het licht kunnen profiteren. Weer zien we de mens de natuur nabootsen.

1, 2, 5
1, 2, 3, 7
1, 2, 3, 4, 9
1, 2, 3, 4, 5, 11
1, 2, 3, 4, 5, 6, 13
1, 2, 3, 4, 5, 6, 7, 15

*Rechts:* de ruggelings gespiegelde S-krommen van deze sleutel zijn vergelijkbaar met de 1-2-3-7-3-2-1-S'en linksboven op blz. 31, maar hebben een andere telling voor het pad: 2-2-4-8-4-2-2 (*zie onder*). Zie hoe de witte lijn is gemaakt van doorlopende Y-vormen als het pad wordt verdikt; let op omgekeerde versies waar zwarte Y-vormen de patroonstructuur kunnen verbergen.

*Boven & rechts:* S-krommen tellen: $x, 2, x + 2, 4, x + 4, 6, x + 6, 8, x + 8...$ ($x$ is lengte eerste eenheid). Draai om om andere eind van S te tekenen (bijv. 1-2-5-2-1).

*Onder:* Griekse meanders, gevonden in Koptische gebedsboeken en 45° gedraaid om sleutels te maken (*blz. 28-31*).

2, 2, 6
2, 2, 4, 8
2, 2, 4, 4, 10
2, 2, 4, 4, 6, 12
2, 2, 4, 4, 6, 6, 14
2, 2, 4, 4, 6, 6, 8, 16

*Boven:* deze driehoekige herhalingen tonen hoe een toename van de dimensies van een eenheid extra takken creëert in de 'voet'-vormen en het aantal plooien verhoogt. Dit kan verder worden ontwikkeld met steeds meer wendingen.

*Boven:* sleutels op een cirkelraster van radiaal geschikte V-eenheden. De eindes van de buitenste eenheden staan in lijn met het midden van de cirkel. Sleutels passen vaak lastig op zulke rasters, zodat soms ongebruikelijke oplossingen nodig zijn (*zoals de zwaluwstaartwiggen, boven*)

*Boven:* een cirkel vervormt een sleutel van 2-2-4-4-6-12-6-4-4-2-2-S'en op een regelmatig raster. Concentrische cirkels, enige flexibiliteit en zorgvuldige inschatting worden gebruikt om de randen zo om te vormen dat ze passen bij het rechthoekige centrum.

*Boven:* regelmatig patroon: uit de vrije hand getekende krommen in plaats van lijnen.

*Links & rechts:* sleutels op basis van gekantelde enkele spiralen in verticale kolommen. Op de bovenste en onderste rijen na bevatten alle kolommen dezelfde spiraal. De randdriehoeken zijn zonder sleutel.

*Boven:* acht transformaties van spiraal op diagonaal raster.

*Links:* sleutelpatronen uit *Book of Durrow* f. 1v (*blz. 53*) gemaakt met gebruik van regelmatig verdeelde vierkanten.

# Keltische knopen

*Links:* knopen dienen al van oudsher om te verenigen, construeren en binden en hebben zich verbonden aan onze taal, symbolen en metaforen. Soms zitten we in de knoop, zijn we onlosmakelijk gebonden aan contracten en moeten we de knoop doorhakken of de eindjes aan elkaar knopen.

*Onder:* knopentopologie bestudeert de eigenschappen van knopen en wordt gebruikt om polymeerbindingen en chiraliteit te bestuderen. Sommigen menen dat knooptheorie van pas kan komen om logische poorten te vormen voor topologische kwantumcomputers. Knopen bestaan alleen in 3D-ruimte; in elke andere ruimte raken ze los.

*Boven, v.r.n.l.:* de dubbele DNA-helix, zowel knoop als spiraal; de helende caduceus van Mercurius, god van drempels, dieven en kennis; Birkeland-stromen, kabels van plasma die op elke schaal in het heelal zichtbaar zijn en waarvan de patronen verschijnen rond planeten, sterren en sterrenstelsels (in het infraroodspectrum).

*Boven:* verschillende knopen dienden verschillende functies (weven, haken en breien vergen allemaal speciale soorten knopen). Zeelui en klimmers vertrouwen hun leven toe aan knopen. Knopen zijn ook gebruikt als geheugensteuntje door zakdoekknopers en de Inca's, die een administratieve knopentaal ontwikkelden, het *quipu* (boven).

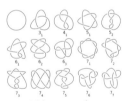

*Periodiek systeem van knopen.*

Vroege kunstenaars probeerden niet de natuur maar juist haar manier van werken te imiteren. Keltische patronen zijn het ideale voorbeeld van gestileerd denken als natuurfilosofie. Knopen hebben een specifiek effect op ademhaling. Een gelijkmatige ademhaling is essentieel voor het tekenen van soepel buigende paden en vertraagt de hartslag.

*Boven:* slangenknoop op St. Patricks belschrijn (Ierland, 12e eeuw).

*Boven:* spieren knopen botten en pezen aan elkaar, zodat beweging mogelijk is. Hier wikkelen *seratus anterior*-spieren zich rond de ribbenkast en verlenen stevigheid en flexibiliteit vergelijkbaar met die van een mand. Er is op veel niveaus een patroon in ons geweven. Van quark tot Melkweg, van vlinder tot schelp zijn we patronen in patronen in patronen.

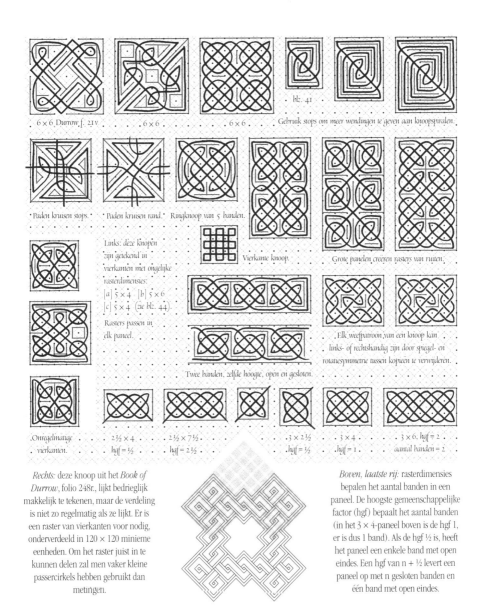

*Rechts:* deze knoop uit het *Book of Durrow*, folio 248r., lijkt bedrieglijk makkelijk te tekenen, maar de verdeling is niet zo regelmatig als ze lijkt. Er is een raster van vierkanten voor nodig, onderverdeeld in 120 × 120 minieme eenheden. Om het raster juist in te kunnen delen zal men vaker kleine passercirkels hebben gebruikt dan metingen.

*Boven, laatste rij:* rasterdimensies bepalen het aantal banden in een paneel. De hoogste gemeenschappelijke factor (hgf) bepaalt het aantal banden (in het 3 × 4-paneel boven is de hgf 1, er is dus 1 band). Als de hgf ½ is, heeft het paneel een enkele band met open eindes. Een hgf van n + ½ levert een paneel op met n gesloten banden en één band met open eindes.

# Keltische manuscriptrasters

    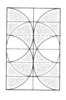 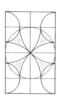

$2 : \phi$  
Lindisfarne, folio 2v.

$2 : \sqrt{3}+1$  
Kells, f. 7v & 32v.

$3 : \sqrt{5}$  
Lindisfarne, f. 26v.

$1 : 2(\sqrt{5}-2)+1$  
Macdurnen, f. 115v.

$3 : 2$  
Mulling, f. 35v.

$1 : 3-\sqrt{2}$  
Mulling, f. 81v.

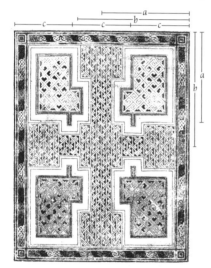

De Ionische lambdoma (rechts) toont de relatie tussen machten van twee en drie (muzikale octaven en perfecte kwinten). Ze bevat ook harmonische (zoals 6-8-12), rekenkundige (zoals 6-9-12) en geometrische gemiddelden (zoals 64-72-81).

| 1 | 2 | 4 | 8 | 16 | 32 | 64 |
|---|---|---|---|---|---|---|
|   | 3 | 6 | 12 | 24 | 48 | 96 |
|   |   | 9 | 18 | 36 | 72 | 144 |
|   |   |   | 27 | 54 | 108 | 216 |
|   |   |   |   | 81 | 162 | 324 |
|   |   |   |   |   | 243 | 486 |
|   |   |   |   |   |     | 729 |

*Links:* *Harburg*-evangelie (folio 126v): als de breedte van het paneel 128 eenheden telt ($2^6$), telt de bijpassende hoogte er 162 ($3^4$). Wordt 128 wordt gezien als een octaaf, dan corresponderen afstanden in het paneel met muzieknoten: $a$ = F, $2a$ = F♯, $b$ = A, $2c$ = B♭ zijn slechts een paar van de gebruikte muziekverhoudingen. De Kelten stoppen numerieke inzichten in hun kunst en maken een visuele synthese van muziek via de verborgen schat van numerieke harmonie.

*Rechts:* gereedschap: een kwartslens (met kleine voet), een penseelpasser en met eiwit of Arabische gom gebonden pigmentpoeder. Sommige lenzen focussen omgevingslicht op het centrum van vergroting.

*Onder:* tijdlijn van Keltische kunst in context.

| —100.000 v.Chr.— | 5000 v.Chr. — | 3000 v.Chr. — | 700 v.Chr. — | 56 v.Chr. — | 500-800 — | 900 — |
|---|---|---|---|---|---|---|
| vroegste rasters | Carnac, Frankrijk | Stonehenge | Grieken en Kelten | Romeinen vallen Brittannië in | Keltisch-christelijke kunst | islamitische verluchting |

# Keramiek en glas

**KLEI** is een kneedbare substantie die wordt gevormd door geleidelijke erosie van mineralen als veldspaat tot kleine deeltjes gehydrateerde silicaten gemengd met water en andere bestanddelen. De ontdekking rond 10.000 v.Chr. dat sterk verhitte klei hard en sterk wordt, is een van de keerpunten in de geschiedenis van de mensheid. In een oven van 800-1200 °C vormt klei licht poreus aardewerk. Bij hogere temperaturen verglaast klei gedeeltelijk en wordt het steengoed. Porselein is een fijne witte materie die wordt verhit tot verglazing en dan doorschijnend wordt. Pyrometrische kegels, die op verschillende temperaturen smelten, worden vaak gebruikt om de temperaturen te controleren, en ook digitale thermometers zijn populair. De oventemperatuur kan ook worden beoordeeld via de kleur van de gloeiende keramiek (de temperatuur van metalen kan ook worden geschat met onderstaande lijst).

Minst zichtbare rood tot donkerrood 470-650 °C
Donkerrood tot kersenrood 650-750 °C
Kersenrood tot helder kersenrood 750-800 °C
Helder kersenrood tot oranje 800-900 °C
Oranje tot geel 900-1100 °C
Geel tot lichtgeel 1100-1300 °C

Kleivoorwerpen kunnen met de hand en simpel gereedschap worden gevormd op een pottenbakkerswiel of door slip (mengsel van klei en water) in een mal te doen. Daarna laat men de klei drogen tot een brosse substantie. Deze kan dan eerst ongeglazuurd worden gebakken ('biscuit') en een tweede keer mét glazuur, of men kan in één cyclus bakken.

**GLAZUUR** smelt bij verhitting tot een harde glazen coating. Hierdoor kan aardewerk vloeistof vasthouden. Het wordt op het kleivoorwerp gepoederd of, na menging met water, geverfd of gegoten; of het voorwerp wordt erin gedompeld. Glazuur is een speciaal soort glas van silica, alumina (voor meer viscositeit bij het smelten) en een smeltmiddel om het smeltpunt te verlagen. Voor loodglazuur wordt lood-♄-oxide gebruikt. Met natrium- en kaliumcarbonaat of andere alkaliën ontstaat alkalisch glazuur, dat vaak een craquelépatroon krijgt bij afkoeling. Tin-♃-oxide wordt gebruikt voor een matter resultaat. Kleurstoffen kunnen door het glazuur worden gemengd, op de klei worden geschilderd vóór het glazuren of op het glazuur worden aangebracht. Voorbeelden zijn ijzer-☉-oxide voor amber- en bruintinten, koper-♀-oxide voor groen en turkoois, kobaltoxide voor blauw en mangaanoxide voor lila, paars en bruin.

**GLAS** is een sterk, duurzaam, transparant materiaal. Het bestaat vooral uit silica. Normale vaste stoffen hebben regelmatige moleculuurstructuren, maar als ze snel afkoelen, nemen vele een niet-kristallijne structuur aan – 'glas' in algemene zin. Silica zijn een van de weinige materialen die glas vormen bij normale afkoeling. Zuivere silica hebben een smeltpunt van 1723 °C. Om dit te verlagen tot circa 1000 °C wordt natrium- of kaliumcarbonaat toegevoegd, en calciumoxide om de oplosbaarheid te verminderen die de carbonaten aan het glas geven. Het mengsel wordt dan verhit tot circa 1100 °C. Andere toevoegingen kunnen lood zijn, dat meer schittering oplevert, of boor, dat de thermische kwaliteiten van laboratoriumglas verbetert.

Glas heeft normaal een groene waas van ijzeronzuiverheden, maar met diverse metalen kunnen talloze kleuren worden gemaakt. Metallisch goud geeft in een kleine concentratie robijnkleurig glas. Zilverbestanddelen zorgen voor kleuren van oranjerood tot geel. Extra ijzer levert feller groen op. Koper-♀-oxide geeft turkoois en metallisch koper een erg donker en matrood. Kobalt produceert blauw glas, mangaan violet en tin-♃-oxide met anti-moon- en arseenoxides levert matwit glas op.

Glas werd voor het eerst geproduceerd rond 2500 v.Chr. De oude Egyptenaren maakten kleine kannen en flessen door verhitte glasdraden te wentelen rond een aan een staaf gemetseld mengsel van mest en klei. Glasblazen werd in het eerste millennium voor Christus uitgevonden en maakte de snelle productie van grote waterdichte schalen mogelijk. Hierbij worden drie ovens gebruikt: een voor het gesmolten glas, een tweede voor het opwarmen van het object voor nadere bewerking en een derde voor het temperen, waarbij het glas langzaam afkoelt en niet breekt. Gereedschap bestaat uit blaaspijp, houten vormen (klotsen), ijzeren staven (pontils), platte spatels, pincetten en scharen. Door verhitten, manipuleren en samenvoegen van voorgevormde delen, buizen en bekers met alcohollampen (nu met een propaan/zuurstofbrander) kan complex glas worden gemaakt voor laboratoriumgebruik.

# Pigmenten

**PIGMENTEN** moeten onoplosbaar en redelijk lichtecht zijn. Ze worden voor gebruik met wat water fijngemalen tot een pasta met een wrijfglas op een glazen plaat (gebruik bij grove korrels eerst een vijzel). Voor olieverf neemt u olie in plaats van water.

Erg dun tot bladgoud gehamerd ☉ **GOUD** kan op de meeste oppervlakken worden aangebracht. Van bladgoud kan verf ('schelpgoud') worden gemaakt met Arabische gom of gelatine.

☽ **ZILVER** kan net als goud worden aangebracht als blad of verf, maar wordt dof door contact met zuurstof.

De ♀ **KOPER**ertsen malachiet (groen) en azuriet (blauw) zijn goede pigmenten, maar hoe fijner ze worden gemalen, hoe bleker hun kleur. Het samenvoegen van sterke oplossingen blauw vitriool (kopersulfaat) en natriumcarbonaat levert kunstmatig malachiet op. Verdigris is koperacetaat, voor gebruik oplosbaar in water of alcohol. Het kan ook worden opgelost in hars, maar wordt bruin in de lucht als het niet wordt gevernist. Het oudste bekende kunstmatige pigment is Egyptisch blauw, een kopersilicaat. Meng (drooggewicht) 10 delen kalksteen met 11 delen malachiet en 24 delen kwarts. Wrijf grondig door elkaar. Voeg wat natrium- of kaliumcarbonaat toe, verhit tot circa 900 °C en houdt het minstens 10 uur op 800 °C. Koel af en maal fijn.

♂ **IJZER**. Rode oker, gele oker, ruwe sienna en ruwe omber zijn allemaal ijzeroxides (van de laatste twee bestaan ook 'gebrande' versies). Natuurlijke groene aardepigmenten bevatten ijzersilicaat. Kunstmatige ijzeroxides zijn ook nuttige pigmenten, variërend van geel en rood tot bruin.

☿ **KWIK** in zijn rode erts cinnabar (mercurisulfide) is een goed pigment. Vermiljoen is kunstmatig cinnaber: een mengsel van gesmolten zwavel en kwik (zwart mercurisulfide). Verhit in een geschikte afgesloten aardewerken pot sublimeert dit tot rood mercurisulfide. Kwik is zeer giftig; gebruik het niet thuis.

♄ **LOOD**pigmenten zijn giftig. Minium is loodoxide, een helder roodoranje, dat kan worden gemaakt door lood langdurig te verhitten in de lucht. **WITLOOD** is loodcarbonaat. Plaats loodstrips in een aardewerken pot met wat azijn en zet op een warme plek. Na een paar maanden is er een korst van witlood gevormd.

♃ **TIN**. Het nog zelden gebruikte gele loodtin (loodstannaat) varieert van licht citroengeel tot meer roze. Meng 3 delen minium met 1 deel tinoxide. Zeef het mengsel door een erg fijne zeef om het beter te homogeniseren, Verhit het langzaam tot 600 °C en houdt het twee uur op deze temperatuur; verhit verder en houdt het een uur op 800 °C. Laat langzaam afkoelen.

**KOBALT** is het sleutelingrediënt van smalt, een blauw glaspoeder. Verhit kwarts, kaliumcarbonaat en kobaltoxide op 1150 °C tot matblauw glas. Dompel het heet in koud water, zodat het barst en maal het tot pigment. Kobaltblauw, ontdekt in 1802, is kobaltaluminaat. Maal 1 deel kobaltchloride en 5 delen aluminiumchloride en verhit 5 minuten in een reageerbuis boven een sterke gasvlam. **ANTIMOON** wordt gebruikt in Napels geel, een kunstmatig loodantimonaat dat stamt uit het oude Egypte en wordt gemaakt door een loodmengsel te vergloeien met een antimoonmengsel.

**ULTRAMARIJN** wordt gemaakt van het mineraal lapis lazuli. Besprenkel fijngemalen lapis lazuli met lijnzaadolie. Maak een pasta van gelijke delen carnaubawas, dennenhars en colofonium. Voeg 1/16 deel lijnzaadolie, 1/4 deel terpentijn en 1/4 deel mastiek toe. Meng 4 delen van deze pasta met 1 van de lapis lazuli en laat een maand staan. Kneed het mengsel in warm water tot de blauwe deeltjes zich scheiden en homogeniseren. Ultramarijn werd in 1828 voor het eerst gesynthetiseerd.

**VERFLAK**pigmenten zijn gemaakt uit organische bronnen als meekrap (rood), onrijpe wegedoornbessen (geel), rijpe wegedoornbessen (groen) en cochenilleluizen (karmijnrood). Meng een verzadigde oplossing van kaliumcarbonaat en maal en stamp het bronmateriaal tot er geen kleur meer uitkomt. Meng 6 lepels aluin met 0,25 liter warm water op 0,5 liter gekleurde oplossing. Giet het aluinmengsel erbij om het pigment te laten neerslaan. Ook **INDIGO**poeder kan worden gebruikt als pigment. De Maya's maakten een mooi blauw door verhitting van een mix van indigo en palygorskiet. 5 uur op 200 °C is voldoende.

**BEENZWART**. Kook dierenbotten (kippenbotten zijn goed) vrij van alle vet. Wikkel ze in aluminiumfolie en verhit het pakket een uur lang in een sterke gasvlam. Laat afkoelen en maal tot pigment. **LAMPZWART** is roet dat wordt opgevangen door een metalen oppervlak boven een olielamp. Geschikt voor inkt.

# Kunstenaarsmedia

**VERF** is een mix van pigment en een bindmiddel. Arabische gom is een populair bindmiddel op waterbasis dat wordt gebruikt voor **WATERVERF** of, met toegevoegd dekwit, **GOUACHE**. Maal stukjes Arabische gom tot een fijn poeder, voeg twee keer het volume aan heet water toe en roer. Voeg voor minder broosheid een klein beetje kandijsuiker toe. Meng 1 deel gomwater met 2 delen pigmentpasta in water.

**EITEMPERA** is een erg lang houdbaar medium. Splits het ei en rol de dooier van handpalm naar handpalm tot hij droog is. Til de dooier op aan het membraan en knijp om het vocht op te vangen in een schaal. Meng het vocht met gelijke delen water of wittewijnazijn voor gebruik met een pigmentbasis. **EITWITLIJM** wordt gemaakt van eiwit en is ideaal voor delicate verluchtingen op perkament. Klop eiwit tot het schuim droog is. Het vocht op de bodem van de kom is eiwitlijm.

**PLANEERWATER** vormt een laag die een oppervlak vult of bedekt, ter bescherming van of als voorbereiding op een volgende laag. **GLUTINELIJM** is lijm van dierlijke oorsprong, heel geschikt om te planeren en als een sneldrogend medium ook direct worden gemengd met een pigmentpasta op waterbasis. Doe 1 deel lijm in 18 delen water tot hij opzwelt; verhit langzaam (zonder te koken) tot de lijm is opgelost. **CASEÏNE** is een uit melk gewonnen planeermiddel dat ook als sneldrogend verfmedium kan worden gebruikt. Zeef 2 delen caseïnepoeder in 8 delen water en los het al roerend op. Voeg 1 deel vlugzout toe en laat een halfuur staan; voeg dan 8 delen water toe. **STIJFSEL** is ook een planeermiddel: roer 1 deel stijfselpoeder door 3 delen koud water tot een pasta en roer er dan voorzichtig 3 delen kokend water door. Haal van het vuur zodra de oplossing helder wordt. Voor gebruik verdunnen met water. **VISLIJM** wordt gewonnen uit in water gekookte vissenhuid en graten en is een goed planeermiddel.

**OLIEVERF** is verrassend simpel te maken. Volg de instructies op blz. 370 voor het malen van pigment, voeg **LIJNZAADOLIE**, **WALNOTENOLIE** of **PAPAVEROLIE** toe en klaar. Werk het pigment met een paletmes door de olie. Olieverf droogt niet, maar hardt via chemische reactie, zodat schilders tijd hebben om dingen aan te passen. Okers versnellen het 'droogproces', houtskool vertraagt het. De kunst van olieverven berust op het leren gebruiken van de vele harsen en terpentijnolies die beschikbaar zijn. De volgende recepten zijn slechts een fractie van de mogelijkheden. Pas op met vluchtige en brandbare materialen.

**VERNIS** beschermt olieverf. Zelfs als een glanzende afwerking niet gewenst is, is het toch beter om het aan te brengen (nadat het schilderij helemaal droog is) en het dan af te werken met was. **GLAZUUR** lijkt erg op vernis en wordt gebruikt om een kleurwaas aan te brengen die toch stevig genoeg is om te hechten. De vuistregel is 'dik over dun' schilderen: elke nieuwe laag heeft minder pigment maar meer olie en hars. **DAMARHARS** bestaat uit lichtgele klompjes. Meng ze met gelijke delen **TERPENTIJN**, schud dagelijks tot de hars is opgelost en u hebt een goed vernis dat ook werkt als een glazuur. **MASTIEK**, gemengd en verhit met twee keer het volume aan terpentijn, levert een goed vernis op. Voor een dun hoogglansvernis mengt u 1 deel **VENETIAANSE TERPENTIJN** of **CANADABALSEM** met 2 delen terpentijn. Een goed ruikend vernis voor geplaneerd hout is 3 delen venetiaanse terpentijn, opgewarmd en vermengd met 1 deel lavendelolie. **AMBER**vernis is hard en veelzijdig en fungeert als verfmedium, slotvernis of (verdund) als fixeermiddel. Tegenwoordig wordt het gemaakt met **KOPAL** als substituut: plet 1 deel kopalhars tot poeder en meng het met 4 delen benzeen tot het bijna is opgelost. Meng er dan 3 delen terpentijn door en verhit tot deze is opgelost. Als u deze warme oplossing niet afsluit, zal de benzeen verdampen en houdt u een kopalterpentinevernis over. **FIXEERMIDDELEN** om pigment te fixeren zijn essentieel voor het behoud van houtskool-, krijt- en pasteltekeningen. Meng 1 deel **SCHELLAK** met 50 delen methanol. Leg de tekening op de vloer en blaas de fixeerdamp eroverheen voor een gelijkmatige deklaag.

Voor **WASSCHILDERWERK** is bijenwas het geschikte medium. Verhit langzaam 1 deel bijenwas met 3 delen terpentine tot de was smelt en laat al roerend afkoelen. Meng voor gebruik het pigment grondig door de was. U kunt ook gelijke delen zachte elemihars, bijenwas, lavendelolie en terpentine gebruiken. **FRESCO** is een speciale techniek om direct op pleisterkalk te schilderen. Meng kalkbestendige pigmenten met water tot een pasta en schilder direct op verse pleisterkalk.

# Nuttige recepten

**HOUTSKOOL** wordt gemaakt door hout te verhitten in afwezigheid van zuurstof. Hij kan ook worden gemaakt van bot. Houtskool brandt heter en schoner dan hout en is daarom nuttig voor smelten en smeden. Houtskool is vooral koolstof en wordt al sinds de prehistorie gemaakt. Kegelvormige stapels hout hadden openingen bij de bodem en een centrale schacht voor beperkte luchtstroom; de stapel werd bedekt met turf of natte klei en het vuur begon onder aan de schacht. Elke juist afgesloten houder met droog hout in een heet genoeg vuur levert met wat oefening houtskool op. Het is belangrijk om net genoeg openingen te hebben om gassen te laten ontsnappen zonder de lucht vrij in te laten stromen die het hout tot as reduceert. Houtskool van wijnstok- of wilgentwijgen is populair om mee te tekenen. Voor kleine hoeveelheden kunt u beter beenzwart maken (zie blz. 370).

**DIERLIJKE LIJM** wordt gemaakt door het uitkoken van huiden (zoals van konijnen), pezen en hoeven tot ze een dikke lijm afgeven die kan worden afgegoten. Verhit niet te snel, want dan verbrandt en verkleurt het mengsel. Voor de opslag kan de lijm worden gedroogd. Meng voor gebruik met 1 deel water. Verbindingen met huidenlijm zijn repareerbaar en omkeerbaar. Houd de lijm au bain-marie vloeibaar.

**LEER** wordt gemaakt door dierenhuid te looien zodat hij soepel blijft, ook na nat worden en weer drogen. Schraap eerst alle vet en vlees van de binnenkant en wrijf de buitenkant in met een sterke oplossing van kaliumcarbonaat of calciumoxide; laat een paar dagen rusten tot de haren loskomen. Schraap de buitenkant schoon met een scherp mes. Traditioneel werd de huid dan ingewreven met carnivorenmest (vaak van honden) om de elasticiteit af te breken via enzymreacties. Als de huid niet meer veerkrachtig is, wordt de mest grondig weggewassen. Dan wordt de huid drie dagen in tannines gelegd die zijn gelekt uit gekneusde eikenschors in water. Hierna kan de huid te drogen worden gehangen en is hij klaar. Huiden kunnen ook worden gelooid met hersenen en elk dier heeft daar precies genoeg van voor zijn eigen huid. Reinig de huid zoals boven. Kook de hersenen in wat water en knijp ze grondig fijn. Als deze soep net niet te heet is om mee te werken wrijft u er eerst de binnen- en dan de buitenkant mee in. Laat circa zeven uur met rust en dompel de huid dan een nacht in water. Werk dan het water uit de huid met een houten wig en in een ronde stok. Hiermee houdt u de huid gestrekt en soepel als hij droogt. Roken boven vuur als hij droog is, voorkomt dat hij weer stijf wordt na nat worden.

**PERKAMENT** of **VELLUM** is dierenhuid die is behandeld met gebluste kalk. Hij wordt uitgerekt en gedroogd tot een glad oppervlak om op te schrijven of te schilderen. Een twaalfde-eeuws recept: laat geitenhuiden een dag en nacht in water staan en was dan grondig. Maak een bad van kalkmelk, laat de dichtgevouwen huiden er een week in liggen (in de winter twee weken) en schud twee of drie keer per dag op en neer. Verwijder het haar, maak een nieuw kalkmelkbad, leg de huiden er weer in en schud ze een week lang dagelijks op en neer. Was ze grondig, zet ze twee dagen in schoon water en bind de huiden met touw aan een rond frame. Droog ze, schaaf de huiden af met een scherp mes en laat ze twee dagen in de zon hangen. Bevochtig de binnenkant en schuur die met puimsteenpoeder. Herhaal na twee dagen en maak de binnenkant terwijl hij nat is volledig glad met puimsteen. Trek de touwen aan om het vel vlak te trekken en laat drogen.

**PAPIER** kan worden gemaakt zonder chemische interventie, waarbij de geweekte, gekookte, geslagen en gescheurde plantvezels een mechanische pulp worden. Een base breekt echter de lignine uit de cellulosevezels af, wat een beter resultaat geeft in een chemische pulp. Kook plantenstengels in een base als gebluste kalk tot de witte vezels in een bruine soep drijven. Zeef deze pulp, laat hem wellen in schoon water, zeef opnieuw en laat opnieuw wellen. Deze pulp kan door een mal van draadgaas op een houten frame worden gezeefd om vellen papier te maken (*zie illustratie links: frames en op de achtergrond apparatuur voor het verpulpen van katoenvodden*).

**GIPS** is een veelvoorkomend mineraal. Geroosterd op zo'n 150 °C verliest het zijn meeste chemisch gebonden water en resteert er **PLEISTERKALK**. Droog pleisterpoeder mengen met water levert weer gips op, eerst als een pasta, die daarna uithardt. Een goede bereiding moet gelijkmatig gemengd zijn. **GESSO** is een dikke, romige onderlaag voor stijve oppervlakken. Zeef fijngemalen kalk of gips in een gelijke hoeveelheid dierlijke lijm (*blz. 372*). Roer na een paar minuten voorzichtig door en breng meerdere, gelijkmatige lagen aan, maar laat ze telkens eerst drogen. Houd de gesso warm en voeg wat water toe om elke laag wat te verdunnen en barsten te vermijden. Schuur en polijst voor een mooi oppervlak voor schilderen en vergulden.

**INKT** van ijzergallus is lichtecht en brandt de pagina in. Galappels zijn opzwellingen aan bomen veroorzaakt door insecten. Volg dit recept (naar gewicht): 4 delen galappel, 1 deel groen vitriool (ijzer(II)sulfaat), 1 deel Arabische gom, 30 delen water. Maal de galappel fijn en week hem in de helft van het water. Los vitriool en gom op in de rest van het water en meng dan alles. De zwarte kleur wordt na een maand of twee intenser (wel af en toe roeren). Bij te veel ijzerzouten wordt de inkt bruin en te veel gal geeft een zwak zwart. **SEPIA** van de mediterrane zeekat en andere inktvissen is erg duurzaam, met rijke donkerbruine tonen, maar niet lichtecht. **OOST-INDISCHE INKT** is een colloïdale suspensie van koolstof in water. Fijngemalen houtskool in een dunne Arabische-gomoplossing levert een simpele Oost-Indische inkt op. De gom helpt de koolstof in suspensie te houden. Vervang de koolstof door cinnaber voor rode inkt.

**ZEEP** wordt gemaakt via verzeping, een reactie tussen een base en dierlijk of plantaardig vet. Zeep van caustische potas is vloeibaar, die van caustische soda is vast. De gebruikelijke vetten zijn dierlijke vetten (varken, geit, rund), olijfolie en palmolie. Het koude proces met caustische soda of potas kan thuis goed worden nagebootst. Neem 10 delen vaste caustische soda of 14 delen caustische potas, opgelost in 20 delen warm water, 72 delen rundervet/73 delen reuzel/75 delen olijfolie/71 delen palmolie. Laat het vet, indien het hard is, zachtjes smelten. Meng de twee vloeistoffen op circa 40 °C. Meng niet te warm en niet bij ongelijke temperaturen. Giet het vet en dan de soda in een geschikt vat en roer of schud flink. Goed gemengde vloeistoffen schiften niet. Doen ze dat wel, roer of schud dan opnieuw. Na een week kunt u de zeep testen om te kijken of hij schuimt. Test voor een teveel aan base met pH-papier.

**MORTEL** werd voor het eerst gebruikt in Egypte als mengsel van gips en zand. Cementmortel is 1 deel portlandcement met 3-6 delen zand (minder zand is sterker) en water. Door toevoeging van grof toeslagmateriaal ontstaat er **BETON**. Kalkmortel bestaat uit 1 deel ongebluste kalk en 2 delen fijn zand met water. De kalk, die wordt geblust in het mengsel, hardt in de lucht uit tot kalksteen.

**ONGEBLUSTE KALK** is calciumoxide, verkregen door kalksteen te verhitten tot circa 900 °C. Voeg hem toe aan ruim water voor basisch calciumhydroxide oftewel **GEBLUSTE KALK** en veel hitte. **KALKMELK** is een afgekoelde suspensie van fijne gebluste kalk in water.

**VERFSTOFFEN** moeten hechten aan textielvezels, zodat ze niet worden weggewassen. Dit vergt vaak een beits, waarvan aluin het populairst is, die roze, goud, oranje, rood en lila fixeert. Meng een kwart van het gewicht van het textiel aan aluin in genoeg water voor het textiel. Bevochtig het textiel met warm water, dompel het dan in het beitsmiddel, verhit en roer nu en dan. Laat een nacht afkoelen. Kook de verfstof een halfuur in water en voeg dan genoeg water toe voor het textiel. Verhit een uur of tot het textiel de gewenste kleur heeft (het wordt lichter na uitspoelen en drogen). Koel het textiel, spoel het uit en droog. Voor een fellere kleur gebruikt u meer verfstof, niet meer beits. Voor indigo doet u het volgende: verzamel urine in een fles of kom en laat die onafgedekt (of met een kleine opening voor lucht) in de zon fermenteren. De sterke ammoniakgeur is een teken dat de vloeistof klaar is. Voeg 1 theelepel zeer fijn gemalen indigo toe per liter urine. Laat nog een dag in de zon staan tot u een lichtgroene oplossing hebt. Was het textiel met zeep, spoel grondig na en leg het in de oplossing. Houd het minimaal 10 minuten ondergedompeld en knijp er dan overtollig vocht uit. Het textiel zal aan de lucht blauw kleuren.

# Islamitische patronen

De patronen hieronder zijn allemaal gemaakt van slechts één of twee verschillende vormen en geconstrueerd op een vierkant of driehoekig raster. Ze zijn vrij makkelijk te maken op isometrisch of ruitjespapier, of vergen anders maar één of twee sjablonen, wat ze ideaal maakt voor in de klas. Sommige hoekpunten in de vierkante patronen liggen halverwege de rastersnijpunten. Voor de twee gebogen patronen wordt een passer gebruikt om bogen te trekken die zijn gecentreerd op rasterpunten en deze ook kruisen. De kleuren mogen variëren.

# Een eindeloze puzzeldoos

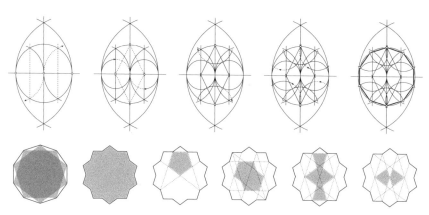

De *Umm al-Girih* is het beginpunt voor een hele reeks patronen. Een goede manier om deze patronen te onderzoeken is het maken van puzzelstukjes. Volg de diagrammen voor een regelmatige tienhoek – een straal van zo'n 5 cm is geschikt voor de eerste cirkel – en ontleen dan elke vorm aan de tienhoek: ster, vijfhoek, 'versmolten' dubbele vijfhoek, 'fles' en 'vlieger'. Maak van elke vorm een sjabloon van karton of dun plastic en snijd zoveel stukjes als nodig zijn uit gekleurd karton of papier. De mogelijkheden worden alleen beperkt door het aantal puzzelstukjes, zeker als u kleuren varieert of aperiodieke en zelfgelijkende herhaalstructuren gebruikt. Voor de patronen hieronder, plus die op blz. 95, hebt u de hier vermelde aantallen stukjes nodig. Voor een keurige rechthoekige omtrek moeten stukjes worden gehalveerd of gevierendeeld zoals is aangegeven. Het tellen en het maken van de aantallen stukjes voor het patroon op blz. 377 uit het mausoleum van I'timad al-Daula in Agra, India, vormen samen een leuke klus voor de enthousiaste lezer, of wellicht een klas vol leerlingen.

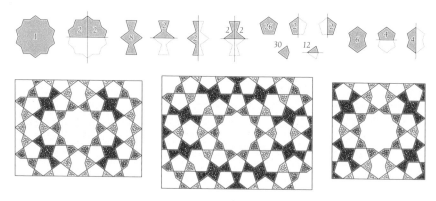

# Nuttige subrasters

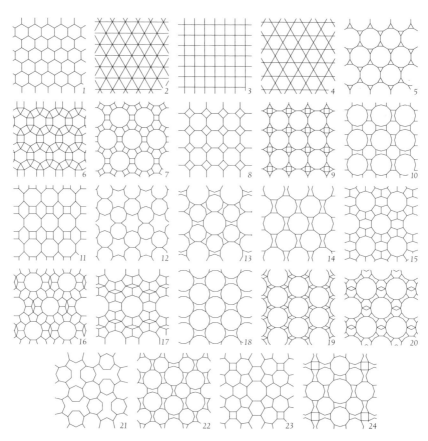

De meeste patronen uit het deel islamitische ontwerpen berusten op vrij eenvoudige veelhoekige subrasters. Ze worden hier vermeld, met de bladzijden waarop ze voorkomen: 1. blz. 63-65; 2. duaal van 1; 3. blz. 69, blz. 85 (*linksmidden*), blz. 86; 4. blz. 92, blz. 93; 5. blz. 76, blz. 79 (*bovenste rij*), blz. 81 (*rechtsboven*), blz. 83 (*middenboven en rechtsboven*); 6. blz. 67, blz. 79 (*derde rij*); 7. blz. 77, blz. 83 (*linksonder*); 8. blz. 69 (*alternatief voor 3*), blz. 70, blz. 71 (*bovenste rij*), blz. 85 (*rechtsboven en rechtsonder*), blz. 86; 9. blz. 79 (*tweede rij en onder*), blz. 81 (*linksboven*); 10. blz. 85 (*linksonder*), blz. 104; 11. blz. 71 (*tweede rij links*); 12. blz. 83 (*middenonder*); 13. blz. 60; 14. blz. 75 (*rechtsonder*), blz. 94, blz. 95 (*boven*), blz. 96, blz. 98, blz. 99 (*alle patronen*); 15. blz. 75 (*rechtsonder*), blz. 94, blz. 95 (*boven*), blz. 96, blz. 98, blz. 99 (*alle patronen, alternatief voor 14*); 16. blz. 95 (*onder*); 17. blz. 58; 18. blz. 100 (*links*); 19. blz. 100 (*rechts*); 20. blz. 101; 21. blz. 102; 22. blz. 103; 23. blz. 105 (*boven*); 24. blz. 105 (*onder*)

# Vierkant Koefisch

Van alle sierstijlen die werden ontwikkeld uit het vroeg-Koefische schrift, is Vierkant Koefisch, volgens een streng vierkant raster, duidelijk het meest geometrische. Alfabetisch schrift codeert spraakgeluiden en brengt zo woorden, zinnen, nieuwe informatie en, vooral, betekenis over. Vierkant Koefisch biedt een curieuze omkering van deze functie, omdat het vrijwel onleesbaar is voor veel Arabische lezers, met zijn puur grafische wendingen, kronkels en lettervormcompromissen. Het is het makkelijkst te ontcijferen als het geschreven woord of de frase al bekend is bij de lezer, waardoor het schrift dus geen nieuwe informatie overbrengt of een tekst accuraat opslaat, maar vooral dient als ceremoniële invocatie van al bekende heilige woorden of frases. Korte frases worden vaak geschikt in roterende herhalingen (*bovenste rij*); langere passages (*midden*) vormen een spiraal vanaf de buitenrand en beginnen vaak rechtsonder (*onderste rij*).

*Geloofd zij de Heer*

*Mohammed*

*Ali*

*Allah – Mohammed – Ali*

*Surat al-Ikhlās – hoofdstuk 112 van de Koran*

*Surat al-Fātiha – eerste hoofdstuk van de Koran*

5

4

3

2

1

# Gevlochten randen

In de islamitische boekkunst komen vaak vergulde verweven randen voor. Ze dienen om centrale geometrische panelen te kadreren op titelpagina's van boeken, delen of hoofdstukken, en soms ook hele pagina's tekst, vooral in verluchte korans. Een veelgebruikte techniek is om deze gevlochten randen te construeren op een simpel puntraster, vaak in de kleuren blauw en rood. De voorbeelden hieronder vormen een introductie en een klein overzicht van zulke ontwerpen voor aankomende verluchters.

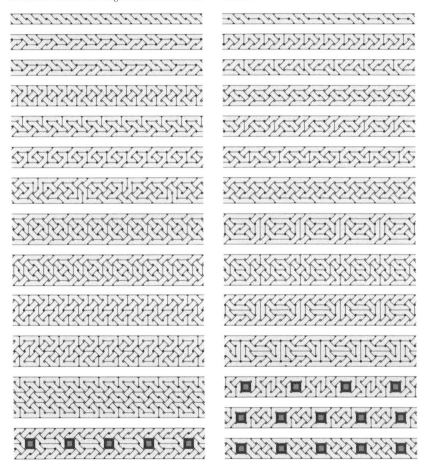

# Kelkelementen

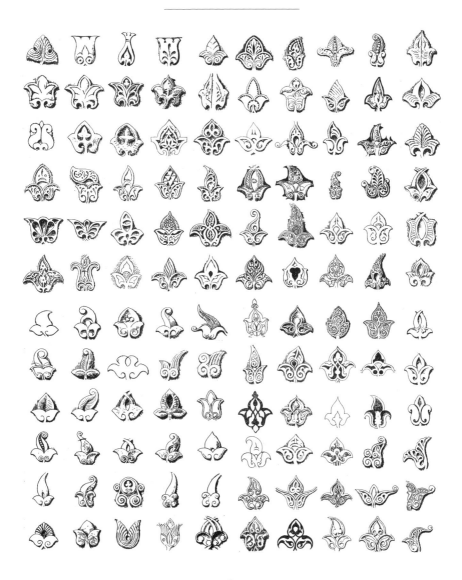

# Klassieke gewelfde randen

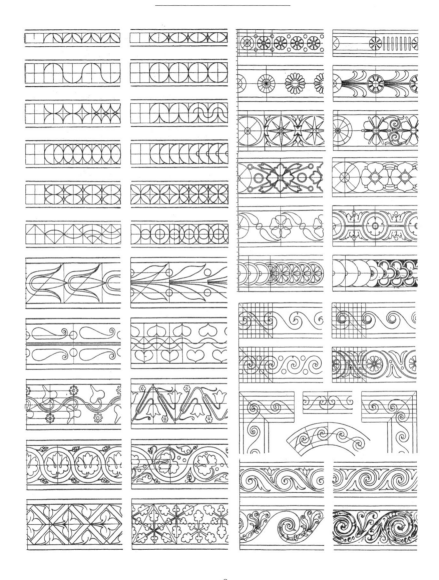

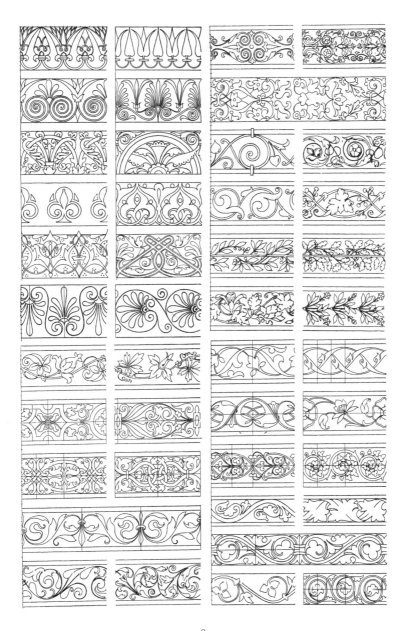

# Wiskundige booglijnen

Hier volgen veel gebruikelijke twee- en driedimensionale wiskundige booglijnen.
Bezier-krommen worden tegenwoordig veel gebruikt voor soepele lijnen in computertoepassingen.

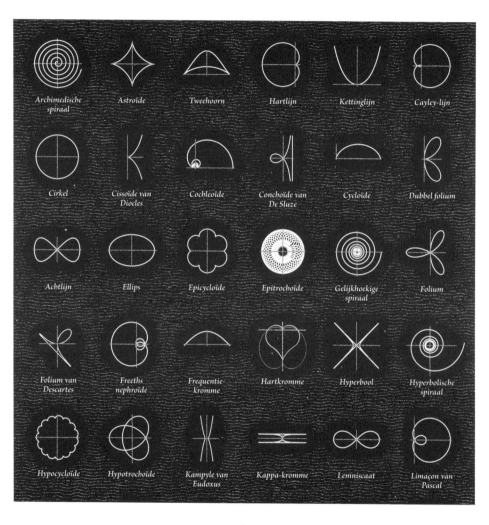

Lissajous-kromme
 Lituus-spraal
 Logaritmische spiraal
 Neils parabool
 Nephroïde
 Parabool

 Parabolische spiraal
 Plateau-kromme
 Rhodonea-kromme 1
 Rhodonea-kromme 2
 Rechte strophoïde
 Serpentine

 Spiraal van Archimedes
 Talbots kromme
 Tractrix
 Tricuspoïde
 Trifolium
 Heks van Agnesi

 Kwadratische Bezier-kromme
 Kubische Bezier-kromme
 Kubische Bezier-kromme
 Kubische Bezier-kromme
 Kubische Bezier-kromme
 Vierdemachts Bezier-kromme

 Cirkelvormige helix
 Conische helix
 Cilindrische sinus
 Sferoïde sinus
 Hyperboloïde sinus
 Conische sinus

 Viviani's kromme
 Stel-spiraal
 Fresnel-spiraal
 Toroïdale spiraal
 Bolvormige spiraal
 Roterende sinus

# Symmetriegroepen

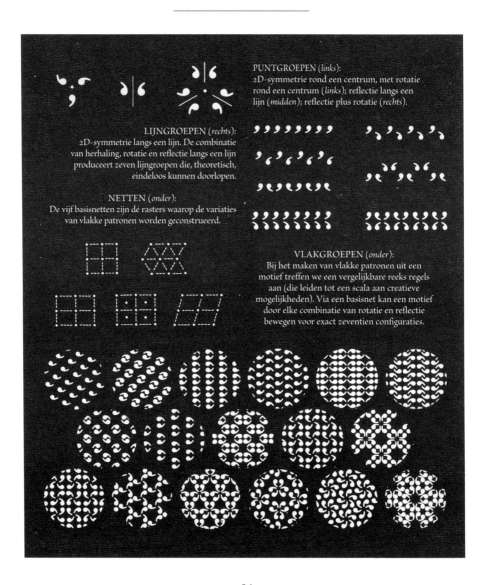

PUNTGROEPEN (*links*):
2D-symmetrie rond een centrum, met rotatie rond een centrum (*links*); reflectie langs een lijn (*midden*); reflectie plus rotatie (*rechts*).

LIJNGROEPEN (*rechts*):
2D-symmetrie langs een lijn. De combinatie van herhaling, rotatie en reflectie langs een lijn produceert zeven lijngroepen die, theoretisch, eindeloos kunnen doorlopen.

NETTEN (*onder*):
De vijf basisnetten zijn dé rasters waarop de variaties van vlakke patronen worden geconstrueerd.

VLAKGROEPEN (*onder*):
Bij het maken van vlakke patronen uit een motief treffen we een vergelijkbare reeks regels aan (die leiden tot een scala aan creatieve mogelijkheden). Via een basisnet kan een motief door elke combinatie van rotatie en reflectie bewegen voor exact zeventien configuraties.

Vergelijkbare beperkingen gelden voor de regelmatige verdeling/betegeling van het vlak. Er zijn maar drie vormen van regelmatige veelhoeken die zelfstandig het vlak kunnen vullen: het vierkant, de gelijkzijdige driehoek en de zeshoek. Met vijfhoeken lukt dat niet.

Naast regelmatige (1-3) zijn er ook acht semiregelmatige betegelingen (of archimedische betegelingen van de eerste orde; 4-11), archimedische van de tweede orde (12-25) en andere varianten die een hele hiërarchie van vlakverdelingsclassificatie vormen.

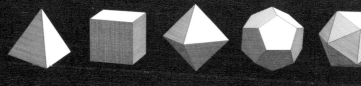

# Minerale en plantaardige li-patronen

De illustraties op blz. 383-391 komen uit *Li, Dynamic Form in Nature* van David Wade (Wooden Books, 2003). Het Chinese concept van *li* ligt tussen het idee van 'patroon' en dat van 'principe', zodat vergelijkbare *li* zich voor kunnen doen in vrij diverse omstandigheden en processen (*zie ook blz. 276-277*).

Iers mos

Gefragmenteerde convectiestroom in vloeistof

Agaat

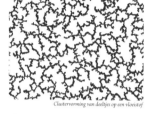
Clustervorming van deeltjes op een vloeistof

Magneto-optisch Kerr-effect in dun plaatje bariumferriet

Malachiet

Haarlijncraquelé in aardewerk

Magnetische doolhofpatronen in met siliciumijzer gepolijst kristal

Positief Lichtenburg-figuur

Barsten in uitgedroogde verf en gel

Barsten in uitgedroogde aarde

Magnetisch domeinpatroon

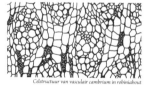
Celstructuur van vasculair cambrium in robiniahout

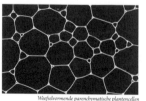
Weefselvormende parenchymatische plantencellen

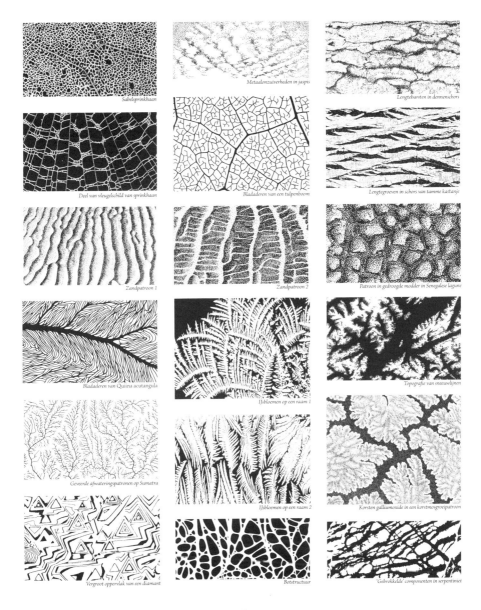

# Dierlijke *LI*-patronen

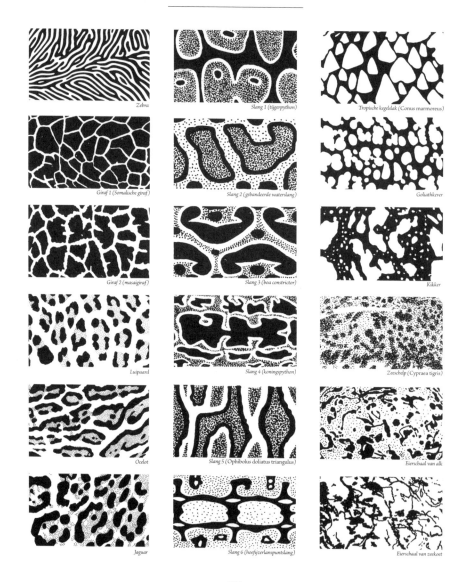

*Li*-patronen op hagedissen, kikkers, inktvissen, schelpen en vissen. Voor meer informatie, zie *Li, Dynamic Form in Nature* van David Wade (Wooden Books, 2003).

# Trajaanse trucjes

De inscriptie op de Zuil van Trajanus in Rome (122 n.Chr.) wordt alom gezien als het hoogtepunt van Romeinse belettering. Onderzoek van kalligraaf Tom Perkins heeft onthuld dat de Romeinse lettervormen zijn ontleend aan simpele 'gulden' geometrie. Dankzij uitstekende reliëfrubbings en lijntekeningen van E.M. Catich kon Perkins vijf simpele rechthoeken beschrijven:

1) het vierkant, gebruikt voor M, O, Q en W;
2) het dubbele vierkant, voor K, L, S en X;
3) de wortel-vijfrechthoek, voor B, E, F, J en P;
4) de dubbele gouden rechthoek voor A, T, R, H, U, Y en Z;
5) de dubbele wortel-vijfrechthoek voor C, D, G, N en V.

Rechts de constructies voor i) een √5-rechthoek uit een dubbel vierkant; ii) een dubbele gulden rechthoek uit een √5-rechthoek; iii) een 3:4-rechthoek (ook soms gebruikt) uit een √5-rechthoek; iv) een √5-rechthoek in een vierkant; v) een gulden rechthoek uit een vierkant. Zie ook blz. 404.

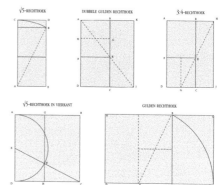

*Boven: de constructie van belangrijke ontwerpersrechthoeken, gebruikt voor de letters op de Zuil van Trajanus in Rome (onder). De J, U en W zijn latere toevoegingen aan het Latijnse alfabet en staan dus niet op de zuil.*

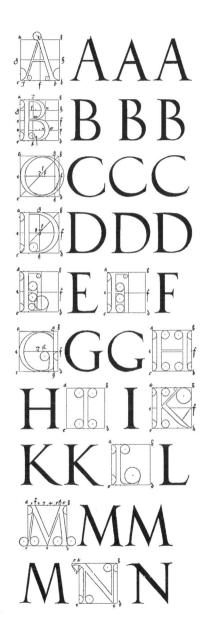
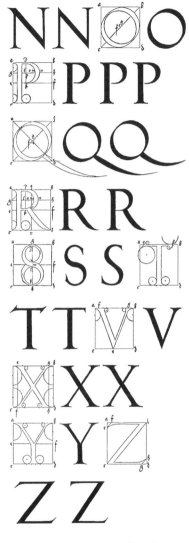

Romeinse lettervormen door Albrecht Dürer uit zijn *Underweysung der Messung mit dem Zirckel und Richtscheyt* (1525).

# Gulden Taj Mahal-geometrie

De Taj Mahal in Agra, Uttar Pradesh, India, werd gebouwd tussen 1632 en 1653 door keizer Shah Jahan ter nagedachtenis van zijn derde vrouw Mumtaz Mahal en wordt alom gezien als een van de fraaiste gebouwen op aarde. Deze geometrische analyse (van de Oekraïense architect Dmytro Kostrzycki) toont duidelijk het bewuste gebruik van de gulden snede in de sleutelelementen door de vermoedelijke hoofdontwerper Ustad Ahmad. Merk op dat het algehele vooraanzicht dezelfde gulden proporties heeft als de Grote Piramide (*blz. 395, linksboven*).

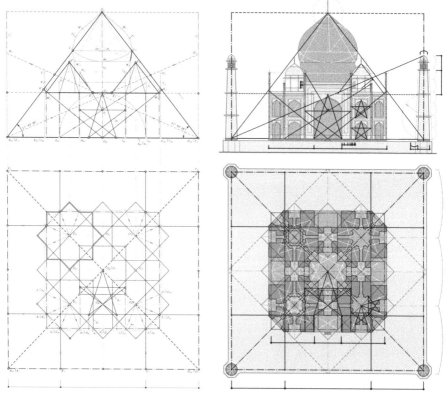

Taj Mahal, Agra, India; gebouwd 1632-1648

LEGENDA
Geometrische constructies ontleend aan of met Φ
Rationale figuren en geometrische constructies, bijv. vierkant, gelijkzijdige driehoek, achthoek enz.
Andere geometrische constructies.

# Gulden constructies

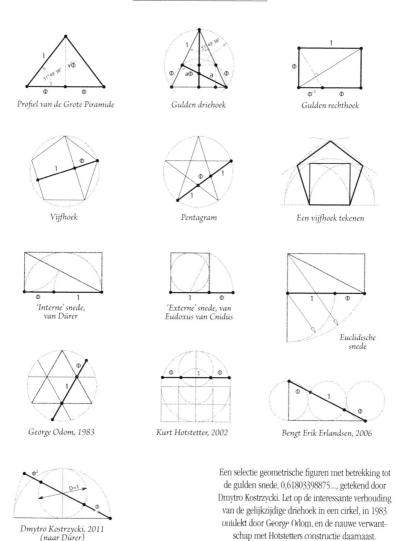

Een selectie geometrische figuren met betrekking tot de gulden snede, 0,61803398875..., getekend door Dmytro Kostrzycki. Let op de interessante verhouding van de gelijkzijdige driehoek in een cirkel, in 1983 ontdekt door George Odom, en de nauwe verwantschap met Hotstetters constructie daarnaast.

# Liniaal- en passerconstructies

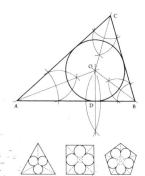

**1. Ingeschreven centrum & cirkel van een driehoek:**
1. Halveer ∠CAB (D), ∠ABC, ∠BCA (O);
2. Loodlijn naar AB door O (D); 3. Cirkel O-D

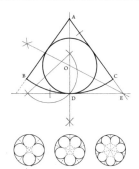

**2. Cirkel in een sector:**
1. Halveer ∠BAC (D); 2. Loodrecht op AD door D; 3. Verleng AC (E);
4. Halveer ∠AED (O); 5. Cirkel O-D

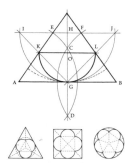

**3. Halfcirkel in gelijkbenige driehoek:**
1. Bogen met centra A, B (C naar F); 2. Lijn CD (G);
3. Lijn EF (H); 4. Boog G-H (I, J); 5. Lijnen IG, JG (K, L); 6. Lijn KL (O); 7. Boog O-KGL

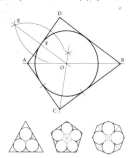

**4. Cirkel in een vlieger:**
1. Lijn AB; 2. Halveer ∠ACB (O); 3. Bogen A-O, D-O (E); 4. Lijn OE (F); 5. Cirkel O-F

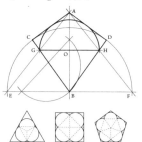

**5. Halfcirkel in vlieger met twee rechte hoeken:**
1. Lijn AB; 2. Loodlijn op AB door B;
3. Boog B-CD (E, F); 4. Lijnen AE, AF (G, H); 5. Lijn GH (O); 6. Boog O-GH

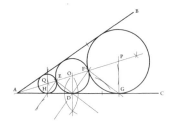

**6. Raaklijn van cirkels tussen twee lijnen:**
1. Halveer ∠BAC; 2. Loodlijn naar AB vanuit elk punt O op deellijn (D); 3. Cirkel O-D (E, F); 4. Lijnen ED, FD; 5. Parallel aan ED door F (G); 6. Parallel aan FD door E (H);
7. Parallellen aan OD door G, H (P, Q);
8. Cirkels P-G, Q-H

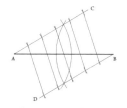

**7. Lijnsegment in gelijke delen verdelen:**
1. Bogen met centra A, B (parallelle lijnen AC, BD); 2. Markeer n gelijke delen op AC, BD (in dit geval 5); 3. Verbinding van de delen snijdt AB in n + 1 gelijke delen.

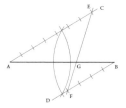

**8. Verdelen van segment in gegeven ratio:**
1. Bogen met centra A, B (parallelle lijnen AC, BD); 2. Markeer lengtes in gegeven ratio op AC, BD, in dit geval 7 & 4 (E, F); 3. Lijn EF (G);
AG:GB = AE:BF (in dit geval 7:4)

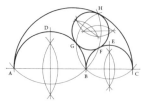

**9. Cirkel in een arbelos:**
1. Loodrechte deellijn op AB (D); 2. Loodrechte deellijn op BC (E); 3. Bogen D-AB, E-CB (F, G, H); 4. Cirkel door F, G, H

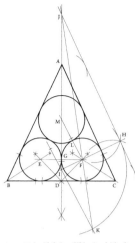

10. *Drie cirkels in gelijkbenige driehoek:*
1. Loodlijn op BC (D); 2. Halveer ∠ABC, ∠ACB; 3. Halveer ∠ADB, ∠ADC (E, F); 4. Lijn EF (G); 5. Cirkels E-G, F-G; 6. Bogen met centra AC, door F (lijn HI); 7. Parallel aan AC door H (J); 8. Boog G-H; 9. Lijn JF (K); 10. Lijn IK; 11. Parallel aan IK door F (L, M); 12. Cirkel L-M

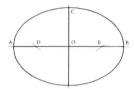

13. *Tuinmansellips:*
1. Boog met straal OA om centrum C (D, E); 2. Zet punaises op A, B en trek er een strak draadje tussen; 3. Verplaats de punaises naar D, E; 4. Trek draadje strak met een pen om de kromme te tekenen.

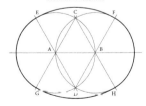

16. *Ovaal van vier bogen met vaste verhouding:*
1. Cirkel met centrum A op een lijn (B); 2. Cirkel B-A (C, D); 3. Lijnen DA, DB, CB, CA (E, F, G, H); 4. Arcs D-EF, C-GH

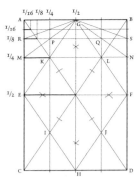

11. *Geometrische verdeling van een rechthoek:*
1. Lijnen AD, BC; 2. Vind middelpunten van AB, CD, AC, BD (lijn EF, G, H); 3. Lijnen EG, EH, FG, FH (I, J, K, L); 4. Lijnen IK, JL; 5. Lijn KL (M, N); 6. Lijnen MG, NG (P, Q); Lijn PQ (R, S) ... enz.

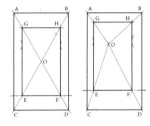

14. *Gelijkende rechthoek in een andere:*
1. Voor elk punt O in de rechthoek, lijnen AO, BO, CO, DO; 2. Lijn EF parallel aan CD; 3. Lijnen EG, EH parallel aan AC & BD; 4. Lijn GH

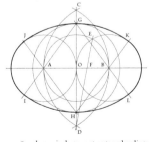

17. *Ovaal van vier bogen met vaste verhouding:*
1. Cirkel met centrum O op een lijn (A, B); 2. Bogen A-D, B A (lijn CD); 3. Cirkels A-O en B-O (E); 4. Lijn ED (F); 5. Cirkel straal AF met centrum O (G, H); 6. Lijnen GA, HA, HB, GB (I, J, K, L); 7. Bogen A-IJ, H-JK, B-KL, G-LI

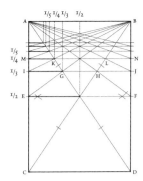

12. *Harmonische verdeling van een rechthoek:*
1. Lijnen AD, BC; 2. Vind middelpunten van AC, BD (lijn EF); 3. Lijnen EB, FA (G, H); 4. Lijn GH (I, J); 5. Lijnen IB, JA (K, L); 6. Lijn KL (M, N) ... enz.

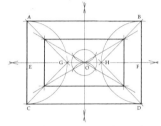

15. *Rechthoek van gegeven ratio in een andere:*
1. Halveer AB, CD & AC, BD (E, F, O); 2. Halfcirkels E-AC, F-BD (lijnen AG, CG, BH, DH); 3. Diagonalen van interne rechthoek gecentreerd op O (hier een √3-rechthoek) & completeer

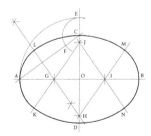

18. *Ovaal van vier bogen met flexibele verhouding:*
1. Verleng zo nodig CD; 2. Boog O-A (E); 3. Lijn AC; 4. Boog C-E (F); 5. Loodr. deellijn op AF (G, H); 6. Boog O-G (I); 7. Boog U-H (J); 8. Lijnen JG, HG, HI, JI; 9. Bogen G-A & I-B (K, L, M, N); 10. Bogen H-LCM & J-NDK

Illustraties & tekst uit *Ruler & Compass* van Andrew Sutton, Wooden Books, 2009.

# Menselijke proporties

Rasters voor het weergeven van menselijke proporties werden op z'n minst al gebruikt sinds het oude Egypte, waar men de hoogte verdeelde in 19. Vitruvius verdeelde het lichaam in 10 gezichten of 8 hoofden in hoogte (overgenomen door Da Vinci). Schema's met 7½, 8½, 9½ zijn gebruikelijk. Meer hoofden in de hoogte benadrukt het lichaam (nuttig voor superhelden, modellen).

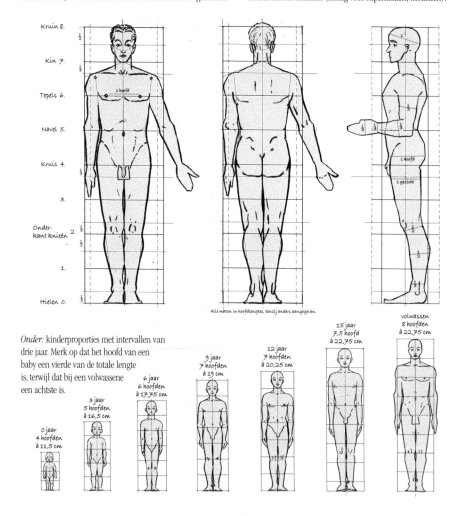

*Onder:* kinderproporties met intervallen van drie jaar. Merk op dat het hoofd van een baby een vierde van de totale lengte is, terwijl dat bij een volwassene een achtste is.

Beschouw deze schema's als 2D-'mannequins'. Als u ze onthoudt, kunt u ze altijd gebruiken en aanpassen aan de vereiste geometrische proporties. Elk schema moet rekening houden met vaste verhoudingen zoals ellebogen, navel, pols en kruis en met de breedte van sleuteldelen van het lichaam. Het verschil tussen mannelijke en vrouwelijke proporties is cruciaal voor het correcte aanzien. Een vrouwennavel ligt 1/6 hoofd lager, net als de tepels en knieën. Mannenschouders zijn 1/3 hoofd breder dan de heupen, bij vrouwen zijn die doorgaans even breed. *Uit een ongepubliceerd werk van Adam Tetlow.*

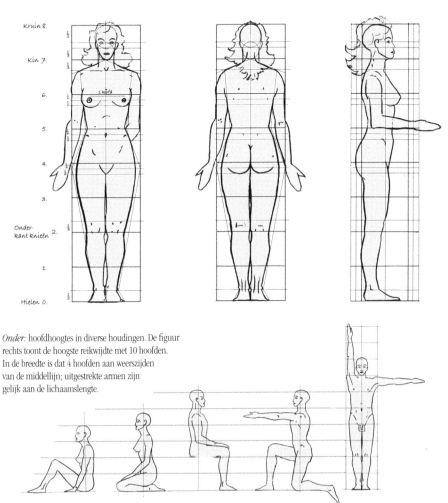

*Onder:* hoofdhoogtes in diverse houdingen. De figuur rechts toont de hoogste reikwijdte met 10 hoofden. In de breedte is dat 4 hoofden aan weerszijden van de middellijn; uitgestrekte armen zijn gelijk aan de lichaamslengte.

# Het menselijk hoofd

Het menselijk hoofd wordt getekend via regelmatige verdelingen, onderverdeeld in derden en kwarten, door een cirkel met straal van 1/4 hoofd te trekken voor het onderste deel. Lijn AB wordt in 8 gedeeld voor de oogbreedte. De oogbreedte wordt gebruikt om mond en neusbreedte te bepalen. *Illustraties en tekst uit ongepubliceerd werk van Adam Tetlow.*

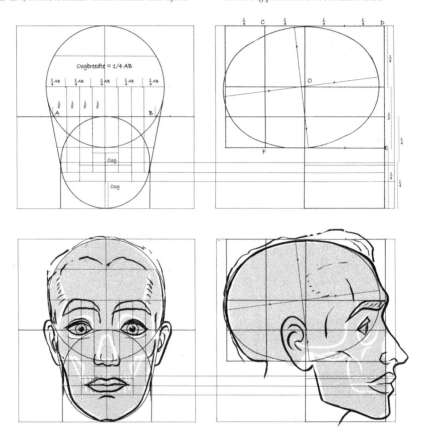

Op het breedste punt is het hoofd iets minder dan 5 oogbreedtes. De oren zitten tussen de bovenkant van de oogleden en de onderkant van de neus. De haarlijn lag voor Vitruvius op 4/5 van een hoofd, hier is dat 5/6. Nadere studie zal nog meer relaties onthullen.

Voor het hoofd in profiel tekent u eerst vierkant CDEF. Verdeel dit verticaal in 3. Voeg 1/3 toe aan de linkerzijde, halveer CDEF horizontaal en voeg één helft toe aan de onderkant (kaak). De schedel wordt getekend als een gekantelde ellips (centrum O).

# Tekenen op maat

Door TEKENEN OP MAAT kan men naar het leven tekenen, een zeer nuttige en tegenwoordig zeldzame vaardigheid. Tekeningen van deze aard zijn wellicht niet altijd gewenst, maar er zijn momenten dat kennis van deze methodes onschatbaar is. De drie meest gebruikelijke manieren van tekenen zijn: op ware grootte, vergelijkend en relationeel. Het zijn in feite formaliseringen van natuurlijke onderzoeksprocessen.

OP WARE GROOTTE tekenen is een zeer precieze beschrijving mogelijk van aard en kleur, omdat exact wordt vastgelegd wat het oog ziet (*rechts*). Door een ezel naast het object te zetten tekent men op exact dezelfde schaal als die van het object; horizontalen worden overgebracht met een liniaal en verticalen met een loodlijn.

Voor VERGELIJKEND tekenen wordt een standaardmaat van het object genomen, die wordt gebruikt voor de juiste maatvoering van andere kenmerken. Een dunne rechte staaf (sommigen gebruiken hun tekenpotlood of penseel) wordt op armlengte gehouden om de maat te nemen (*rechts*). Afstanden in de tekening kunnen dan worden vergeleken met deze maat. Bij het tekenen van een menselijke figuur kan de tekening worden getoetst aan de aan proportierasters ontleende kennis (*zie vorige bladzijden*). Deze methode is heel geschikt voor snelle schetsen, doordat ze een macroblik biedt op het subject. Er kunnen echter problemen ontstaan, zeker als de metingen niet erg precies gebeuren. Bij elkaar opgeteld kunnen die een 'vertekend beeld' geven.

RELATIONEEL tekenen is een nuttige techniek op zich en kan ook worden gebruikt om problemen te corrigeren in vergelijkende tekeningen. Het geeft de tekenaar een microblik op het subject. Voor de methode wordt een liniaal gebruikt, om dan met behulp van loodlijnen afstanden en hoeken tussen punten vast te leggen, waarbij men een web van onderlinge verbindingen weeft, die elkaar allemaal corrigeren naarmate de tekening vordert (*rechts*). Deze techniek is tijdrovender, maar biedt ongekende mogelijkheden om vorm te onderzoeken en genoot de voorkeur van Da Vinci en Cézanne. Het is een filosofisch gereedschap voor het begrijpen van de wereld, terwijl op ware grootte tekenen geschikter is voor exacte weergave van optische effecten.

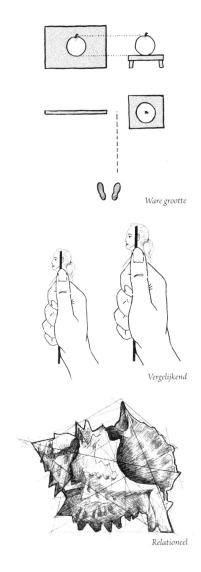

*Ware grootte*

*Vergelijkend*

*Relationeel*

# Schilderrasters

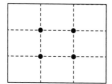

*REGEL VAN DERDEN*
Verdeel een doek in derden. Plaats
hoofdelementen op de stippen.

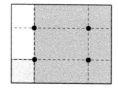

*RABATMENT*
Plaats een vierkant in een rechthoek
voor de hoofdlijnen en focuspunten.

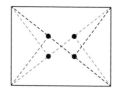

*VERBORGEN CENTRA*
Trek diagonalen en hun loodlijnen
om de centra te vinden.

Schilders hebben lang geometrische technieken en vuistregels gebruikt om elementen op hun doek te schikken. Zo kan de horizon halverwege een schilderij worden geplaatst. De beroemdste en meest gebruikte techniek is de 'regel van derden' (*linksboven*), waarbij een doek horizontaal en verticaal wordt verdeeld in derden. Gebruik de 'stersnede'-techniek (*rechts, naar Malcolm Stewart*) om dit precies te doen. Er ontstaan vier focuspunten voor de plaatsing van de hoofdelementen. Een andere techniek is 'rabatment' (*middenboven*), waarbij het grootst mogelijke vierkant eerst aan de ene kant in een rechthoek wordt geplaatst en dan aan de andere, wat ook weer vier focuspunten oplevert. Het gebruik van 'verborgen centra' komt minder vaak voor (*rechtsboven*).

Uiteraard zijn 1/2 (0,5) en 2/3 (0,666) gewoon de eerste twee benaderingen van de gulden snede, en de volgende is 3/5 (0,6) (*constructie rechtsonder*). Sommige kunstenaars prefereren de gulden 0,618-verdeling van hun doek, zowel verticaal als horizontaal, of gebruiken meteen een gulden rechthoek. Een goed voorbeeld is de opzet van Botticelli's *Geboorte van Venus* uit 1486 (*blz. 403, boven*). Omdat Botticelli een gulden rechthoek gebruikt, zijn de gulden verdelingen gelijk aan de rabatmentlijnen – een unieke eigenschap van gulden rechthoeken.

Een waarschijnlijk minder opzettelijk maar toch zeer leerzaam gebruik van gulden verdelingen en de 'regel van derden' is te zien in Monets schilderijen uit 1868-1869 van de kliffen bij Étretat in Normandië. Op blz. 403 staan er vier van, die alle elementen vertonen die in overeenstemming zijn met het algemene idee van de regels hierboven.

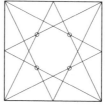

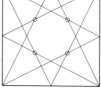
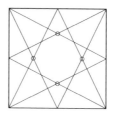
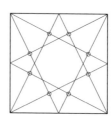
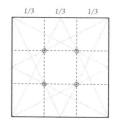
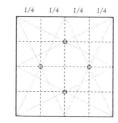
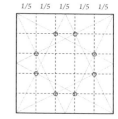

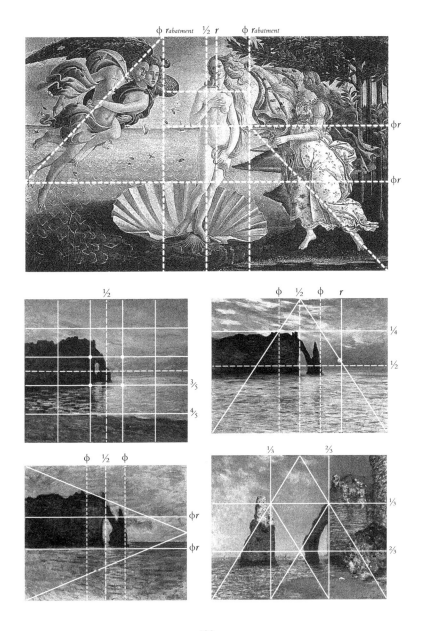

403

# Ontwerpersrechthoeken

Uit Hambidge; legenda: gr = gulden rechthoek, v = vierkant, √5 = wortel-vijfvierkant

# Register

## A

Achoris-kapel, Karnak, 327
Achter- en voorgrond, 124-125, 142, 202-207
Allen, John Romilly, 30
Amaringo, Pablo, 344
Arabesk, 1, 61-62, 74-75, 90, 92, 94-95, 136-137
Ark des Verbonds, 326
Artistieke impuls en expressie, 282, 284, 364
Asymmetrie, 237, 274-277; en de gulden snede, 322, 332, 346
Asymmetrische rasters, 40-43; patronen, 88-89, 148-149, 153, 234; versiering, 144
Avebury, 10-11

## B

Bain, George, 26
Balmaclellan-collier, 20-21
Battersea-schild, 18
Behangpapier, 135, 146, 148-149, 254
Beker en ring (in prehistorische kunst), 8, 352-353
Berenklauw, 134-135, 162
Bestek, 34
Betegeling (geometrisch), 66-69, 76-79, 82-87, 92-95, 123, 387; bol, 106; Penrose, 272-273, 344
Biomorf ontwerp, 115-169; voorschriften van, 126, 128-129, 134-135, 138-139, 158-159, 168-169
Bladeren, schikking in fyllotaxis, 264-267, 308-311; celstructuur van, 364; classificaties van, 134-135, 258; radiale symmetrie van, 246-247
Bladvormen, decoratieve, 116-117, 120-121, 124-131, 138-141, 150-153, 160; arabesk, 61, 74, 90, 136-137; berenklauw, 134; in vroeg-Keltische kunst, 12-13
Bloemkelk, 138, 140, 381
Boekdecoratie, 52-53, 74, 92, 131, 160-161, 364, 380
Bogen, in islamitische kunst, 68-71, 92-93, 374-375; in Keltische kunst, 12-13, 15-17, 24-27, 36
Bonnet, Charles, 308
Boogconstructies, 156-159
Booglijnen (decoratieve), 116-169; in architectonische versiering, 156-157, 159; in barok en rococo-ornamenten, 145; in *Book of Durrow*, 52-53, 131, 365, 367; in *Book of Kells*, 363, 368; in decoratieve plantvormen, 134-137, 140-141; in ijzerwerk, 132-133; in Keltische patronen, 1, 11-13, 16, 20-21, 24, 35, 38, 46, 50, 361; in pen- en penseelwerk, 162-163; manier van tekenen, 120-123; oeroude, 118-119; spiraal en helix, 264-265, 320-321, 364-365; symmetrieën van, 262-263; visuele detectie van, 216-219; voor hoeken, 154-155; wiskundige 262-263, 384-385
Botticelli, Sandro, analyse gulden snede van *Geboorte van Venus*, 332, 403
Boven- en vooraanzicht, 138-141, 162, 176, 178-179
Bravais-tralies, 254, 308
Breuklijnen, 40, 52
Bronstijd, 12; objecten, 12, 17-18, 20

## C

Camera obscura, 176-177
Canon van Polykleitos, 316
Carnac (Frankrijk), 10, 368
Castlerigg-steencirkel, 11
Çatal Hüyük, 28
Catich, E.M., 392
Centrum, perspectief, 190-191
Chaostheorie, 271, 278, 318
Chevrons, 8, 28-29
Chiraliteit, 260-261
Christelijke kunst (vroegchristelijk en Keltische), 7, 22, 24, 28, 54, 160-161, 330, 368
Clarendon-grafheuvel, 11
Clemens van Alexandrië, 330
Colombe, Jean, analyse gulden snede van *Doop van Jezus*, 332
Critchlow, professor Keith, 92-93, 338-339, 362
C-vormen, 8, 30-31, 120-121, 132-33, 136

## D

Dalí, Salvador, 332
Dendera-zodiak, 326
Desborough-spiegel, 20-21
Diepte, in perspectief tekenen, 176-177
Doolhoven en labyrinten, 354-355
Dorsoventraliteit, 258-259
Driehoeken, 14, 25, 32-35, 44, 105, 116, 123, 210, 365; 3-4-5 pythagorische, 52-53, 76, 78-79, 84-85, 360; dubbele, 62-63; gelijkzijdige, 66-67, 82-83, 92-93, 242,

250, 387; gulden snede, 304-405, 338-339, 394-395; in architectuur, 326-327, 331, 394-395
Druïde, 7, 22, 54, 360
Druppels (decoratief), 12, 116, 124, 162
Dubbele DNA-helix, 366
Dürer, Albrecht, 178, 188-189, 286, 316, 392-393, 395
*Durrow, Book of*, 52-53, 131, 365, 367

**E**

Eenpuntsperspectief, 184-185
Email, 12, 131
Enantiomorfie, 260-261
Entoptische fenomenen, 8
Eriugenia, Johannes Scotus, 48
Escher, 206-207
Euclides, 298
Euclidische snede, 395

**F**

fibonaccireeks, 244-245, 264, 266-267, 306-313, 316, 318-322, 326, 332, 334, 336, 342, 344, 360
Fractalisering, 318; en de gulden ratio, 322-323, 344
Fractals, 26, 90, 125, 270-271, 276, 278-279, 376

**G**

Gemarmerd papier, 164-165
Geodriehoek, 64
Geometrie, 7, 12, 14-15, 52-54, 72, 88-91, 96-97, 104, 142-143, 297; fractals, 270-271, 278-279; gewijde, 286, 334-335, 338, 344, 360; gulden snede, 297, 304-305, 326-327, 330-331, 334-335, 344-345, 392, 394-395; in architectuur, 286-287, 326-327, 330-301, 394; koepel, 106-107; projectieve, 178-179; van ijshalo's, 228-229; van *muqarnas*, 108-109; van perspectief, 186-187
Getallen, 7; gewijde, 330-331
Gezichtspunten, 176-181, 183, 189, 194-195, 214,
Girih, 76-77, 94
Glas, 12, 188-189, 200, 272; maken, 369-370
Glazuur, 369
Golven, 262-263, 362
Gulden hoek, 310
Gulden snede, 96, 100, 298-347; in 3D, 340-341; in architectuur, 326-331; in cellen en bewustzijn, 344-345; in de natuur, 314-315, 346-347; in gewijde geometrie, 338-339; in muziektheorie, 334-335; in schilderkunst, 332-333; in spiralen en helices, 264-265, 308-311, 320-321; Lucas- en Fibonacci-getallen, 312-313, 318-319; pentagrammen en rechthoeken, 304-307, 324-325; van het menselijk lichaam, 316-317; *zie ook* phi

**H**

Hallstatt-cultuur, 12
Halo's (atmosferische), 226-229
Hambidge, Jay, 328-389, 404
*Harburg*-evangelie, 368
Harmonie, 61, 104, 286, 297; muzikale, 52, 334
Harry Potter, 336
Helices, 260-261, 264-265
Heraclitus, 318
Herhaling, eenheden en patronen, 14, 26-27, 37, 46-47, 62-65, 66-95, 102-103, 106, 122-123, 146-153, 238, 240, 254, 284
Hilton Cadboll-steen, 49
Hogarth, William, 175
Hoornvormen (*peltae*) 12-13, 21, 25
Hout, 200; houtblokken (druk), 148; houtskool, 372; houtsnedes, 55, 96-97, 108, 156-157, 168-169; papier maken van, 372; vernissen, 371
Houtskool maken, 372

**I**

IJzer (pigment), 370; gal, 373
Illusies, 210-211; beweging, 220-221, 223; met tinten, 200-201; optische, 212-217, perceptuele, 206-209, 218-219;
Inkt, soorten, 373
Inslag, 357
Iona, 22
Islimi, 74; *zie ook* arabesk
Iznik, 75, 116, 128, 143

**J**

Jamnitzer, Wenzel, 296, 340,
Japanse penseelpasser, 26, 368

**K**

Kalligrafie, 61, 72-73, 162-163, 392; *zie ook* Koefisch
*Kells, Book of*, 363, 368
Keltisch, patronen, 7-55; knopen, 8, 23, 24, 38-51; samenleving, 10-13; sleutels, 24, 28-29, 30-37, 46, 48, 55, 361-365; spiralen, 13, 17-19, 24-30, 37, 49, 161, 362-365; verbeelding, 16-21
Kepler, Johannes, 252, 262, 308, 340
Kettingsteek, 357
Klei, 369

Kleurstoffen en hun gebruik, 373
Knopen, figuratieve,128, 242; islamitische, 76-77, 94;
  Keltische, 8, 23, 24, 38-51; stof, 356-357
Koefisch, 72, 379
Kristallen, 254-255
Kromlijnig, 117, 122-123
Kruisvorm, 8, 354
Krulversieringen, 131-132, 142, 162-163, 164
Kunst, gewijde, 54, 61, 161, 324, 338, 360, 379;
  biomorfe, 115-169; islamitische, 61-111; Keltische,
  7-55

**L**

La Tène-cultuur, 12, 14, 17-20
Leer, vervaardigen, 372
Leonardo da Vinci, 281, 286, 298, 308, 316, 340, 398,
  401; analyse gulden snede van *De annunciatie*,
  332
Levensboom, 168-169
Lijn, de, 7, 50-51, 54, 62, 120, 303, 76, 94; gulden snede/
  verdeling van, 96, 298, 302-303, 346
Lijnen, 14, 50, 62, 65, 76, 118, 120, 122, 134, 152-153,
  162, 238, 298, 304, 328, 339, 365, 366; centrum,
  38-39; diagonale, 30, 32-35, 38, 252; filigraan,
  224; flitsende, 220; grenslijnen,194; horizontale,
  68; in rasters, 402; indeling, 324; matrix van, 360;
  oeroude, 2; onvergelijkbare, 328; parallelle, 192, 264;
  perspectief, 190, 194-195; radiale, 80, 94; rechte, 24,
  46, 50, 122, 132, 144, 156, 158, 218, 362; spiegel,
  240-241; spiralen, plantaardige en dierlijke, 14, 18,
  28, 50, 320, 362; stops, 40, 52; van reflectie, 240-241,
  386; van symmetrie, 25, 238-237, 240-241, 251, 386;
  verticale, 224
*Lindisfarne*-evangelie, 161, 368
*Li*-patronen, minerale en plantaardige 388-389; dierlijke,
  390-391
*Logos*, 300, 330, *zie ook* ratio
Lucas, Edouard, 306, 312
Lucas-getallen, 306, 312-313, 318-319; *zie ook* fibonaccireeks, gulden snede, phi

**M**

Machiayao, 119
Maes Howe, 10
Manuscripten, verluchte, 22, 26, 52-53, 154; rasters in,
  336, 368
Maori, 118
Martineau, John, 342

Meanders, 8, 24, 28-29, 364; in doolhoven, 354;
  riviermeanders, 263, 276
Medaillons, 26-27, 274, 363
Media, van kunstenaars, 371
Menkaura, buste van, 327
Metallurgie, 12; La Tène, 14, 132 *zie ook* smeedwerk
Metrologie, oeroude, 10
Michell, John, 211, 322-323, 360, 410
Miniaturisering, 14
Monet, Claude, analyse gulden snede van klifschilderijen,
  403
Morris, William, 135, 149

**N**

Newgrange, 8, 350-351

**O**

Ohm, Martin, 298
Ontwerpersrechthoeken, 404
Oorsprong (punt), 120
Oortwolk, 248
Optische illusies, 212-217; switchen, 206-207;
  *zie ook* illusies
Orkney, 10
Orthografische projectie, 178-183
Osiristempel, 327
Overgangsgebied, 18

**P**

Pacioli, Luca, 298
Pad (lijn in een patroon), 7, 8, 30-35, 38-43, 44, 46, 48,
  64-65, 78-79, 98-99, 244, 262, 276, 363, 364-367
Paddenstoelen, vormen in Keltische kunst, 8, 13, 24,
  363; radiale symmetrie van, 246
Paden, in doolhoven, 354-355
Paisley, 13, 124-125, 166-167
Palladio, 331
Papier maken, 372
Parthenon, 298, 331-332
*Peltae* (hoornvormen), 21
Penrose-betegeling, 272-273, 344-345
Pentagrammen, 96-101; en de gulden snede, 304-305,
  314-315, 320, 338-339, 342-343, 395
Perkament, 372
Perkins, Tom, 392
Perspectief, 172-231; centrum, 190-191; eenpunts-
  perspectief, 176, 184-187; en projectie, 176-183
Petrie-kroon, 17

Petrogliefen, 350-351
Phi, 266, 278, 287, 298, 304, 316, 324, 332, 342 *zie ook* gulden snede
Phidias, 298
Pictische proporties, 360
Pigmenten, 370
Pijlpuntvormen, 32-33
Plato, 52, 230, 262, 318, 338; en de gulden snede, 297-303, 324, 334
Platonische veelvlakken, 106, 340, 362
Plooiprocessen, 364
Prehistorische kunst, 8 118-119, 350-353, 356
Proportie, regels van, 286-287, 300-303; continu geometrische, 300, 302, 336; goddelijke (*zie ook* gulden snede), 96-97, 298, 314-315, 324-325; in betegeling, 146-147; in de natuur, 314-315; in gnomonische groei, 320-321; in kalligrafie, 72-73, 392-393; in Keltische kunst, 52-53; in kunst en architectuur, 326-331, 394; in muziek, 334-335; in schilderkunst, 332-333; menselijke, 10, 398-401; rozetten, 96-97, 100-101; van asymmetrie, 322-323
Proportionaliteit, 290
Proportionele symmetrie, 286, 314, 322, 332, 346
Punt, 62, 72, 110, 120, 128-129, 138-139; einde, 195; schaduwgrenspunt, 176-177, 184-187, 190-193, 195, 197
Puntsymmetrieën, 240-241, 244-245, 251, 386
Pythagoras, 248, 286, 297-298, 334
Pythagorische geometrie, 300-301

# Q

*Quadrivium*, 334
Quark, 26, 256

# R

Rabatment, 305, 324, 332, 402-403
Randen, 17, 42-45, 66, 130-131, 154-155, 274; gevlochten, 380; gewelfde, 382-383
Rasters, 120-125, 150-151, 158, 386-387; in islamitische patronen, 64, 80-85, 374-347; in Keltische patronen, 8, 26-27, 36-37, 40, 42, 52, 360-365, 367-368; oud-Egyptisch, 326-327; schilderkunst, 402-403; subrasters, 92-93, 104-105, 378
Ratio, in Keltische kunst, 52; definitie van, 300, 330; Fibonacci, 306-307, 312, 326, 328; gulden, 266, 272, 298, 300-303, 314-317, 322, 324, 336-337, 340, 342-345(*zie ook* gulden snede, phi, proportie (goddelijke)); in muziek, 334-335, 368; in *zillīj*-ontwerp, 88; pythagorisch, 286

Reflectie, in patronen, 32, 130, 146-149, 154-155, 239, 282-283; symmetrie, 240-241, 244, 251, 262
Reflecties, in de natuur, 198-199; in perspectief tekenen, 196-197, 200-201
Regel van derden, 402
Regenbogen, 226-229
Rotatie, 146-147, 243, 244, 251; blik van de, 214-215; hoek van, 310; spiraal, 328; symmetrie, 82-85, 130-131, 140-141, 240-241, 282-283, 367
Rozetten, 70-71, 80-81, 83, 88-89, 98-101, 105-107, 130, 138, 140-141, 161; Venusrozetten, 342-343, 345, 361, 365, 376
Ruimte (in ontwerp), positieve en negatieve, 124-125; *zie ook* achter- en voorgrond
Ruiten, 8, 30, 64, 148, 205, 360-361

# S

Schaduwen, 190, 194-195, 198, 200-201, 230
Schering, 357
Schikkingen, 216-219, 238-239
Schilderrasters, 402-403
Schuifsymmetrie, 130, 136, 146
Shipobo-kunst, 364
Sint-Columba, 22
Sint-Johannes, 22
Sint-Petrus, 22
Sleutels (Keltische patronen), 24, 28, 30-37, 46, 48, 55, 361-365
Smeedwerk, 20-21, 24, 132-133
Socrates, 322
Spiralen, 130-133; arabesk, 74, 114, 124, 136-7, 140-141; en helices, 261, 264-265; Fibonacci- en fyllotaxis, 266-267, 320-321, 367; genetische, 308; in vroege kunst, 8, 118-119; Keltische, 13, 17-19, 24-30, 37, 49, 161, 362-365; vierkanten, 30-31
Stereogram, 176-7
Stonehenge, 10-11, 368
S-vormen, 8, 30-31, 120-121, 132-133, 136, 365; elementaire, 126
Symmetrie, 20, 61, 104-105, 126, 130, 236-291; architectonische, 286-289; atomaire en subatomaire, 256-257; dierlijke, 258-259; dihedrale, 241, 244; driedimensionale, 248-251, 254-255; kristallijne, 254-255; radiale, 24, 40, 94-95, 102-103, 116-117, 140-141, 244-248; rotatie-, 82-85, 130, 24, 240-241; spiegel-, 76, 130, 240-241; spiraal-, 266-267; uitbreidings-, 243
Synesthesie, 224-225

## T

Tablet van Sjamasj, 299, 324
Tegengestelden, *zie* enantiomorfie
Tekenmachines, 188-189
Tetraktys, 312
Traceerwerk, 124-125, 156, 158-159, 389
Trajaanse kalligrafie, 392-393
Tressen, 356-357
Tripolje-cultuur, 119
Triskels (in elkaar grijpende spiralen), 12-13, 15, 19-21, 24-27, 362
Twaalfhoeken, 66-67, 76-79, 105

## U

Urnenveldencultuur, 12

## V

Veelhoeken, 11, 24, 46, 242
Veelhoekige subrasters, 378, 387
Veelvlakken, 10; gulden snede, 340-341
Verdwijnpunten, 176-177, 184-187, 190-193, 195, 197, 202
Verf, soorten, 371
Vertakking (bifurcatie), 268-269
Vierkant, dubbel, 62, 392; betegeling, 66-67, 76-77, 84-85, 123; knopen, 357, 367; patroon en motief, 86-87, 154-155; rasters, 32-35, 39, 52-53, 70-71, 78-79, 80-82, 88, 120, 150-151, 361, 363, 365, 374-375, 379; spiralen, 30-31, 364
Vierkanten, 8, 108, 114, 144, 250, 387; als basis voor kromlijnig ontwerp, 123; betegeling, 68-69; en gulden rechthoeken, 304-305, 314-315, 328-329, 331, 336, 339; in islamitisch ontwerp, 66-71, 76-77, 80-81, 84-87, 105; in Keltische patronen, 28, 30, 34-36, 44-45, 361, 365, 367; in oude architectuur, 326-327, 331; in rabatment, 324-325, 332-333; in schilderrasters, 402-403; knopen tekenen in, 44-45; om perspectief te tonen, 190-191, 204-205; schikkingen in de ruimte, 252; spiralen tekenen in, 28-31
Vierkantswortel, 300
Vijfhoekbetegeling, 272-273 344, 376-367
Vijfhoeken, 35, 94-97, 98-99, 105, 250, 272-273, 387; en de gulden snede, 304-305, 314-315, 326-327, 395; in architectuur, 331; in de natuur, 308, 314-315, 345
Vinča-kunst, 29
Vincent van Gogh, analyse van gulden snede van *Strand bij Scheveningen*, 333
Visgraatpatronen, 192-193, 359

Vitruvius, 286, 398, 400
Vlak, 61-63, 123, 158, 272-273; gebruik in perspectief, 184-185, 195; hellend, 190-191; in symmetrie, 197, 244, 250-251, 262-263; verdelen van, 252-253; verdwijnend, 202
Vlechten, 356
Vooraanzicht, 138-141, 162, 176, 178-179, 182-183, 190, 194-195
Vroeg-Britse (insulaire) kunst, 18-21

## W

Weefpatronen, 358-359
Weven, 356-357

## X

Xenophanes, 248

## Y

Yangshao-cultuur, 119
Y-vormen, 364

## Z

Zaagtandvormen, 32-33
Zegel van Salomo, 62
Zelfcoïncidentie, 239-241
Zelfgelijkenis, 26-27, 90-91, 242-243, 264-265, 270-271, 314, 322-323, 328
Zeshoek, 52, 64-67, 70-71, 76-80, 82-87, 92-95, 98, 102, 116, 123, 148, 250, 363; betegeling, 62-63, 105, 387; Sierpinski, 271
Zigzags, 8-9, 78-79
*Zillīj*-ontwerp, 88-91
Zintuiglijke waarneming, 230-231
Zoömorfie, 16-17, 24, 48, 55, 214
Z-vormige verstekpatronen, 34

# Verder lezen en verwijzingen

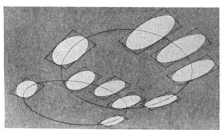

*Perspectiefanalyse van wolken, door John Ruskin, uit:* Modern painters, *Londen 1856*

M. Kemp, *The Science of Art*
F. Dubery & J. Willats, *Drawing Systems*
R. Ornstein & P. Ehrlich, *New World, New Mind*

DE GULDEN SNEDE
P. Hemenway, *Divine Proportion*
G. Doczi, *Power of Limits*
M. Schneider, *Golden Section Workbook*
M. Livio, *Golden Ratio*
M. Ghyka, *Geometry of Art & Life*
H.E. Huntley, *Divine Proportion*
R.A. Dunlap, *The Golden Ratio*

KELTISCHE PATRONEN
M. Gimbutas, *Language of the Goddess*
D. Lewis-Williams, *Mind in the Cave*
C. Nordenfalk, *Celtic and Anglo-Saxon Painting*
R. Stevick, *The Earliest Irish and English Bookarts*
D. Harding *Archaeology in Celtic Art*
K. Critchlow, *Time Stands Still*
J Michell, *Sacred Geometry*
R. Graves, *The White Goddess*
R. & V. Megaw, *Celtic Art*
C. Bamford, *The Voice of the Eagle*
K. White, *Open World*

ISLAMITISCHE ONTWERPEN
K Critchlow, *Islamic Patterns*
Paul Marchant, *Unity in Pattern*
J. Burgoin, *Arabic Geometrical Pattern and Design*
M. Lings, *Splendours of Qur'an Calligraphy and Illumination*
J.M. Castéra, *Arabesques: Decorative Art in Morocco*

BOOGLIJNEN
L. Day, *Pattern Design*
S. Durant, *Ornament*
Meyer, *Handbook of Ornament*
F. Shafi'i, *Simple Calyx Ornament in Islamic Art*
O. Jones, *The Grammar of Ornament*
D. Wade, *Crystal and Dragon*
J. Trilling, *The Language of Ornament by J. Trilling*

SYMMETRIE
L. Lederman & C. Hill, *Symmetry and the Beautiful Universe*
M. Livio, *The Equation that couldn't be Solved*
I. & M. Hargittai, *Symmetry, a Unifying Concept*

PERSPECTIEF
R. Gregory, *Eye and Brain*

Verwijzingen en dankbetuiging: portret van Emmy Noether op blz. 281 door Jesse Wade. Perspectiefafbeeldingen uit La Perspective Pratique (Parijs, 1642), L'Atmosphère van Camille Flammarion (Parijs, 1888) en Popular Scientific Recreations van Gaston Tissandier (Londen, 1885). De Japanse patronen van Jeanne Allen zijn gebruikt met vriendelijke toestemming van Chronicle Books, San Francisco. Dank aan de M.C. Escher Company en professor Akiyoshi Kitaoka voor toestemming voor het gebruik van zijn afbeeldingen in het deel 'Symmetrie'. Dank aan professor Fred Dubery en speciale dank aan professor Keith Critchlow en iedereen van de Prince's School for Traditional Arts in Londen.

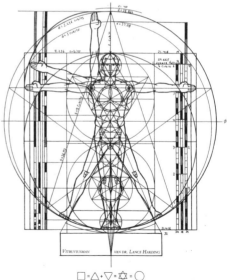

*Vitruviusman van dr. Lance Harding*

□ = △ + ▽ = ✡ = ○

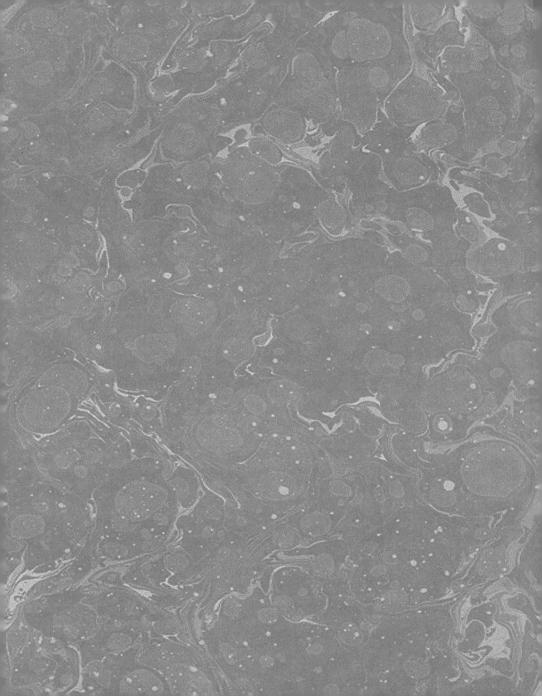